本书为国家社会科学基金重大项目"秦统一及其历史意义再研究"（14ZDB028）阶段性成果

秦史

崛起与统一

主　编　王子今

副主编　刘志平　曾　磊

西北大学出版社

图书在版编目(CIP)数据

秦史:崛起与统一/王子今主编. —西安:西北大学出版社,2019.2
ISBN 978-7-5604-4293-8

Ⅰ.①秦… Ⅱ.①王… Ⅲ.①中国历史—秦代—文集 Ⅳ.①K233.07-53

中国版本图书馆 CIP 数据核字(2019)第 000464 号

秦史:崛起与统一

主　　编	王子今
出版发行	西北大学出版社有限责任公司
地　　址	西安市太白北路 229 号
邮　　编	710069
电　　话	029-88302590
经　　销	全国新华书店
印　　刷	陕西博文印务有限责任公司
开　　本	787 mm×1092 mm　1/16
印　　张	17.5
字　　数	300 千字
版　　次	2019 年 2 月第 1 版　2019 年 2 月第 1 次印刷
书　　号	ISBN 978-7-5604-4293-8
定　　价	60.00 元

如有印装质量问题,请与本社联系调换,电话 029-88302966。

序

王子今

2017年1月,"秦的崛起与秦的统一"学术论坛在西安举办。由中国秦汉史研究会、秦始皇帝陵博物院、秦文化研究会、西北大学历史学院、西北大学文化遗产学院、《中国史研究》杂志社、国家社科基金重大项目"秦统一及其历史意义再研究"课题组共同主办的这次秦史研究学术盛会,取得了超出预想的成功。来自中国大陆、香港、台湾以及韩国的50余位学者与会,进行了深入的学术研讨。学术论坛发表的学术论文结集《秦史:崛起与统一》作为2014年立项的国家社会科学基金重大项目"秦统一及其历史意义再研究"(项目编号:14ZDB028)的阶段性成果,承西北大学出版社支持,今天终于得以面世。这是值得庆贺的事。

春秋战国时代,秦人在西北崛起,正如《荀子·王霸》所谓"虽在僻陋之国,威动天下","强殆中国"。而最终实现统一,改变了中国历史的走向。其政制发明,影响中国政治格局与社会生活两千余年。关于秦史研究的传统争议焦点与新近前沿问题,如秦文化的渊源、秦人早期发展路径、秦与中原的关系、秦政治文化特色、秦经济生活、秦都邑经营、秦交通建设、秦人的信仰世界、秦社会礼俗、秦政与秦政治人物、秦统一战争的军事与外交史、秦统一战争的战略与策略、秦文物研究、秦历史地理研究、秦史与秦文化研究的学术史等,"秦的崛起与秦的统一"学术论坛均有涉及,从不同角度分别实现了积极的学术推进。而对于"秦统一"的基础、"秦统一"的背景、"秦统一"的条件、"秦统一"的影响、秦的统一与秦的速亡等,与会者多有讨论。就全国学界集中关注秦史这一学术方向而言,这是一次比较成功的学术活动。

西北大学曾经是秦史研究力量比较集中、基础比较雄厚的高校。陈直先生在这里开创了以文物遗存证实文献记载的历史研究的学术新局,其科学意义和创新意义是显而易见的。学界对于陈直的研究有"朴实精深""别开生面"的评价。张岂之先生指出,陈直先生"治学严谨,材料扎实,文献材料和考古实物两相结合,立论准确,文风朴实无华"(《治学与为人——纪念陈直先生逝世十周年暨九十周年诞辰》,《陈直先生纪念文集》,西北大学出版社1992年版,第15页)。李学勤先生说:"(陈直先生)开拓的道路,已为学术界大多数所肯定了。这正是把王国维提倡的二重证据法做了进一步的发挥,从而取得丰富的成果。"(李学勤:《陈直先生其人其事》,《陈直先生纪念文集》,西北大学出版社1992年版,第24页)陈直先生1978年开始指导的几位研究生,黄留珠、周天游、张廷皓、吕苏生、余华青,均以突出的学术贡献,在学界享有盛名。他们推进秦史研究的贡献,为中外史家共同推重。陈直先生开创的坚持实证原则的学风,影响了西北大学几代学人,至今仍然为西北大学历史学院、西北大学文化遗产学院及其他历史学科方向诸院所的师生们所认真遵循。

"秦的崛起与秦的统一"学术论坛的主题之一,是纪念林剑鸣先生逝世20周年暨林剑鸣先生从事秦史研究40周年。40年前,林剑鸣先生在西北大学率先开启了秦史学术探索与学术总结的新的路径。这大致是,第一,承陈直先生引导,高度重视考古与文物研究对于推进秦史研究的意义;第二,视秦的崛起与秦的统一为一脉相承的历史整体,认真致力于以往稍显薄弱的对秦早期历史的研究,以实现对秦史与秦文化全面深入的理解;第三,努力探索并客观总结秦政的历史地位与历史影响。彭卫、白建钢、王子今作为1977年恢复高考后第一届进入西北大学历史系学习的学生,入学之后就因林剑鸣先生以"试论商鞅变法成功的原因"为主题的讲座留下了深刻的印象。1978年,是中国社会发生重大变化的一个转折点,也是中国学术,包括中国史学实现显著进步的一个转折点。林剑鸣先生的《秦史稿》,就是在这一年完成初稿的。我们在这时尝试踏上学术初阶,探索史学路径,正是在西北大学历史学科的诸位老师包括林剑鸣先生指导下迈出初步的。1981年我们开始师从林剑鸣先生学习秦汉史。当时,林剑鸣先生的《秦史稿》刚刚问世不久。探索秦史的新视角,考察秦史的新方式,理解秦史的新思路,已经给研究者提供了新的启示。而睡虎地秦墓竹简所见新信息的发掘和利用,更打开了宽敞明亮的可以察见秦史与秦文化诸多奥秘的学术视窗。

李学勤先生曾经指出:"西大的秦汉史研究传统,以深入全面为特点,注意文献与考古结合,社会和思想并重。""西大成为秦汉史研究的中心之一,洵非偶然。经过'文化大革命'时期,历史系老成凋谢。"(《王子今〈秦汉交通史稿〉序》,《秦汉交通史稿》,中共中央党校出版社1994年7月版,增订版由中国人民大学出版社2013年1月出版)由于学术史的复杂因素,这种"凋谢"似乎又有继续。好在近年新的学术力量的充实,使得西北大学秦汉史研究的学术趋势又出现新机。王国维所书联"旧德醉心如美酒,新篇清目胜真茶",寄寓了对新旧学人之间学术引导与学术继承之意义的肯定。西北大学秦汉史研究"旧德醉心"的传统成就与"新篇清目"的乐观前景,或许也可以借此比况。

连年来,考古工作收获丰富,简牍资料陆续刊布,跨学科综合研究渐成风气。应当看到,今天比较20年前,秦史研究有更优越的基础、更充分的资料、更开阔的路径、更先进的方法。比较40年前,研究条件自然更为优胜。喜看今天秦史研究的新气象,前代学者一定可以深感欣慰。

由国家社会科学基金重大项目"秦统一及其历史意义再研究"课题组设计筹备,2015年8月由中国人民大学国学院主办,鲁东大学历史文化学院、山东师范大学齐鲁文化研究院协办,在山东烟台召开了"秦统一及其历史意义"学术研讨会。到会学者40余人,会议印发的论文集《秦统一的进程与意义》收入论文35篇。最终修改定稿,由中国社会科学出版社出版(王子今主编,孙兆华、李兰芳、杨继承副主编,中国社会科学出版社2017年11月版)。与"秦统一及其历史意义再研究"课题相关的另一项师生合作的工作,是台湾三民书局《新译史记》增订二版的校勘(三民书局2016年11月版)。同样可以看作"秦统一及其历史意义再研究"的阶段性成果的"秦直道"研究丛书,近期亦由陕西师范大学出版社推出(王子今主编,陕西师范大学出版社2018年6月版)。大家面前的这本论文集,收入秦史论文及秦史研究学术史回顾文章25篇,既是此课题研究的又一成果,也是秦史最新学术收获的一种陈列。我们在《鲁东大学学报》《西安财经学院学报》《首都师范大学学报》《中国矿业大学学报》《东方论坛》《陕西师范大学学报》《人文杂志》《光明日报》《咸阳师范学院学报》《重庆师范大学学报》先后组织的以"秦统一"为主题的学术专栏,所发表论文的创新价值为学界认可,有些为《中国人民大学复印报刊资料》《高等院校文科学报文摘》和《新华文摘》选用。

国家社会科学基金重大项目"秦统一及其历史意义再研究"正在进行。感谢学界朋友们对这一工作的支持。

就《秦史:崛起与统一》的面世,对西北大学历史学院刘志平、中国社会科学院历史研究所曾磊的辛勤付出,对西北大学出版社马来社长、张萍总编辑的热诚支持,以及责任编辑马若楠、赵瑞萍的认真编校,谨此深致谢忱!

目　录

论秦汉帝国与"中国"的关系 …………………………………… 周天游（1）

秦宪公徙居平阳与秦武公灭小虢地望关系
　　辨析 ………………………………… 田亚岐　李　岗　刘明科（9）

论雍都在秦国发展史上的重要地位 …………………………… 杨东晨（28）

何处觅咸阳
　　——渭桥发现的启示 ………………………………………… 刘　瑞（38）

秦惠文王对外战争述论 ………………………………………… 叶秋菊（53）

东郡之置与秦灭六国
　　——以权力结构与郡制推行为中心 ……………………… 孙闻博（70）

从秦文化的特殊性分析秦统一的必然性 …………………… 徐卫民（102）

秦政治文化述论 ………………………………………………… 雷依群（111）

君子苟不求利禄，则不害其身
　　——李斯的心理分析 ……………………………………… 陈文豪（119）

"离间计"在秦统一过程中的作用及其源流简析 ………… 孙家洲（125）

论秦统一战争中对齐外交战略 ………………………………… 卢　鹰（138）

里耶秦简户籍文书中妻从夫姓蠡测 …………………………… 孙兆华（152）

里耶秦简所见秦迁陵一带的农作物 …………………………… 李兰芳（169）

秦二世直道行迹与望夷宫"祠泾"故事 ……………………… 王子今（185）

三十年来秦始皇陵及兵马俑研究述评 ………………………… 田　静（198）

我们在秦汉史研究中相识相知
　　——忆剑鸣并侧记秦汉史学会 …………………………… 熊铁基（216）

深切怀念林剑鸣先生 …………………………………… 黄留珠(221)
林剑鸣老师治史风格的当下意义 ……………………… 彭　卫(224)
我与秦兵马俑及军队史的研究
　　——纪念林剑鸣先生逝世20周年 ………………… 白建钢(228)
林剑鸣教授与《中国历史大辞典·秦汉卷》的编撰………… 吕宗力(232)
追忆林剑鸣先生
　　——我们认识简牍的启蒙者 ……………………… 田旭东(234)
怀念林剑鸣先生 ………………………………………… 赵瑞民(238)
林剑鸣先生与《日书》研读班…………………………… 吴小强(241)
《秦史稿》新评
　　——为纪念林剑鸣先生逝世二十年而作 ………… 史党社(258)
"秦的崛起与秦的统一"学术论坛述要 ………………… 董家宁(270)

论秦汉帝国与"中国"的关系

周天游

"国家"是近代才由欧洲学术界提出的一个崭新的政治概念。16世纪初,意大利政治思想学者马基雅维利发表了《君主论》,首次论述了这一概念。尽管欧洲学者在有关讨论中,出现了形形色色的解说,但是在"国家"的两大要素上认识一致,即国家由国民和国民政府组成,有了这两个要素,才会产生国家的基本属性——主权。

什么是"国家"?国家必须具备以下特点:

第一,具备制定、发布、解释、实施一套完整法律的最高权威,具有绝对的强制力。

第二,该权威以武力为后盾,即拥有常设的军队来保证法律可以强制执行。

第三,无论是国民还是疆域都具有稳定性与连续性。

第四,拥有稳固的有执行力的权威行政机构。

第五,有抵御外侮,维护国家主权的职能。

基于以上认识,从现今中国为基点出发,追本溯源,找出中国形成完整意义上合格国家产生的年代,具有重要的历史价值与现实意义。也就是说,只有找到了国家的起始点,才能弄清它的传承性;而只有弄清它的传承性,才能更好地维护它的合法性。本文试图对此做出自己的判断,以供大家讨论时参考。

一

"中国",在先秦时期有三种解释。

首先,是京师之谓。《诗经·大雅·民劳》曰:"惠此中国,以绥四方。"《毛传》曰:"中国,京师也。"换言之,"中国"最早就是指西周的丰京与镐京。1963年陕西宝鸡的贾村曾出土了一件西周青铜重器"何尊"。该酒器铸有铭文,其中"宅于成周"四字,说明它是周公平定了武庚叛乱,于雒邑组建成周八师以控制原商朝领地时期的作品。该器铭文还记录了武王伐纣取胜后向天告示的一段话:"余其宅兹中国,自立辟民。"武王这句话的意思是说,我已经拥有了中国,那里的人民从此由我治理。于此可知,"中国"一词也可以通指王畿,既包括以关中为主的宗周之地,也包括新建的以河洛为主的成周,甚至还可以包括成王弟弟叔虞的封地——晋南。

其次,则指春秋时期,除秦、楚、吴、越等戎蛮之邦外的中原诸国。

再次,则泛指整个黄河中下游地区。

总之,先秦时期的"中国",严格地讲是一种处于不断变动中的政区地理概念,与现今认可的国家概念划不了等号。

许慎《说文解字》在解析"國"字时,颇具意趣。他说"國"可以写作"或","或"是邦的意思,它"从口、戈以守其一。一,地也"。所谓"口",就是人口,也就是民人。所谓"戈",就是武器,也就是军士。二者要守护脚下的土地。这三者再加上一个"囗"框起来,便成了"國"字,是守在城邑中的民人与军士。关于这个字的解说,涉及了现代国家概念中的三个要素:国民,军队,土地。这倒是比较接近"国家"的本意。这便是中国在翻译"the state"时,首先选择"國"这一汉字的原因。

国加上家,出于中国人的原始理解。因为是一个个家组合起来才形成国。家是国的基本单位,国是一定数量家的集合体。没有家便没有国,没有国则家便失去保护。家国一体,不能分离。

在周代,国字不包含法律这个要素。不是说周代无法律,周有礼法,也有刑法。但是礼不下庶人,刑不上大夫,周法有严重缺陷,并不完整。而就国民而言,周代只包括贵族与平民,而不包括居于"野"的奴隶。更何况当时的政权形成是个松散的邦联,名义上"溥天之下,莫非王土。率土之滨,莫非王臣",而实际上周天子只能控制王畿,各封国自行其是。因此,周王室并不拥有完整的执行力。特别到了周平王东迁雒邑之后,天子沦为傀儡,成了列国争霸的工具。而春秋五霸所追求的,也只是他国像对待周天子一样,名义上服从自己便可,从来没有想到要去直接治理。所以只能说那是早期中国缺乏凝聚力的一个不成熟的过渡状态罢了。这种状态到了战国时期,才有了实质上的改变。

进入战国时期,随着魏国李悝《法经》的问世,法家走入兴盛时期。秦、楚、齐、燕、韩、赵、魏纷纷变法图强,力求称雄天下。这时的各国虽然强弱有别,但是个个具备了完整的国家要素。值得关注的是,他们都不认可一个中国,而是继续各自为政,有待进一步的整合。

诸子百家争鸣,士人在各国间奔走,推销自己的主张,以求一逞。然而"听则留,不听则去他国"的事,天天都在上演。而秦人却在被漠视中,通过商鞅变法,踏上富强之路。秦国不仅在政治上完善了法制,政体上逐步实现了政令上下贯通的集权制,军事上则推行军功爵制,经济上则重农利商,文化上更是系统总结百家而开创杂家。乱世中人心思定,止战统一成为大势所趋。《孟子·梁惠王上》曾记载,梁襄王请教孟子:"天下恶乎定?"孟子答道:"定于一。"在这一大形势下,秦国终于揭开统一天下的大幕,"中国"也随之大踏步走来。

二

公元前221年,秦始皇统一了六国。在统一后应该实行什么样的政体一事上,朝廷发生了激烈的争论。丞相王绾等诸多大臣以"燕、齐、荆地远"为名,主张依照周初推行的分封制,分封秦始皇诸子为王,代为统治。廷尉李斯则力排众议,提出周武王分封子嗣及同姓甚众,结果后代疏远,互相攻击,如同仇雠,周天子也无力制止,以致天下分崩。现在好不容易归于一统,不该重蹈覆辙。于是他建议推行郡县制,归中央政府辖制。上下政令,一以贯之,便可以长治久安。秦始皇坚定地支持了李斯,分天下为36郡,郡下设县、乡、亭、里等基层机构,均执行中央政府旨意,不再各自为政。从此,中央集权制正式成立。

不仅如此,秦始皇采取了一系列巩固统一的措施。他更名民人为"黔首";统一了度量衡;推行"书同文,车同轨,行同伦";完善法律,以吏为师,"事皆决于法";又修驰道、直道、五尺道、新道,用邗沟连接黄河流域与长江流域,用灵渠连通长江水系与珠江水系,还加强海上航线的发展,构筑水陆海全国交通网;他筑长城,派蒙恬率30万大军震慑匈奴,安定北境;同时迁徙50万人戍守五岭,并开始经略西南夷。上述种种措施,意义非凡。

正因为采取了上述措施,秦朝"皇帝临位,作制明法,臣下修饬"(《泰山石刻》),"法令由一统",呈现"君上守法,秦民趋令"的局面。秦代法律条文严密,系统完整,当时规定只有法官、法吏才有解释法律权,如想了解法律有关问题的人,必须向法官、法吏咨询讨教。此外,除中央下达统一法令之外,地方上郡一级也可以根据本地实情,制定地方法规,以作为国家大法的补充。可以说秦代已经完全具备了制定、发布、解释、实施完整法律的权威性与强制力。

秦代拥有强大的常备军。根据文献记载,成年男子一般23岁起要为中央政府服兵役两次,另在地方上还要服役一个月。秦时人口大约为3000万,以五口为一家计,壮丁应该在600万上下。仅戍守北境的就有30万人,驻岭南的便有50余万人,估计常备军应该在100万人以上。这么庞大的军队,是保证法律强制执行的主力。

秦代的黔首户籍在册,大体稳定。而疆域除东北大部与新疆、西藏之外,黄河中下游地区、长江中下游地区及珠江水系地区已基本在中央政权的控制之下。也就是说,今日中国的主要版图,秦代已完成有效管控。

当然秦朝的行政机构的权威性,无可置疑,执行力也有明载。只是由于过于苛刻严酷,所以在后世备受指责。

秦朝只存在短短的15年,但在北疆,匈奴不敢南下;在东北疆影响已进入朝鲜半岛;在南疆不仅使岭南永远归于中国版图,势力还推及越南顺化以北。国家的主权几乎没有受到有力的挑战。

可以这样说,秦朝奠定了中国作为现代意义上的国家的基础。若不是秦始皇好大喜功,急于求成,一遇反抗便不惜用重法弹压,所作所为远远超出社会可以承受的能力,也不会速亡。于是历史在汉初转了一个弯,让胜利的果实最终落到了汉武帝的手上。

汉初形成"布衣将相"之局,统治集团中的核心人物大多数出身卑微,也缺乏治理国家的能力。而国家战乱已久,人口锐减,经济凋敝,国库空虚,全社会需要休养生息。再加上匈奴大军压境,侵扰不断;岭南赵佗自主,建南越国;闽越也频频发难。在此情况下,选用黄老之术为治国思想,合乎时宜。所以对内轻徭薄赋,恢复生产,安定民心,改善治安;对外则委曲求全,不惜纳贡和亲,以图东山再起。当时政治的一个典型案例,是萧规曹随。曹参为相,以无为求有为,以不扰民、少扰民为准则,重用厚重守善之吏,排斥精明强干之吏。这就应了物极必反的老话,"秦之苛暴,汉之简易,相激相反",言之不虚。

只是汉初做了一件荒唐事,即错误总结秦亡教训,居然恢复了分封制。好好的郡县制,变成了郡国并行制。这一改变,几乎倾覆辛苦得来的汉政权。

春秋战国时期,养士成风,而诸子百家也极为活跃。这批士人思想活跃,不断著书立说,游说列国,寻找出头之日。他们大多数并不希望统一,不是说自己是楚人便是齐人,不是说自己是燕人便是韩人、赵人或魏人。秦亡之后,这批人都在搞复国运动,没有人真心愿意归属汉朝。秦始皇当年下令焚烧藏于民间的《诗》《书》及百家之书,表面上看是摧残文化,实质上其本意在于制止分裂,巩固统一。统一思想是前提,稳定社会是目的,而官府及博士所藏儒家及诸子的著作依然保留,说明秦始皇并非是大搞文化专制的糊涂人,这是"定于一"的时代所决定的。然而现在对于这批士人来说,机会又来了。

汉初实行分封制,士人乘机团结到诸王及列侯身边,摇唇鼓舌煽动对抗中央,维护独立王国。汉文帝在朝中缺乏靠山和嫡系臣子,不得不仰仗旧权臣鼻息。所以贾谊虽然洞悉了分封的弊端,也竭力上书谏言,希望改变"一胫之大几要,一指之大几如股"的诸侯国尾大不掉的危机。但是,时机未到,只能含恨而亡。景帝下令实施晁错的削藩策,最后引来吴楚七国之乱,晁错也成了替罪羊,被景帝下令斩杀,以安抚叛军。之后周亚夫在梁王的帮助下,最终平定叛乱,于是才引来改革的良机。到武帝即位,彻底剥夺了诸侯国治土治民、任命官吏、自主年号、自有军队、铸币等特权,让诸侯国如同郡县,甚至不如郡县,只能衣食租税。从此士人风气在"表彰六经"之后,由把自己的才干售于诸侯家,转到售于帝王家中来。东汉时,今古文之争虽以古文经的胜利而告终,却都走上了衰败之途,玄学取而代之。然而东汉士人面对外戚与宦官的肆虐,以家国情怀与死谏精神,实实在在维护了东汉二百年的统治。

可以说,汉承秦制,是经历了汉初的回头路后,再度得到了确认。这时名义上虽是郡国并行制,实质上是恢复了郡县制。秦制在汉武帝手中得到了巩固与提升。

首先作为国家要素的法律,高祖入关时约法三章,与秦形成鲜明的对比。由于过于简略,不足以理政,所以丞相萧何又制定了《九章律》,应了一时之需。但是随着经济的发展,人们的欲望与日俱增,社会矛盾层出不穷。到了汉武帝时,法律日见繁杂,律令359章,大辟409条,死罪决事比13472事。法律文书在西汉末竟达一百余万字,可谓"密如凝脂"。不仅远超秦律,甚至可以说有过之而无不及。之所以指责不及秦朝,是因为有了礼这个外衣,即所谓"儒表法里"。这一点不影响汉代法律的权威性及强制力。

其次,汉代的军备也远超秦军,法律有了坚强的后盾。

再次,汉代的国民户籍制也远胜秦代,在与大土地所有者争夺民人控制权方面,至少在宣帝以前,政府占有优势。而疆土的稳固依旧,特别是西域都护府的设立,为以后新疆的内属,打下了基础。

再次,汉代中央集权制的执行力也毋庸置疑。

最后,闽越与南越国的割据状态的结束,驱逐匈奴的重大战果,西南夷的深度开发,西域丝绸之路的开通和西域都护府的设立,使国家主权得到了空前的强化。

完全可以断言,到汉武帝时,作为现代意义上的中国已基本确立。

三

之所以做出上述断言,还有一个文化意义上的标志,既代表那个时代,又反映秦汉共识,为"中国"的确立,作了背书,那就是千古巨著《史记》。

《史记》的证明有三:

第一，黄帝从神话传说中的众多中国祖先中被司马迁选出，列入开篇《五帝本纪》之首。这就意味着，黄帝被确定为国之祖。

中国人是最为注重血缘关系的。中国人对国家概念的理解，与西方有一个很大的不同，即必须加上一个特征，就是必须有祖先，这就是我们常说的祖国。"国之大事，在祀与戎"。祀不仅是祭祀天地，更重要的是祭祀祖先。一个国家没有一个共祖是不可想象的。西方人可以信上帝，穆斯林可以信安拉，中国人则必须拜祖先。这也是一种信仰，一种崇拜，一种标志，一面旗帜。司马迁说，他遍游天下名山大川，所在言黄帝。所以不管还有什么盘古，什么伏羲，什么女娲，什么神农，秦汉就认黄帝。

从此以后，黄帝不仅是汉族人的祖先，也变成了中华民族中各民族的共同祖先。无论是汉人主政还是少数民族主政，不管有没有直接血缘关系，都需要承认，认了才是正统，才有政权的合法性。比如《史记·匈奴列传》就说匈奴是"夏后氏之苗裔"。《晋书·慕容廆载记》就讲鲜卑人是"有熊氏之苗裔，世居北夷，邑于紫蒙之野，号曰东胡"。《北史·魏本纪》也说"魏之先出自黄帝轩辕氏"。甚至《辽史·世表》也有契丹人为"轩辕后"的说法。

这是一种历史现象，是中国之所以成为中国的一种血缘印记。

第二，从《史记》始，下一代为上一代写史，成为定制。《史记》需要溯源，所以成为通史。《汉书》则开断代史之例，之后二十二史都依《汉书》之例，从未间断。现在也修清史和中华民国史。因为如果不撰写，你也不算正统，就丧失了合法性。不管朝代有多少变迁，不管国名是叫秦叫汉，还是叫隋叫唐，都是一个国家，即中国。

第三，姓氏合一。过去先秦时期，姓为贵族而且是嫡系所独擅，旁支称为氏，奴隶只有名。这种姓氏的不平等，在秦汉时期被彻底打破。姓仍是姓，氏也成了姓，无姓之人也可以拥有姓。它反映了同样作为国家的编户齐民，在人格上的平等。而这种平等恰恰反映出一个新型国家的进步。这一重大改变，一直延续至今。

《史记》这三大创造，是秦汉已经成为现代意义上的中国的一个重大反映。

总而言之，秦始皇没有完全实现的事，被汉武帝完成了。所以讲汉语，认汉字,称汉族,推崇汉文化,以"汉"为名,功德无量。从此统一成为主流,分裂不得人心。开创之功,当归于秦始皇;奠定之功,则非汉武帝莫属。秦汉一体,这个"本"不能忘。

(作者单位:西安曲江艺术博物馆)

秦宪公徙居平阳与秦武公灭小虢地望关系辨析*

田亚岐　李岗　刘明科

《史记·秦本纪》:"(武公)十一年(前687),初县杜、郑。灭小虢。"张守节《正义》:"陕州之虢犹谓之小虢。又云,小虢,羌之别种。"有学者据此提出武公灭掉的小虢就是西虢。其实,这是把"西虢"与"小虢"两者混为一谈了。如果小虢就是今日之虢镇,必然与秦宪公徙都平阳之历史相悖。因为此时小虢未灭,而平阳在虢镇以东,东到平阳的必经之地为虢镇,从当初文公活动的"汧渭之会"与宪公所居之平阳之间有小虢阻隔判断,秦宪公不大可能越过"戎狄"的封锁线到达平阳。

关于"虢",其称谓涉及较为复杂,时限跨度也较大。此与西周时期的封国、西戎之城邑和其他邦族城邑有关。最早的虢国是西周初年重要的姬姓封国,随着时间的推移,虢国的本来面目及其迁徙状况已模糊不清,致使在先秦两汉时期的文献中先后出现了五个虢国。《汉书·地理志上》:"陕,故虢国。有焦城,故焦国。北虢在大阳,东虢在荥阳,西虢在雍州。"这是最早记录四个虢国的文献。《史记·秦本纪》所载秦武公十一年"灭小虢",是说起码在春秋时期,除东、西、南、北虢之外,还有小虢。自东汉以来,史学界围绕着它们的分封、地望、迁徙及相关问题,一直存在争论。[①]

---

* 本文系2017年度国家社科基金一般项目"宝鸡太公庙秦国陵墓与城址聚落考古发掘报告"(项目编号:17BKG011)阶段性成果之一。

① 蔡运章:《虢国的分封与五个虢国的历史纠葛——三门峡虢国墓地研究之三》,《中原文物》1996年第2期。

鉴于东虢不在今之宝鸡地区，南虢、北虢虽与西虢有所牵连，但其地望在今三门峡黄河两岸，可不在本文中作讨论。唯西虢与小虢与我们要讨论的问题密切相关，因此，要弄清这个问题，恐怕首先得把西虢与小虢区分开。笔者尝试从以下几个方面进行分析。

一　西虢是相对于东虢而得名

关于西虢及其地望，在古文献中有较多记述。虢仲是文王的异母弟，虢叔是文王的同母弟。一般认为，东虢是虢仲的封国，国都在今河南郑州荥阳汜水镇附近，东周初年，被郑国所灭。西虢是虢叔的封地，其国都在今陕西宝鸡陈仓区虢镇。然而，也有史料记载与此相反，认为虢仲封于西虢，虢叔封于东虢。

据《国语·郑语》记载，史伯对郑桓公说："当成周者……西有虞、虢、晋、隗、霍、杨、魏、芮。"韦昭注："虢，虢叔之后，西虢也。"《太康地记》《水经注》《通典》上也均说西虢为"虢叔之国"。《国语·周语上》也说："宣王即位，不籍千亩。虢文公谏曰：'不可。……'"韦昭注："贾侍中云：'文公，文王母弟虢仲之后，为王卿士。'昭谓：虢叔之后，西虢也。"《左传·僖公五年》："虢仲、虢叔，王季之穆也。"孔颖达《疏》引贾逵云："虢仲封东虢，制是也。虢叔封西虢，虢公是也。"

但是，《国语·郑语》记史伯对郑桓公说："子男之国，虢、郐为大，虢叔恃势，郐仲恃险。"郑桓公接受了史伯的建议，迁都于新郑，二年灭郐，四年灭虢。这又说明东虢是虢叔的封邑，那么西虢必是虢仲的封邑。①

对于到底是虢仲封于西虢还是虢叔封于西虢这个历史悬疑，学界历来辨识不清。从青铜器铭文看，"虢仲"有西周早期与晚期之分，②周初始封君虢仲要与西周晚期的虢仲（字长父）区别开来。虢仲封西虢或是虢叔封西虢，这都不影响周初周文王的两个弟弟虢仲和虢叔分别被封为东、西虢国国

---

① 尹盛平：《西周史征》，西安：陕西师范大学出版社，2004年，第195页。
② 蔡运章：《虢国的分封与五个虢国的历史纠葛——三门峡虢国墓地研究之三》，《中原文物》1996年第2期。

君的历史事实。

有关西虢的地望,史料上的记载应当是清楚的。《汉书·地理志上·右扶风》有虢县。同书《弘农郡·陕县下》班固自注云:"西虢在雍州。"《水经注·渭水》载:"(雍)县故秦德公所居也。《晋书·地道记》以为西虢地也。《汉书·地理志》以为西虢县。《太康地记》曰:'虢叔之国矣。'"《元和郡县志》卷二:"虢县,古虢国,周文王弟虢叔所封,是曰西虢,后秦武公灭为县。"《宝鸡县志》载:"《舆地记》:'文王母弟虢叔所封,是为西虢。'《春秋》孔《疏》:'虢仲、虢叔,文王之时虢君字也。'贾逵曰:'虢叔封西虢。周为畿内地,曰西虢。'"北魏太延二年(436)设立武都郡,治所迁到虢镇,隋大业三年(607)又改名虢县,元代并入宝鸡县(今宝鸡市陈仓区)。也就是说,西虢自从封为虢叔封地及春秋设立虢县后,虢县、虢镇的地名一直与西虢历史息息相通。这些都说明,西虢是文王弟虢叔的封国,地望在今陕西凤翔县城以南与陈仓区周原、幕仪镇及渭河以北范围内,都邑在今宝鸡市以东的虢镇。

也有西虢在河南陕州之说。《左传·僖公五年》:"晋侯围上阳。"杜预注:"上阳,虢国都,在弘农陕县东南。"《左传·僖公五年》:"虢仲、虢叔,王季之穆也。"孔颖达《疏》引马融曰:"虢仲封下阳,虢叔封上阳。""上阳"即今河南陕州东南。如前所述,虢叔的封地在陕西雍,这里又说"虢叔封上阳",似乎西虢的地望又在今河南三门峡市境。这主要是把虢叔之后东迁于今河南陕州与虢叔始封地相混淆所致。所谓"虢叔封上阳",当是虢叔之后东迁至上阳之误。特别应该指出的是,《水经注》所载"虢仲之所都为南虢",是说南虢的始迁之君为"虢仲",这已由三门峡虢国墓地的考古发现所证实,M2009墓主"虢仲"就是周厉王时赫赫有名的卿士虢公长父。因此,南虢与西虢历史息息相关,是由西虢东迁而来的说法是可信的,但这与虢叔的封地无关,不能叫西虢。

既往的考古发现为西虢地望在宝鸡提供了佐证。据说清道光年间虢季子白盘在宝鸡县虢川司出土,虢川司在秦岭腹地太白县境。对此,李仲操先生考证后认为,虢季子白盘在上述地点出土不大符合情理,出土地点当在今虢镇以东的贾家崖一带。"虢季子白"四字的解释有多种,但对铭文表述的大概内容,学者有共识。铭文大意是:西周时期,虢国国君的小儿子名叫"白"的,率领军队在洛水之阳打败了敌手,因此做了这个盘,以示纪念。也就是说,"虢季子白"就是虢国国君后裔的器物无疑,是西虢后人遗留在故地的纪念之器。

1975年在岐山县董家村出土的4件虢仲公臣簋①诸器,铭文各43字,记载了虢仲委命公臣任"百工"之官,来掌管他的手工业作坊,并赏赐给公臣四匹马、五个钟和一些铜料。公臣拜叩和赞扬上师的宏恩,用之铸造这套簋,以记这一荣宠。还有1958年在岐山京当乡出土的两件虢仲鬲②也是与西虢的国君虢仲有关。这是说周厉王统治期间,西虢国君虢公长父,亦称虢仲,为执政卿士,统帅天下兵马,地位显赫,君眷正隆。这些虢仲器似乎与虢叔封西虢不大相符,有些人举此例说明封于西虢的是虢仲。其实不然,这六件虢仲器都在西周晚期,说明这里的虢仲与周初始封的虢仲不是一人。但这并不改变从周初直至西周晚期,西虢就在今日之宝鸡地区的事实。还有1974年12月陕西扶风强家村窖藏新出土的虢季家族铜器师𩛥(读哉音)鼎、师丞钟诸器,以及传世的六件虢叔旅钟,③足证西虢故地就在今陕西宝鸡地区是可信的。

西虢在西周金文中又有"奠虢""城虢""虢城"等不同名称,如《三代吉金文存》卷八著录奠虢仲簋3件,同铭,其铭曰:"惟十又一月既生霸,庚戌,奠(郑)虢中(仲)乍(作)宝簋,子子孙孙永宝。"《三代吉金文存》卷七还著录两件城虢氏器,《城虢仲簋》铭曰:"城虢(仲)乍(作)簋。"《城虢遣生簋》铭曰:"城虢遣生乍(作)旅簋,其万年子孙永宝用。"特别是《班簋》,郭沫若先生在研究《班簋》铭文后曾经指出,"虢城公当即""遣","别有《城虢遣生簋》者可为证。又有城虢仲簋出土于凤翔,乃古西虢之地,是知城虢即西虢。虢城公当是始封于西虢者,故世称西虢为城虢,以其称号冠于虢之上,以别于东虢北虢也",虢城公遣当与文王同辈。④ 尹盛平先生认为,《郑虢仲簋》铭表明,虢仲为西虢封君,封邑在今宝鸡市陈仓区,位于郑地内,因此冠以食邑的

---

① 庞怀清、吴镇烽、尚志儒等:《陕西省岐山县董家村西周铜器窖穴发掘简报》,《文物》1976年第5期。
② 刘少敏:《周文化丛书》(青铜卷),北京:中国文史出版社,2015年,第318页。
③ 吴镇烽:《陕西金文汇编》,西安:三秦出版社,1989年,第804页。
④ 郭沫若:《两周金文辞大系图录考释·班簋》,上海:上海书店出版社,1999年影印本。

地名称"郑虢仲"。①

城、郑古音相近（同在耕部），可以通用。况且，"城"还具有国都的含义。例如，《诗·大雅·瞻卬》："哲夫成城。"郑《笺》："城，犹国也。"《诗·鄘风·干旄》："在浚之城。"毛《传》："城，都城也。"《淮南子·时则训》："可以筑城郭。"高诱注："都曰城。"《释名·释宫室》："城，盛也，盛受国都也。"因此，西虢的名号冠以"城"字而称为"城虢"，当与冠以"郑"字的含义相同，都是为了显示虢国地近郑宫、地位崇高的意思。② 这些足以说明，这些青铜器铭文中的"奠虢""城虢""虢城"与西虢历史有关，也就是西虢的另一种称谓。

西虢的始封地在今陕西凤翔以南至宝鸡陈仓区，这就是西周时的"郑"。尹盛平先生认为，郑地不仅包括今凤翔县，也包括今宝鸡陈仓区。③ 关中西部的凤翔周围地区出土的西周青铜器铭文，常常涉及井国、矢国、散国，这些封国与虢国一样都在奠（郑）地，所以这些器物的铭文中往往涉及"郑""井""械"。显然，西虢的食邑与"郑""井""械"有许多毗邻甚至重合。同时也从另一个侧面证明西虢在陕西宝鸡而不在河南陕州。

"郑"在先秦时期既是一个地名，也是一个国名。一般认为，周灭商后，周武王封姜太公之少子井叔于郑，史称西郑，地在今陕西凤翔县南与宝鸡陈仓区。周穆王夺西郑为下都，姜姓郑国灭亡。国人姓奠井氏，或为郑井氏，亦即郑氏。实际上，郑地的情况比较复杂，其东迁过程一直是西周晚期历史上的一个谜。《古本竹书纪年》上讲，穆王曾居郑宫，后世学者还提出周穆王以下都于西郑的说法，此说能否成立还可进一步讨论，但在西周中期金文中，郑地的确常常是周王的活动之地。④ 西周初年的西虢始封，正是从"郑"这个地方开始的。

"奠"即"郑"，即秦德公所居之大郑宫。西周穆王时铜器免尊（《集成》6006）铭文："佳（唯）六月初吉，王才（在）奠，丁亥，王各大室，井弔（叔）右（佑）免……"又懿、孝之际的大簋（《集成》4165）铭文："佳六月初吉丁巳，王

---

① 尹盛平：《西周史征》，第123页。
② 蔡运章：《虢国的分封与五个虢国的历史纠葛——三门峡虢国墓地研究之三》，《中原文物》1996年第2期。
③ 尹盛平：《西周史征》，第123页。
④ 李峰：《西周金文中的郑地和郑国东迁》，《文物》2006年第9期。

才(在)奠。"又微史家族铜器三年瘗壶(《集成》9726)铭文:"隹三年九月丁子(巳),王才(在)奠。"这些"奠"字,前人以为即郑字,如陈梦家《西周铜器断代(六)》指出,"康为私名而奠井乃其氏名,故盨称'奠井叔康'","是先有井氏而后食邑于郑而改称奠井"。① 王辉先生认为陈梦家的说法是有道理的,并指出:"一直到战国时,郑仍写作奠,如1971年河南新郑出土的郑韩兵器铭文就是如此。"②

　　李峰先生认为,郑地同时也有其他的西周宗族的活动,比较重要的一支是井氏,其宗族主要分布在凤翔一带的井邑,距离郑地应该不远。周王室在郑地的活动并不排斥他们。从康鼎(《集成》2786)铭文末尾的"郑井"族徽可以看出,井氏宗族有一支的确是住在郑地。而作器者康在另外一件铜器——郑井叔康盨(《集成》4401)中,则直接称自己为"郑井叔",即住在郑地的井叔。除井氏之外,在宝鸡一带的宗族虢氏,显然也在郑地领有住宅,从三件同铭的郑虢仲簋(《集成》4024~4026)便可以看到。与这两个宗族相比,姜姓郑氏一族以"郑"单字为氏,应该是郑地的"原初"居民。③

　　西周早期,凤翔南与陈仓区域奠这个地方,不光是有姬姓郑,还有姜姓郑。不光与井国、散国有关联,还与虢国、矢国密不可分。《矢王簋盖》铭:"矢王乍奠姜尊簋。"这里的"奠姜"即"郑姜","郑姜是被封在郑地的姜姓氏族的女子,应是矢王的后妃","西周最初之郑地应在雍县"。④ 具体说来,"这里的'奠'当指姜姓的井方而言。井或作邢"。⑤《说文·邑部》"邢,郑地有邢亭"和《重修广韵》卷三"(井)姓,姜子牙之后也"的记载也证明了这一点。《史记·郑世家》记载:"郑桓公友者,周厉王少子而宣王庶弟也。宣王立二十二年(前806),友初封于郑。封三十三岁,百姓皆便爱之。幽王以为司徒。"说明周宣王弟友(或多父)于宣王二十二年受封于郑地,因此建立了郑国。显然这是姬姓之郑。奠地上井方的封邑,称"奠井",奠井乃其邑名。

---

① 陈梦家:《西周铜器断代(六)》,《考古学报》1956年第4期。
② 王辉:《西周畿内地名小记》,《考古与文物》1985年第3期。
③ 李峰:《西周金文中的郑地和郑国东迁》,《文物》2006年第9期。
④ 王光永:《宝鸡县贾村塬发现矢王簋盖等青铜器》,《文物》1984年第6期。
⑤ 蔡运章:《虢国的分封与五个虢国的历史纠葛——三门峡虢国墓地研究之三》,《中原文物》1996年第2期。

奠地上西虢的封邑，称"奠虢"，显然与"奠井""丰井"意义相同。

蔡运章在《虢国的分封与五个虢国的历史纠葛——三门峡虢国墓地研究之三》一文中写道："奠井国铜器穆王以前均称'井'或'奠'，如井伯甗等，自穆王以后常冠以'奠'字，如懿王时的奠井叔诸器。唐兰先生指出：'无论在文献里或金文里，穆王、共王时代"井"上还没有加"郑"字。金文郑井叔盨里的郑井叔康，康鼎铭文最后签署的氏族名称"奠井"以及郑井叔编钟，……显然是穆王、共王时代井叔的后人。'这就是穆王在郑地营建别都后，井方为显示荣耀将自己的国号称为'奠井'的缘故。大约到西周晚期，随着井方势力的衰落和西虢威势的增强，特别是厉王时虢仲作为周王室总管军政大权的执政大臣，南征北讨，国力空前。这时，西虢逐渐北侵，占有井方南部的领土，甚至已接近或控制周王的郑宫是可能的。"①这个"井"或"奠"的变化，不光牵涉到时间早晚的变化，牵扯到郑的东迁，还涉及旁证西虢的东迁。西虢人沿用井的习俗，称"奠虢""城虢"自在情理之中。

至于上述铜器铭文中"奠"地的方位，古代地理学家多举《汉书·地理志》的记载，将其与汉代的郑县相联系，或说在汉京兆郑县境，即今华县一带。这个在相关的研究中，一直是一个含糊不清的问题。究其原因，可能还是与西周晚期郑的东迁过程有关。《汉书·地理志上·京兆邑》："郑，周宣王弟郑桓公邑。"是说郑是周宣王弟郑桓公的邑地，并未明示这个郑就是秦武公初设的郑县。宣王弟友是宣王二十二年(前806)才受封于郑地，这是郑东迁以后的事。这个郑县就是秦武公初设的郑县，在今陕西华县，与周穆王时在凤翔营建郑宫之郑不是一回事。《古本竹书纪年》说："穆王所居郑宫、春宫。"唐兰先生以为在扶风、宝鸡一带。② 这是符合历史原貌的。尹盛平先生认为"郑"即西郑，在今陕西宝鸡市陈仓区与凤翔县一带。③ 卢连成先生也

---

① 蔡运章:《虢国的分封与五个虢国的历史纠葛——三门峡虢国墓地研究之三》,《中原文物》1996年第2期。
② 唐兰:《用青铜器铭文来研究西周史——综论宝鸡市近年发现的一批青铜器的重要历史价值》,《文物》1976年第6期。
③ 尹盛平:《西周史征》,第195页。

以为郑在今凤翔县,奠即秦德公所居之大郑宫。① 王辉先生认为,奠井叔既为畿内井之一支而居于奠地者,则奠必在畿内井地之附近。宝鸡茹家庄强伯墓M2出土的圆鼎、附耳鼎、方鼎、独柱带盘鼎、羊尊等铜器都是强伯为井姬作器,井姬应为强伯之妻,看来强主要同井通婚,井、强必相距甚近。② 王辉先生还考证了奠井与淢地的关系,认为淢应在今凤翔南部之八旗屯一带。淢就是棫,二字俱从或得声,可以相通。古文献每见淢阳,《汉书·地理志》雍县注有:"棫阳宫,昭王起。"《汉书·郊祀志》:"是岁,雍县无云,如雷者三,或如虹气,苍黄如飞鸟,集棫阳宫西。"《小校经阁金文》11·50 收有雍棫阳宫共憝鼎,可见棫阳在雍。其实,雍同淢无论读音还是意义都是很接近的。古音雍属影母,淢属匣母,影、匣俱喉音。淢为城沟,乃水积聚之处,《诗·大雅·文王有声》:"筑城伊淢。"毛《传》:"淢,城沟也。"长愆盂称"下淢愉",下,低下也,可见该地低下、潮湿。雍又作邕,《说文》:"邕,四方有水自邕成池者。復,意文邕。"徐灏曰:"邕、雝古字通。雝,隶作雍。戴氏侗曰:'凡水之蓄聚为復。'"《说文》:"雝,天子飨饮辟雝。"凡此都说明淢、棫、雍相通。凤翔南部古称雍,可能取义于低下潮湿。今凤翔城南七、八里地之河北里、八旗屯一带,南北均为土塬,雍河自中流过,是一谷地,两岸多为沼泽,葭苇丛生、水草丰茂,同周围的黄土塬形成鲜明对照。《诗经·秦风·蒹葭》:"蒹葭苍苍,白露为霜。所谓伊人,在水一方。"显然描写的是这一带的景色。③

《史记·郑世家》司马贞《索隐》:"又《系本》云'桓公居棫林。'"这个记载也是混淆了凤翔之郑与华县之郑的区别,因为郑桓公友封邑在今陕西华县。棫林之地在今陕西凤翔以南,与郑地同处一地。考古发现证明,这个棫林就在凤翔南瓦窑头一带,与穆王营建之郑宫地望重合,与秦武公在华县初设的郑县不在一处。《左传》襄公十四年记载的一次对秦征讨中,晋、齐、宋、卫、郑、曹等联军曾越过泾水到达棫林。④ 说明棫林确应在泾水之西,也就是在关中西部。说明《世本》记郑桓公友曾住在一个叫棫林的地方是不准确

---

① 卢连成:《周都淢郑考》,《古文字论集(一)》,《考古与文物丛刊(第二号)》,考古与文物编辑部,1983年,第9、10页。
② 王辉:《西周畿内地名小记》,《考古与文物》1985年第3期。
③ 王辉:《西周畿内地名小记》,《考古与文物》1985年第3期。
④ 〔清〕阮元校刻:《十三经注疏(附校勘记)》,北京:中华书局,1980年,第1956页。

的。1962年,陕西省考古研究所凤翔工作队在勘查秦都雍城时,在南古城东北发现半个云纹瓦当,上有一"棫"字。认为应是"棫阳宫"残当。1982年在上述地点偏南的南古城、史家河附近,采集到一枚完整的"棫阳"瓦当,面径18厘米、边轮宽1.1厘米、厚2厘米,"棫阳"二字较小,且有缺笔,当背平滑,灰色。同时还发现的有战国斗兽纹、树纹、云纹瓦当等。这些发现证实棫阳宫的具体地理位置很可能就在雍城南郊的东社、南古城、史家河这一范围之内。而这一带正是"郑"地的核心地区,即春秋时期秦德公徙居大郑宫之地。① 说明棫地与郑地许多是重合的。

1985年春季,中国社科院考古所在长安张家坡发掘出三座带双墓道的墓葬,出土了包括井叔钟在内的多件井叔自作的铜器,确定这里是一处井叔家族墓地。② 这对于我们认识以往传世的青铜器中的郑井很有帮助。对此,郭沫若、陈梦家都有过论述。郭沫若指出,康鼎的"康即奠井叔盨之奠井叔康,亦即舀鼎之井叔……盖康名,井叔字;奠,食邑所在地也"。又有奠井叔钟,"亦是同人之器"。"趞觯又称咸井叔,咸者宗周畿内地之咸林也"。"是知奠井叔之奠即是西郑"。③ 陈梦家排比有关各器,以为"是先有井氏而后食邑于郑而改称奠井,由奠井而省称奠";"氏名的奠井、咸井、奠、井指同一个氏,凡有此氏名者乃一家之器,但不是一切井叔皆属于同一个人";"咸井叔即奠井叔","免组之井叔与奠井叔康可能是一人"。④

关于这批井氏诸器的年代,郭沫若以康鼎、免簋诸器属懿王,舀鼎、趞觯属孝王。陈梦家认为井叔诸器是不能晚于懿王的时代。这对于研究郑的东迁至关重要。现藏北京故宫博物院的清宫旧藏,懿、孝时的免簋(《集成》4626)铭说:"隹(唯)三月既生霸,乙卯,王才(在)周,令免乍(作)嗣(司)土(徒),嗣(司)奠(郑)还嫩(林)眔吴(虞)眔牧。"是说周王在郑地举行册命仪式,任命作器者免担任司土一职,前往郑地管理那里的林牧渔业之事。免尊铭文:"隹(唯)六月初吉,王才(在)奠(郑),丁亥,王各大室,井弔(叔)右

---

① 王学理、田亚岐:《秦物质文化通览》,北京:科学出版社,2015年,第179页。
② 张长寿、卢连成:《长安张家坡西周井叔墓发掘简报》,《考古》1986年第1期。
③ 郭沫若:《两周金文辞大系图录考释·康鼎》,上海:上海书店出版社,1999年影印本。
④ 陈梦家:《西周铜器断代(六)》,《考古学报》1956年第4期。

(佑)免,王蔑免历,令史懋易(赐)免载市冋黄,乍(作)𢆶(司)工。"则记载周王在郑地举行册命仪式,任命作器者免担任司工一职。这件作于六月的免尊,又可与三月份所作的免簋联系起来。唐兰认为免尊中的"郑应是西郑……是郑桓公始封的棫林,其地在泾水以西"。同时认为"井叔当是郑邢氏"。① 显然,郑、井、棫地密不可分。奠地本是井方的封邑,所以称"奠井",奠井乃其邑名。这里所涉的"井"封邑,都是指今凤翔以南的郑地,免尊铭"王在奠"和奠井氏诸器之"奠",都是指的一个地方。还有散氏盘铭中"提到井邑,井邑又名奠(郑)井"。② 这些郑都与华县之郑无关。

为了进一步证实这个问题,我们不妨再细述一下散氏盘。"这件盘铭记载了周厉王时期,矢国侵扰散国的城邑,被散国打败后,便用田地向散国赔偿,划定田地的四至及封界,并最后举行盟誓的经过"。铭文中"'左至于井邑封道',说明这次作为赔偿划给散国的土地位于矢、散、井三国之交界处。西周时的凤翔塬(包括今陈仓区周塬镇区域)自北向南依次分布着南、虎、散、井四个方国,散氏盘上的这些铭文也与史料记载相符,说明散国在井国的北边"。③ 这个井绝不会在华县。

郑(奠)井之地过去多有讨论,其在周初往往离不开凤翔塬。近年来,国内外一些学者运用天文学的研究成果与计算机技术,对《古本竹书纪年》中"懿王元年,天再旦于郑"做了推论,认为这个郑就在今陕西凤翔、岐山之间(东经107.5°,北纬34.5°)。④ 足以证明,西周早期的郑地当在今凤翔县城南一带。

与郑一样,井的问题也比较复杂。"按井氏之冠奠者只有井叔一支,而井叔也有冠奠与不冠奠之别。这次发现的井叔钟以及𧊒鼎、免簋、免尊、免卣诸铭中的井叔均直称井叔,而奠井叔康盨、奠井叔钟、奠井叔鬲则均冠以奠字。……可见井叔、奠井叔、丰井叔自有区别。如以食邑而别,奠井叔、丰

---

① 唐兰:《西周青铜器铭文分代史征》,北京:中华书局,1986年,第369页注释1、第370页注释2。

② 王辉:《散氏盘新解》,收入《周秦社会与文化研究——纪念中国先秦史学会成立20周年学术研讨会论文集》,西安:陕西师范大学出版社,2003年,第672页。

③ 刘明科:《寻找2800多年前散矢分田的地方》,《收藏快报》2016年1月20日,第1版。

④ 葛真:《用日食、月相来研究西周的年代学》,《贵州工学院学报》1980年第2期。

井叔理应在井叔之后。张家坡位于丰邑故址,丰井叔或即 M157 井叔之后也未可知"。① 依此类推,西周早期的虢国(西虢)、井国、夨国,再加上散国,都与穆王营建之郑宫之奠地的食邑有密切关联。作为食邑之概念,虢、井、棫之地,在西周早期往往离不开宝鸡凤翔塬之郑(奠)。只是许多情况下有的往往区域重合,如郑、棫;有的常常毗邻,如井、散、夨等。这些都与周早中期关中西部地区的历史相吻合。金文中"奠虢""城虢""虢城"等不同的名称,与"郑井""棫井""丰井"的意义相同,与这些器物的出土地有关,与西虢的历史有关,与西虢的食邑在奠有关。其实都可以看作是西虢的不同称谓。西虢当是文王弟虢叔的封国,地在今陕西凤翔以南,宝鸡陈仓区千河以东虢镇至阳平一线,直至凤翔虢王镇的原边上下区域。"宝鸡县(今陈仓区)东部地区,西周时是虢仲(注:应是虢叔)的封地,称西虢"。② 春秋时在今凤翔县境的虢县,就是在郑地西虢的故土上设立的。这些都与今日凤翔塬以南的历史地理沿革和考古发现相吻合。

综上所述,西虢的始封邑自始至终都与郑相关联,郑地包括今凤翔县和宝鸡县(陈仓区)。因此,西虢当在陕西宝鸡地区的凤翔与陈仓区无疑,西虢在河南陕州之说没有根据。

二 小虢得名于西周晚期平王东迁之后

《史记·秦本纪》:"(武公)十一年,初县杜、郑。灭小虢。"这是正史上最先出现的小虢。事实上小虢的出现与西虢东迁密切相关。《水经注·渭水》:"(雍)县故秦德公所居也。《晋书·地道记》以为西虢地也。《汉书·地理志》以为西虢县。《太康地记》曰:'虢叔之国矣,有虢公,平王东迁,(虢)叔自此之上阳为南虢矣。'"这说明西周晚期,西戎之乱,秦襄公护送周平王东迁洛邑,西虢大部分族人随平王东迁至河南三门峡一带。还有一小部分未跟随平王东迁的族人留了下来,称为"小虢"。传世文献关于西虢在西周晚期已经东迁已有明确记载。如《国语·郑语》记载了史伯对郑桓公说

---

① 张长寿、卢连成:《长安张家坡西周井叔墓发掘简报》,《考古》1986 年第 1 期。
② 吴镇烽:《陕西地理沿革》,西安:陕西人民出版社,1981 年,第 114 页。

的话:"王室将卑,戎、狄必昌,不可偪也。当成周者……西有虞、虢、晋、隗、霍、杨、魏、芮……其济、洛、河、颍之间乎!"此处将虢与虞、晋等放在一起,可知西周晚期西虢已经东迁,并且与这些国家相距不远。近些年的考古发现表明,这个东迁的西虢就是地处三门峡地区的南、北二虢。其实这南、北二虢本系一个虢国,系西周晚期宣王初年由西虢东迁而来。北虢在平陆,在黄河北岸;南虢在三门峡,在黄河南岸。北虢和南虢隔河相望,其实只是一个虢国。

从《史记·秦本纪》载"(武公)十一年,初县杜、郑。灭小虢"看,西虢与小虢邑城不会处一个地方,因为秦宪公不大可能跨越仍被小虢控制的西虢之邑城虢镇徙都平阳。同时也说明,起码在春秋秦宪公徙都平阳时,地处虢镇之西虢已不复存在。

那么与武公关联的小虢在什么地方?有多种说法。

一是河南陕州说。张守节《史记正义》:"《括地志》云:'故虢城在岐州陈仓县东四十里。次西十余里又有城,亦名虢城。《舆地志》云此虢文王母弟虢叔所封,是曰西虢。'按,此虢灭时,陕州之虢犹谓之小虢。又云,小虢,羌之别种。"这大概是史料中对小虢地望的最早释读。由引文可知,所谓"小虢在河南陕州",是张守节对《括地志》中的"虢"与"西虢"的自我延伸。需要提及的是,唐张守节《史记正义》中的许多地理名词,正误不辨,给后人解读古代地理带来了很大的麻烦。所谓"陕州之虢犹谓之小虢",可能源于《汉书·五行志中之上》中的一段话:"《左氏传》晋献公时童谣曰:'丙子之晨,龙尾伏辰,袀服振振,取虢之旂,鹑之贲贲,天策焞焞,火中成军,虢公其奔。'是时虢为小国,介夏阳之阸,怙虞国之助,亢衡于晋,有炕阳之节,失臣下之心。"①这段话中的"虢公其奔,是时虢为小国"中的虢,显然是指与虞国相近,西周晚期由陕西宝鸡东迁至今三门峡的虢国。这本与历史相符。问题是,"是时虢为小国"被当作"是时虢为小虢",显然是把"小国"与秦武公"灭小虢"联系了起来。"春秋中叶,陕州(今三门峡)之虢行将灭亡时虽已沦为小国,但《左传》《国语》诸史籍仍称其谓'虢',谓之'小虢者',乃汉人所为。因

---

① 《汉书·五行志》,上海:上海古籍出版社,1986年,第173页。

此,当时的'小虢'明指'杜、郑'之虢,不应与陕州之虢相混"。①总之,张守节《史记正义》谓之"小虢"者不可与《史记》正文中秦武公"十一年,初县杜、郑。灭小虢"同日而语,乃唐以后以讹传讹所致。需要强调的是,这个记述之误,只是疑似地望有误罢了。因为西虢在西周晚期东迁是历史事实,秦武公十一年初县杜、郑时,灭掉了平阳附近的一个小虢也是历史的定论。

从张守节《史记正义》"陕州之虢犹谓之小虢"来看,这个小虢当在今河南三门峡市陕州区。这与西虢主力随平王东迁后,秦武公灭了小虢,在凤翔设立虢县的历史不符。虢、西虢、郑虢、城虢、虢城、小虢等名称虽然复杂,但都与西虢密切相关。《史记·秦本纪》中提到的武公十一年,初县杜、郑,灭"小虢",这里的"杜"与"郑"虽与宝鸡地区的"杜""郑"有点纠缠,但通过对其详尽考证后不难发现,秦武公初县杜是指今西安市东南十五里处的杜城,而不是今宝鸡麟游县秦代的杜阳县。"《水经注》载:'沈水又西北迳下杜城,即杜伯国也。'《长安志》说:'杜县故城在长安县南十五里……史记曰:秦武公十一年初县杜,即此地也'"。② 长安县即今西安市长安区。秦武公初县郑也是指今陕西华县的郑县故城,而不是凤翔的郑。《陕西地理沿革》上说:"郑县故城,西周郑桓公封邑,秦武公十年(当为十一年之误)设立郑县。"③这些史料记载反而从时间早晚上印证了西周晚期郑东迁的历史足迹,说明小虢在陕西宝鸡地区,不应与陕州之虢相混。而且我们还不可忽视,从秦武公初设郑县于今华县看,说明当时秦人的势力还到不了潼关以东的河南陕州。武公十一年,才向东扫灭今西安市东南的"杜",并取得了今华县之"郑"。显然,小虢在陕州说是不能成立的。

二是陕西宝鸡虢镇说。《元和郡县志》卷二:"虢县,古虢国,周文王弟虢叔所封,是曰西虢,后秦武公灭为县。"这是说武公所灭小虢,乃虢叔所封之西虢。南宋罗泌《路史》卷二八《国名纪五》记载:"西虢,在岐,今凤翔虢县……其处者为小虢,秦灭之。"《宝鸡县志》载:"《舆地记》:'文王母弟虢叔所

---

① 蔡运章:《虢国的分封与五个虢国的历史纠葛——三门峡虢国墓地研究之三》,《中原文物》1996年第2期。
② 吴镇烽:《陕西地理沿革》,第533—534页。
③ 吴镇烽:《陕西地理沿革》,第600页。

封,是为西虢。'《春秋》孔《疏》:'虢仲、虢叔,文王之时虢君字也。'贾逵曰:'虢叔封西虢。周为畿内地,曰西虢,后曰小虢。'"这些记述有点含糊不清。如前述,西虢邑城在虢镇,若秦武公灭掉的小虢就是西虢,说明秦宪公徙都平阳时西虢尚在。秦早期东进的历史特点是步步为营,逐步向东推进。秦文公从西陲出发,至汧渭之会,用了整整四年时间。直至文公十六年(前750),以兵伐戎,戎败走,地才至岐。如果西虢到秦武公十一年才被灭,秦宪公怎么能够越过西虢邑城虢镇,徙都西虢以东的平阳?显然这与历史相悖。如果把这理解成小虢就是西虢东迁后留在原西虢地盘上的"周余民"和一些戎人,也可以讲得通。但是这个小虢城邑绝不是原西虢的复制,起码城邑不在虢镇,而应当在平阳以东或者以北、以南。

这里附带需要澄清一下"杜"地的问题。这是因为《史记·秦本纪》中提到的武公十一年"灭小虢"与"初县杜、郑"同处一个语境之中。实际上,秦宪公徙居平阳时,其附近有一支戎人在"荡社",还有一支戎人的小据点——"小虢"。关于这个"荡社"的情况,各种文献记载很不一致,其具体地望有的说在兴平,有的说在三原,还有的说在西安东南当时称之为"杜"的地方,因此又称为"汤杜"。总之,"荡社"(或叫汤杜),是临近秦国的一支戎人的据点是毫无疑问的。秦宪公三年(前713),秦发兵夺取荡社,占领其邑,亳王逃往西戎。① 查阅古籍,秦宪公徙居平阳的这段历史中的这个"杜"往往也与西虢、小虢纠缠在一起,不易辨析。如《水经注·渭水》:"雍水又南,径美阳县之中亭川,合武水。水发杜阳县大岭侧,东西三百步,南北二百步,世谓之赤泥岘,沿波历涧,俗名大横水也,疑即杜水矣。其水东南流,东径杜阳县故城,世谓之故县川。又故虢县有杜阳山,山北有杜阳谷。"吴镇烽在《陕西地理沿革》中写道:"秦设立杜阳县,以在杜水之阳得名,晋废……《太平寰宇记》载:'汉杜阳县城,郡国县道记云:……在今凤翔府北九十里,普润县东南。'"②总之,这个秦武公初设"杜、郑"确实与今之宝鸡地区"杜、郑"容易混淆。只不过,杜在凤翔以北之麟游县,郑在凤翔以南。《水经注》"故县川""又故虢县"之记载,是造成混乱与纠葛的主要根源。"故县川"(杜阳县)与

---

① 林剑鸣:《秦史稿》,北京:中国人民大学出版社,2009年,第33—34页。
② 吴镇烽:《陕西地理沿革》,第561页。

"故虢县"是秦汉时宝鸡地区的两个故县,地望也不会重叠。"虢县:今凤翔县东南部及宝鸡县千河以东地区";"杜阳县:今麟游县西部";"郑县:今华县西南部及渭南县渭河以南地区。秦武公十一年(公元前687年)设立"。① 这些都表明,秦武公初设的杜、郑县与凤翔北麟游县境内之杜县和凤翔南之郑地没有关系。因此,无论是西虢还是后来的小虢,都不会涉及杜。

三是今太白县桃虢川之说。清人王先谦校《水经注》引清人赵一清《释》曰:"《方舆纪要》云:'桃虢城在宝鸡县东五十里,古虢君之支属也。《史记》秦武公十一年灭小虢,即此地。今有桃虢二城相距十余里,俗亦谓桃虢川。'"。②《重修凤翔府志》上也是这样记载的。这个记载中,十分明确地指出,桃虢城是古虢君之支属也,秦武公所灭小虢就是此地。这确实对于当今确定秦武公灭小虢的地点至关重要。

但是,这个记载中本身又是十分矛盾的。其一是距离上不符,"桃虢城在宝鸡县东五十里",清代的宝鸡县在今之宝鸡市区中山路,以东五十里当在今之虢镇东关一带。然而,"桃虢川"却在今太白县城以东的五里坡与桃川镇。据《宝鸡县志》记载,"虢川黑龙泉在县东南一百五十里",清乾隆三十七年(1772)在虢川设有"虢川巡检署"。这些都说明"桃虢城"不是太白县之"桃虢川"。其二是清以前的史料上从未见有这么记述的。因此,我们疑其之所以这么记述,可能与清道光年间虢季子白盘相传在虢川司出土有关。因为虢季子白盘是虢国国君后裔白遗留在故地的宝物,清代人据此就认为"桃虢城"是虢的一支,并且把它与秦武公灭小虢进行联系。这个联系似乎也有道理,关键是地理位置错了。"桃虢城"是不是就是太白县城以东的"桃虢川"?如是,《方舆纪要》上"桃虢城在宝鸡县东五十里"就是错的。如不是,"宝鸡县东五十里"的什么地方才是"桃虢城"?以"虢"为地名的在宝鸡地区有三处:一是虢镇,二是虢王,三是虢川司(桃虢城)。这三地唯有"虢川"在秦岭腹地今之太白县境的大峡谷中,所能容纳的人口有限。因此,宝鸡市博物馆老馆长李仲操副研究员就曾指出,虢季子白盘在虢川司(桃虢城)出土不大符合情理。近半个多世纪以来,那里也没有发现过有什么秦文

---

① 吴镇烽:《陕西地理沿革》,第299、296页。
② [北魏]郦道元著,[清]王先谦校:《水经注》,成都:巴蜀书社,1985年,第323页。

化遗存的蛛丝马迹。相反,虢镇东关贾家崖一带却时有西周青铜器的出土。如陈仓区博物馆收藏的一件西周早期的"井鼎",据说就是出土在这一带。①因此,太白县桃虢川之说无法得到其他史料的印证,与《史记·秦本纪》中提到的武公"十一年初县杜、郑。灭小虢"的历史不大相符,应当排除。

三 对小虢地望的基本定位

秦汉地图(摘自吴镇烽《陕西地理沿革》)

纵观西虢的封邑、东迁与秦宪公徙都平阳,以及秦武公灭小虢的历史,我们认为这个小虢必在西虢故土上。秦武公十一年,"即在杜、郑设县的那一年,秦又灭小虢。将小虢消灭后,西起甘肃中部,东至华山一线,整个关中的渭水流域,基本上为秦国所控制"。② 这个小虢也就是秦汉间在凤翔县东

---

① 据说是出于虢镇东关附近一件带有"井"铭文的西周早期的青铜鼎,现藏于宝鸡陈仓区博物馆。
② 林剑鸣:《秦史稿》,第35页。

南设立的虢县,北魏太延年间(435—440)又迁到今宝鸡市陈仓区虢镇。① 小虢的邑城大体当在今凤翔县虢王镇。

1994年至1995年,宝鸡市考古工作队和当时的宝鸡县博物馆联合在今阳平镇高庙村发掘了一处西周墓地,同时在该墓区还发现了两座较大的秦墓,但早期遭盗扰,成了空墓圹,简报中只在平面位置图上做了秦墓的标记,没有作介绍。西周墓地差不多前后经历五代王,而没有打破叠压关系,说明墓地是经过统一规划管理的,应该是一个以血缘为纽带的"邦墓"。这个邦墓,处在西虢势力范围内,别的族属是无法替代的。以GM5为例,南北长度两边不等,西边4.9米、东边4.7米;东西宽度亦是两边不等,北边4.1米、南边3.9米;残深3米,墓口以下深7米。② 在西周考古中,这样规格的大墓之级别都在诸侯等级以上,比较少见。如宝鸡竹园沟与茹家庄𢒉国𢒉季、𢒉伯墓葬的长宽尺寸都在4米—6米之间,茹家庄M1为𢒉伯夫妻合葬墓,尺寸稍大,墓室长8.48米、宽5.2米。③ 高庙这些墓葬虽早期遭盗扰,只出土了少量玉器、铜器残片与陶器,但如此之墓制,墓主非西虢高等级贵族莫属。因此我们曾推测高庙西周墓地处在西虢范围内,与西虢有关,当属西虢墓地。西周晚期西虢主力随平王东迁后,这个墓地再未见西周墓葬,而出现了秦人墓葬,说明高庙一带已被秦人占领。

阳平镇高庙村西距虢镇10公里,北距虢王镇5公里。据《元和郡县志》记载,虢镇古称虢县,即古西虢。乃周文王弟虢叔所封,是曰西虢。西周末年,戎族势力占领周原一带,西虢主力随周平王东迁,西虢余民遂称小虢。也就是说,西虢自西周初年封邑以后,一直比较稳定,历西周一代,长久不衰,和西周相始终。西周衰败以后,西虢主力虽随平王东迁,故土大片地方被戎人占领,留下的周余民退缩至虢镇以东,凤翔雍水以南至虢王一带的塬边上下,包括新秦村以东之高庙乃至宁王一带仍属小虢势力范围,直至秦武公十一年灭小虢,置杜、郑县以后,才正式归入秦人势力范围。自那时起,阳平高庙等地虽然几经易名,但其历史地理环境并无多大变化。虢镇、虢王之

---

① 吴镇烽:《陕西地理沿革》,第542页。
② 刘明科:《宝鸡县阳平镇高庙村西周墓群》,《考古与文物》1996年3期。
③ 卢连成、胡智生:《宝鸡𢒉国墓地》,北京:文物出版社,1988年,第272页。

名都与西虢有关并一直沿用至今。虢镇在高庙西二十余里,虢王在高庙北不到十里,一个在塬上,一个在塬下,相距都不太远,说明阳平高庙一带一直是西虢势力范围。只不过是,周初其城邑在虢镇,西周晚期西虢东迁后至春秋早期,变为小虢,邑城在虢王。从历史地理以及整个墓群所反映的考古学文化面貌观察,我们认为,高庙西周墓群属西虢墓地无疑。西周晚期,西虢主力随平王东迁后,没有迁走的族人从塬下川道一带被压缩到了塬上雍水之南、虢王东西之塬边一线,腾出的地方在文公十六年以后被秦人占领。因此这一带在西周晚期至春秋,周人墓葬消失,秦人墓葬开始多了起来。

如是,西虢主力随平王东迁后,虢镇周边被戎人占领,留下的"周余民"之虢族人,不得不放弃族人长期居住的中心虢镇及其以东的渭河川道,退缩到了今天凤翔东南部雍水以南的虢王东西两翼的凤翔塬边缘一带。虢王就成了"小虢"的中心,并以"小虢"名称之。秦文公到达汧渭之会地区汧河以西的贾村塬一带后,发表了一番演说,说这里是其先祖非子居住过的地方,并且经过占卜,说这里很吉利,于是即刻在贾村塬下的戴家湾台地上营筑陈仓城,安营扎寨。又经过十六年的稳扎稳打,改变了享国初年襄公东扩时被戎人杀死在岐地凤翔塬的被动局面。文公父子率兵继续东进,越过汧河,以兵伐戎,赶走了戎人,收留了没有跟随平王东迁的周余民,把领地推进至汧河以东的凤翔塬直至岐,为秦的继续东进奠定了基础。秦宪公继位后越过汧河,经过西虢故都虢镇,沿渭河继续东进,顺利地把都邑从汧渭之会地区迁徙到渭河北岸、凤翔塬之下的平阳。与平阳以北塬上的"小虢"为邻。武公十一年,随着势力范围的逐步扩大,遂灭掉了位于平阳以北的"小虢",并"初县杜、郑",使东起华山,西到陇山以西的故土礼县、天水、清水的大片土地连成一片。秦代位于凤翔东南的"虢县",就是在小虢被秦武公灭后的基础上建立的,这正如《陕西地理沿革》中的记载:"虢县:今凤翔县东南部及宝鸡县千河以东地区……秦武公十一年(前687年),灭掉西虢(注:应是小虢)设立虢县。"①"今凤翔县东南部"就是虢王一带,与我们考证之历史地理完全一致,也与太公庙这套秦公编钟所包含的文化信息相符合。

最后再说一下"小虢,羌之别种"的问题。这是张守节第一次提出"小

---

① 吴镇烽:《陕西地理沿革》,第299页。

虢"族属的问题。至于这是根据什么认定"小虢"是"羌之别种"？不得而知。不过,依据《史记》中所载秦襄公护送周平王东迁的历史,西周晚年,泛周原地区被戎人占领这是事实。秦享国初年,秦襄公率兵与戎人激战在岐地,被戎人所杀,也表明周人故土大片领土当时已被戎人侵占。戎本就是对西部地区羌戎人的泛称,与羌同源。从这个意义上说,这也不违背历史。但是,《史记·秦本纪》所载"十六年,文公以兵伐戎,戎败走。于是文公遂收周余民有之,地至岐",就包括西虢东迁后被秦人所收留的西虢周人。换句话说,当时的小虢地盘上,不排除周余民与羌戎人杂居的可能。这些与秦武公十一年灭小虢的历史并不矛盾。

（作者单位：陕西省考古研究院,宝鸡市考古研究所）

论雍都在秦国发展史上的重要地位

杨东晨

从秦德公元年（前677）迁都雍城大郑宫（今陕西凤翔县南七里故雍城），至秦孝公十二年（前350）迁都咸阳（今陕西咸阳市秦都区），共计长达327年。其中从秦灵公至献公元年（前424～前384），以泾阳（今陕西泾阳县）为都40年。从献公二年（前383）至孝公十二年，以栎阳为都33年。因这两个城均是军事性为主的临时之都，故《史记·商君列传》记述秦国都城迁于咸阳时，明确地说是"自雍徙都之"。即使是不将"临都"年数计算在内，雍城为都也长达254年。拙文仅就雍都的历史贡献和重要地位，做一些论述和探讨，以与同仁进行交流。

一　秦国雍都是历史悠久的文化名城

（一）文献对雍城的记载

《史记·秦本纪》载：德公"以牺三百牢祠鄜畤（秦文公设的祭坛，在今陕西凤翔南），卜居雍（今凤翔县）。"德公迁都的主要原因是为了向东发展，利于同晋国争夺河西地区；二是摆脱建都平阳37年来之旧贵族势力的束缚；三是武公去世，子嬴白未继位，封地于平阳，居于平阳宫（今陕西宝鸡市陈仓区杨家沟、平阳乡一带）。德公继兄即位（前677）时已33岁，时间仓促，只修筑了大郑宫。《史记·秦本纪》载：德公元年，"初居雍城大郑宫"。《正义》引《括地志》云："岐州雍县（今凤翔县）南七里故雍城，秦德公大郑宫城也。"《正义》云："卜居雍之后，国益广大，后代子孙得东饮马于龙门之河（今陕西韩城以下的黄河西岸）。"《庙记》云："祈年观，德公起。"大郑宫、祈年观之地东临横水河,西依灵山,南靠千河、渭水,北临君坡山,地势险要,易守难攻。从军事地位和经济条件而论,也比平阳故都要优越得多。

德公后历代的国君,均程度不同地对雍都各类建筑予以维护或增建,甚至还包括了以咸阳为都的秦昭王。《史记·秦始皇本纪》附《秦纪》载:"德公享国二年。居雍大郑宫"。宣公"享国十二年。居阳宫"。康公、共公,"居雍高寝"。桓公"享国二十七年,居雍太寝"。景公"享国四十年,居雍高寝"。悼公"城雍"。躁公"享国十四年,居受寝"。《汉书·地理志》云:秦孝公在雍修建橐泉宫,秦昭王在雍修建棫阳宫。这些记载,都充分证明雍都在秦国发展史上的地位是相当高的。文献虽未记载秦穆公对雍都修建的情况,但从戎臣由余对雍都规模雄伟的惊叹来分析,穆公时雍都的扩修当已达到了高峰。

(二)雍都应有外廓城

作为春秋战国14位秦公活动的雍都,是否有外廓城?历来有争论。从文献记载和考古材料看,大郑宫、阳宫、高寝、太寝、受寝、城雍、橐泉及棫阳宫等建筑,应当是雍都城廓以内,不可能是分散在空野上。杨宽先生说:"雍古城,在今陕西凤翔县城南,南靠雍水,整个城址呈不规则的方形,东西约宽3300米,南北约长3200米。地面上只见片段的城墙残迹。经钻探,发现了西城墙的大部分和东、南、北城墙的一部分。西城墙从西北偏向东南,南城墙沿雍水修筑,有些曲折。在西城墙发现一座城门,宽约10米。"①

(三)雍都城内的建筑布局

城内偏西南的中部地区,是雍都的主要宫殿和宗庙建筑。考古发掘的马家庄3号建筑遗址规模巨大,共有五进院落,是目前所发现之最完整的先秦宫殿的布局,包括外朝、内朝的朝廷以及寝宫在内。整个建筑四周有围墙,从南到北分成五进院落。每一个院落南边围墙正中设门,门内有庭。由南向北第一院落(面积约3000平方米)中没有其他建筑,只有大庭,当是"外朝"所在。第二院落(面积约3000平方米)中部偏北两侧分别有一座建筑,面积均为200平方米,当是东厢和西庙,是臣下等候处理政务或准备朝见的地方。第三院落南北长度增加到82.5米,面积约5000平方米,中心有一面

---

① 杨宽:《中国古代都城制度史研究》,上海:上海古籍出版社,1993年,第76页。

积约580平方米的建筑,当即"内朝"的朝堂。第四院落的东西宽度增加至70米,南北长51米,院内只有大庭,没有建筑。第五院落最大,东西宽86米,南北长65米,面积达5590平方米,院内正中偏北及其前方两侧的建筑呈品字形,面积均较大,当是王之寝宫所在地。①

马家庄宫殿遗址之西约600米处,另有姚家岗宫殿遗址。它北起今凤翔县城4里,南距古城3里,城墙为夯土筑就。遗址内发现了春秋早期储存天然冰块的大方形"凌阴"遗址。它像一个倒置的长方形棱台,实际上是个大坑。底部铺片石,坑口四周修有供搬运冰块的回廊,回廊四面筑墙,上面有屋顶。通向凌阴的通道中装有五道门槽,用以排除冰水和隔绝室外的暖空气。这座"凌阴"容量很大,可以储存190立方米的冰块。这些冰块除供统治者夏天防暑外,还用来冰尸防腐,备佳日安葬。凌阴的设置,在西周就有了。②《诗经·豳风·七月》云:"二之日凿冰冲冲,三之日纳于凌阴。"

在雍城内的东部和东北部(今高王寺、凤尾村一带),发现了战国时代建筑遗址和"市"的遗址。市的遗址在北城墙南面偏东300米处,四周有长方形的围墙(南北长160米,东西宽180米,墙基厚1.5至2米多),四面围墙的中部各有1座"市门"。从四周的柱洞及堆积的瓦片来看,市门上修有四坡式的大型屋顶,围墙里是一个市区,面积近3万平方米,是目前所发现的先秦最完整的"市"的结构。③

雍城"市"的西边30米处,又发现了城内南北向的四条大街,和东西向的四条大街相互纵横交错成"井"字形。其中东西向的四条大街,直通东西两面的城门,看来整个城的布局是坐西朝东的。④已发现的马家庄、姚家岗宫殿和宗庙遗址,就在西部这些街道之间。雍城虽然没有发现像中原地区诸侯国都那样西边宫城连接大郭的布局,但是它以西南作为君主与贵族的居住区,把市区和一般居民区设在东北,还是和中原各国的都城布局相同的。⑤

---

① 杨宽:《中国古代都城制度史研究》,第76—78页。
② 杨宽:《中国古代都城制度史研究》,第78—80页。
③ 杨宽:《中国古代都城制度史研究》,第81页。
④ 杨宽:《中国古代都城制度史研究》,第81页。
⑤ 杨宽:《中国古代都城制度史研究》,第81页。

(四)雍都的手工业生产作坊区

雍都的手工业作坊,在城内外均有分布。如青铜作坊有雍城南部的史家河、中部的马家庄村北,城外北部的今凤翔县城北街等地;炼铁作坊在史家河和南郊的东社、高庄一带;制陶作坊在城内东部的瓦窑头、城外杨家小村、八旗屯均有发现。①

(五)秦君的陵墓区在城外西南部

秦君处理政务和居住区位于雍都城内的西南部,去世后的墓葬也都在都城外的西南地区。如古城西南、雍水南岸的高庄、东村、八旗屯一带,分布有许多秦国小墓葬;在八旗屯西南的南指挥、西村以南,又是秦国君的陵区(已发现13座秦公陵园),陵园皆坐西朝东。陵墓也都在陵园的西南部。就这点看来,雍的布局和中原各国都城制度是一致的。② 近些年的考古和研究,进一步证明雍地秦公(14座)陵园在城外。其中有13座秦公陵分布在今凤翔县南指挥镇,另1座秦公陵则分布在南指挥镇的东部。陵园属于双隍(内、中两重隍壕)型。雍水河沿岸由八旗屯、高庄、西村、南指挥、黄家庄等墓葬区(总面积2.3平方公里),当为秦之国人墓地。这两个墓区总称为"秦公陵区",与雍城隔雍水南北相望,系风水宝地。

二 雍都是秦公完成霸业和变强的圣地

秦德公迁都雍后,历宣公、成公、穆公(三人为兄弟)、康公、共公、桓公、景公、哀公、惠公、悼公、厉公、躁公、怀公,这14位秦公执政年代有长有短,对秦国的贡献有大有小,在此仅举穆公、景公的业绩予以说明。

(一)秦穆公成为春秋五霸之一

秦德公33岁继位(前677),二年去世,长子宣公继位(前675)。十二年(前664)宣公卒,有子9人,而立其弟成公。成公立四年(前660)去世,子7人未继位,立其弟穆公(德公少子,名任好,也作缪公)。穆公长寿,在位三十九年(前659~前621),有雄才大略。

---

① 徐卫民:《秦都城研究》,西安:陕西人民教育出版社,2000年,第73页。
② 徐卫民:《秦汉都城研究》,西安:三秦出版社,2012年,第34页。

1. 结好晋国以稳定局势

穆公即位时,晋国之君为献公,国土、军力都大于秦。秦穆公为了结好晋国而向南、向西扩土,他首先亲率大军攻打晋国的茅津(今河南三门峡市陕县北黄河渡口),取得胜利,晋献公对秦不敢轻易用兵。穆公四年(前656),正式派使者入晋求婚,晋献公允许。次年(前655),穆公以隆重礼仪迎娶献公的女儿为夫人,这也就是"秦晋之好"典故的由来。秦穆公九年(前651),晋献公去世,穆公支持其子夷吾回国继位(前650),史称晋惠公。晋惠公三年(前648),晋遭遇大旱灾,百姓流离失所,派使者入秦求助。穆公与大臣商议,赠粮食救晋民,从雍都至晋都绛(今山西翼城),运粮船不断,史称"泛舟之役"。之后,在晋室争夺公位中,秦穆公又支持重耳(晋献公少子)继承了惠公之位,史称晋文公。

2. 辟地千里而称霸西方

秦穆公雄才大略,重用各种人才为臣,不分贵贱。如用五张羊皮从楚换回的百里奚,晋国逃犯丕豹、西戎王谋臣由余等。他在这些大臣、武将的支持下,东征胜利后,又转而稳定与晋国的关系,集中兵力攻打西方的混夷、义渠戎、朐衍戎、绵诸戎、翟戎、乌氏戎、大荔戎、邽戎等。《史记·秦本纪》载:穆公"三十七年(前623),秦用由余谋伐戎王,益国十二,开地千里,遂霸西戎。"《正义》引韩安国云:"秦穆公都地方三百里,并国十四,辟地千里。"《正义》:"陇西、北地郡是也。"陇西郡治所在狄道(今甘肃临洮南),辖境相当今甘肃东乡县以东的洮河中游、武山以西的渭水上游、礼县以北的西汉水上游及天水市东部地区。北地郡在义渠(今甘肃宁县西北),辖地相当今宁夏贺兰山、青铜峡、山水河以东及甘肃环江、马莲河流域。《先秦史十二讲》云:"秦穆公采纳由余的计策,攻伐西边的戎族小国,灭掉了20个小国,扩大了国土1000里左右,很多部族小国等奉其为霸主,秦穆公称霸于西方,周王特派召公去秦国,送给秦穆公金鼓十二,承认了秦穆公的地位。"[①]即秦穆公成为著名的"春秋五霸"之一。《史记·秦本纪》载君子言:"秦缪公广地益国,东服强晋,西霸戎夷,然不为诸侯盟主,亦宜哉。"《辞海》云:"五霸,一作'五伯'。春秋时先后称霸的五个诸侯。指齐桓公、晋文公、楚庄王、吴王阖闾、

---

① 钱宗范等:《先秦史十二讲》,北京:中国国际广播出版社,2009年,第62页。

越王勾践。一说指齐桓公、宋襄公、晋文公、秦穆公、楚庄王。"一般认为后者较正确。

3. 扩建或维修雍都的建筑

秦德公在位不足二年,只修建了大郑宫、蕲年宫。穆公时,对这两座建筑进行了维修。穆公以其经济实力雄厚又修建了不少大型设施。"春秋战国秦的考古,近二十年来取得了重大进展。对凤翔县的春秋秦都雍城进行了全面钻探和测绘,了解到宗庙、朝寝等大型建筑群,居于雍城中心部位。对马家庄的宗庙遗址、朝寝遗址和棉纺厂的市场遗址清理发掘或钻探,大体上知道与文献记载的左祖右社、前朝后市布局相近。并分别把宗庙内几个部分定名为祖庙、昭庙、穆庙、亡国之社、都宫、都宫门,考证了它们的不同功能。同时,指明朝寝建筑是周秦时代五门三进制度的实证。"①《史记·秦本纪》:"戎王使由余于秦。由余,其先晋人也,亡入戎,能晋言。闻缪公贤,故使由余观秦。秦缪公示以宫室、积聚。由余曰:'使鬼为之,则劳神矣。使人为之,亦苦民矣。'"可见雍都的建筑,在穆公时是多么的壮丽!

(二)秦景公大有作为使雍都增色

秦穆公去世后,历康公、共公、桓公(共计41年)三代后,桓公子景公立(前576)。他是穆公后执政时间最长的春秋之君(前576~前537),也是继穆公后的又一位政治家和军事战略家。他在战略上改变了"结楚抗晋"的成规,采取了随局势变化而灵活运用的策略。如晋室内乱,无力外侵,他便抓紧时机,发展秦国的经济。当晋国侵犯时,他又结好楚国而攻晋。当晋楚互不侵犯时,他又近交晋国而自安。在其谋略下,团结各阶层力量发展经济,增强军事力量,国家出现了兴旺发达的局面。秦景公三十一年(前546),秦、齐、晋、楚四个大国及宋、郑、邾、滕等七国,在宋都(今河南商丘)的会盟,使秦国威望大增。

秦景公享国40年,对雍都或祖庙进行过维护或营修是可信的。"在凤翔长青乡孙家南头千河东岸还发现一处2万平方米的秦代宫殿遗址,出土'蕲年宫当''竹泉宫当''橐泉宫当''来谷宫当'等瓦当,应是战国乃至统一

---

① 陕西省考古研究所:《陕西省文物考古五十年》,载《新中国考古五十年》(1949~1999),北京:文物出版社,1999年,第431页。

秦的蕲年宫等四个宫殿所在","在雍水河发现棫阳宫等瓦当"。① 这些考古发现,都证明了文献记载的真实性。

在雍都外的西南郊,曾发掘秦公一号大墓。"大墓平面呈中字形,墓室东西长59.4米,南北宽38.45～38.8米,深24米,全长300米,面积5334平方米,是迄今为止发掘的先秦木椁土圹墓中最大的一座。木椁使用了周秦时代的黄肠题凑制度,墓室上层填土中发现人牲20具,墓内有箱殉72具、匣殉94具。墓内出土300号石磬上,有'天子郾喜,龚垣是嗣'篆文,墓内器物亦具备春秋晚期特征,因此推断墓主为秦景公(前576～前537年)。这是春秋时期秦国第一座有明确墓主的陵墓,对建立考古标型学有重要意义。"②这座大型墓葬的主椁室呈长方形(长15米,宽6米),面积达90多平方米。椁分三层,巨型方木套接,用木材40多立方米。椁室仿景公生前"前朝后寝"的布局。遭多次盗掘的景公墓中,仍出土金、玉、铜、陶、漆木器等物600多件。其中带有纹饰的金带钩、白玉戈、玉璋、玉佩、玉雕及石磬等,都反映了景公时期经济的繁荣。今已修建为"宝鸡先秦陵园博物馆"。

三 雍城是秦王政亲掌统一中国大权的圣地

秦孝公十二年(前350)由栎阳迁都咸阳(今陕西咸阳市秦都区)后,历惠文王、武王、昭王至孝文王(前250)时,随着秦国的强大,天下形势发生了巨大变化。虽然咸阳自孝文王后已取代了雍都的地位,但祖宗庙宇和陵园在雍,故诸王对雍故都仍然重视,重大事项往往在雍城处理。

(一)昭襄王创立统一六国的格局

秦武王(前310～前307)名荡,力大无比,因举重鼎受伤而逝,无子,立其同父异母弟嬴则(又名稷)为王,史称昭王(又称昭襄王),母亲系楚国女,封宣太后而听政(子年少之故)。秦昭王在位五十六年(前306～前251),雄

---

① 陕西省考古研究所:《陕西省文物考古五十年》,载《新中国考古五十年》(1949～1999),北京:文物出版社,1999年,第431—432页。
② 陕西省考古研究所:《陕西省文物考古五十年》,载《新中国考古五十年》(1949～1999),北京:文物出版社,1999年,第431—432页。

才大略,在魏冉辅佐下,多次打败楚国,又合纵攻齐国及韩、赵、魏三国,夺取中原大部分国土,灭义渠戎而巩固了后方。昭王后期,范雎辅政,远交近攻,给赵国以致命打击,灭了名义上的天下之"王"的周朝。秦统一六国的大局基本形成。

(二)吕不韦助异人(子楚)成为安国君的太子

昭王长寿,太子嬴悼未等到继位就去世了。昭王又封次子柱(又名式)为太子。嬴柱有数子,嫡长子外的儿子中有异人(子楚),被昭王派往赵国作人质,处境艰难。吕不韦是阳翟(今河南禹州市)大商人(一说是濮阳人),在邯郸(赵国都城,今属河北省)偶遇异人(子楚),以商人的眼光,认为这是"一本万利"的良机。他和父亲商定后,便到邯郸寻机访异人(子楚)。《史记·吕不韦列传》:"吕不韦曰:'秦王老矣,安国君得为太子。窃闻安国君爱幸华阳夫人,华阳夫人无子,能立嫡嗣者,独华阳夫人耳。今子兄弟二十余人,子又居中,不甚见幸,久质诸侯。即大王薨,安国君立为王,则子毋几得与长子及诸子旦暮在前者争为太子矣。'子楚曰:'然。为之奈何?'吕不韦曰:'子贫,客于此,非有以奉献于亲及结宾客也。不韦虽贫,请以千金为子西游,事安国君及华阳夫人,立子为嫡嗣。'子楚乃顿首曰:'必如君策,请得分秦国与君共之。'"吕不韦既是大商贾,又是大政治家。他通过华阳夫人的姐姐向华阳夫人进献"奇物玩好",又通过华阳夫人的姐姐向华阳夫人陈说立异人(子楚)为嫡嗣的益处,终于使华阳夫人下定了请立异人(子楚)为嫡嗣的决心,并最终如愿。吕不韦又选邯郸大户人家能歌善舞的美女赵姬,给异人(子楚)为妻。年余(前259)生子政于邯郸,以"生于赵"而姓赵(一说"庄襄王为质于赵,还为太子,遂称赵氏";一说"秦与赵同祖,以赵城为荣,故姓赵氏"),异人(子楚)仍在赵为人质。

秦赵两国关系好时,人质较安全,否则,人质则危险。昭王五十年(前257),大将王龁率秦军包围赵都邯郸,形势危机。赵孝成王大怒,欲杀秦质子,吕不韦又不顾生命危险赴邯郸营救子楚。《战国策·秦策五》:"(吕)不韦说赵曰:'子异人,秦之宠子也。无母于中,王后欲取而子之。使秦而欲屠赵,不顾一子以留计,是抱空质也。若使子异人归而得立,赵厚送遣之,是不敢倍德畔施,是自为德讲。秦王老矣,一日晏驾,虽有子异人,不足以结秦。'赵乃遣之。"《史记·吕不韦列传》云:"子楚与吕不韦谋,行金六百斤予守者吏,得脱,亡赴秦军,遂以得归。"

昭王五十六年(前251)去世,五十三岁的太子柱继位,史称孝文王。《史记·吕不韦列传》:"秦昭王五十六年,薨,太子安国君立为王,华阳夫人为王后,子楚为太子。赵亦奉子楚夫人及子政归秦。秦王立一年,薨,谥为孝文王。太子子楚代立,是为庄襄王。庄襄王所母华阳后为华阳太后,真母夏姬尊以为夏太后。"《史记·秦本纪》云:"孝文王元年,赦罪人,修先王功臣,褒厚亲戚,弛苑囿。孝文王除丧,十月己亥即位,三日辛丑卒,子庄襄王立。"庄襄王封从赵回秦的赵姬为王后,立嬴政为太子。

(三)吕不韦与嫪毐两大集团把持朝政

庄襄王继位后,以大恩人吕不韦为相国,封为文信侯,辅佐治国。这也是吕不韦由大商人走上政坛的开始。赵王后对吕不韦的感恩戴德,也尽在不言之中。东周君又与诸侯谋欲攻秦,庄襄王命相国吕不韦率军灭之,将阳人地(今河南临汝县东)赐予周君,供其生活和祭祀祖先。吕不韦辅佐庄襄王取得了攻伐韩、魏、赵的几次胜利,威望更高。庄襄王三年(前247)病逝,年仅35岁。太子政继位,年仅13岁。《史记·秦始皇本纪》云:"吕不韦为相,封十万户,号曰文信侯。"《辞海》释:"秦王政年幼继位,(吕不韦)继任相国,称为'仲父'。食邑有蓝田(今陕西蓝田西)十二县、河南洛阳十万户。又利用燕赵矛盾,取得燕所献河间(今河北献县东南)十城作为封邑。执政时攻取周、赵、魏的土地,建立三川、太原、东郡。门下有宾客三千,家童万人。曾命令宾客编著《吕氏春秋》,汇合先秦各派学说,'兼儒墨,合名法',故有杂家之称。"可以说,在秦王政亲掌权前,大权是掌握在吕不韦(赵太后对其言听计从)手里。他主持编撰《吕氏春秋》,目的是要在秦王政掌权后以此治国,永保其"仲父"地位。

秦王政未亲掌大权前,"姿容绝美而又善舞"的赵太后年轻守寡,十分风流,与吕不韦关系密切。《史记·吕不韦列传》:"秦王年少,太后时时窃私通吕不韦。"随着秦王政年岁增长,吕不韦害怕祸及己身,于是向赵太后进献嫪毐。嫪毐受到赵太后宠幸,势力大增。《史记·吕不韦列传》:"太后私与通,绝爱之。有身,太后恐人知之,诈卜当避时,徙宫居雍。嫪毐常从,赏赐甚厚,事皆决于嫪毐。嫪毐家童数千人,诸客求宦为嫪毐舍人千余人。"嫪毐也被封侯,势力与吕不韦不分上下。《史记·秦始皇本纪》:"(秦王政)八年

（前239）……嫪毐封为长信侯。予之山阳地，令毐居之。宫室车马衣服苑囿驰猎恣毐。事无小大皆决于毐。又以河西太原郡更为毐国。"

（四）秦王政灭嫪毐与吕不韦两大集团掌大权

秦王政九年（前238），一行赴雍蕲年宫行冠礼，知情人向其告发嫪毐非宦者，与太后淫乱生有二子。秦王大怒，欲严惩嫪毐。嫪毐得党徒密报，立即假称奉秦王、太后旨令，从咸阳发兵欲攻打雍蕲年宫，杀害秦王政。最终，秦王政消灭了嫪毐集团。《史记·秦始皇本纪》详载曰："（九年）四月，上宿雍。己酉，王冠，带剑。长信侯毐作乱而觉，矫王御玺及太后玺以发县卒及卫卒、官骑、戎翟君公、舍人，将欲攻蕲年宫为乱。王知之，令相国昌平君、昌文君发卒攻毐。战咸阳，斩首数百，皆拜爵，及宦者皆在战中，亦拜爵一级。毐等败走。即令国中：有生得毐，赐钱百万；杀之，五十万。尽得毐等。卫尉竭、内史肆、佐弋竭、中大夫令齐等二十人皆枭首。车裂以徇，灭其宗。及其舍人，轻者为鬼薪（即判三年徒刑）。及夺爵迁蜀四千余家，家房陵（今湖北房县）。"秦王政还处死了嫪毐和太后生的二子。秦王政十年（前237），吕不韦受嫪毐之乱牵连，被免去相国一职，同时被命令回到封地洛阳生活。一年多内仍有各国宾客到洛阳拜望吕不韦，秦王政担心吕不韦发动政变，令其举家迁居荒凉之地蜀。吕不韦担心被杀，遂饮毒酒而死。嫪、吕两大集团相继退出历史舞台，使秦王政完全掌握了大权，为扫灭山东六国、建立秦王朝奠定了坚实基础。

综上所述，雍都是春秋战国时期秦公为都年代最长久之地，以地理条件优越而著名，也以历代增修、祖庙在此而倍显神圣。秦穆公、秦景公和秦王政，先后在雍都完成了重大改革或粉碎奸佞集团的壮举，使雍都（或城）在秦国史上显得更为重要和光彩！

（作者单位：陕西历史博物馆）

何处觅咸阳

——渭桥发现的启示*

刘 瑞

咸阳为秦之都城,秦咸阳城1988年被国务院公布为第三批全国重点文物保护单位。秦咸阳城的考古工作从1959年开始,在近60年的文物调查和考古发掘过程中,先后发掘了一、二、三、四号建筑遗址,此外对手工作坊区、墓葬区也开展了较大面积的发掘,并陆续发现了望夷宫、兰池宫、六国宫殿等一系列重要遗存,城市面貌日益清晰[①]:

1. 宫殿区 位于咸阳市渭河北原之上,先后发现建筑遗址33处,分布于西起胡家沟、东至柏家嘴的塬面和塬下。其中一、三、六号建筑基址在地表可见。在窑店镇13号公路以东、姬家沟以西北塬上勘探发现宫城遗迹。其东西长843~902米,南北宽426~576米,由一至七号建筑遗址和宫墙遗址等8处建筑遗址组成,四周有城垣,面积约44公顷。其中南墙长902米,北墙残长843米,西墙长576米,东墙保存较差,复原长426米。西墙、北墙外发现城壕。在宫城内发现的一至七号建筑遗址中,一至四号建筑基址经过大规模发掘,一至三号建筑的时代为战国中期。四号建筑发掘面积甚小,发掘者未确定其时代。不过从报道遗物看,应与前述遗址时代相近。此外,在咸阳市正阳乡柏家嘴塬上发现兰池宫遗址,其东侧塬下推测为兰池所在,遗

---

* 本文的完成得到了国家社科基金重大项目"秦统一及其历史意义再研究"(14ZDB028)和国家社科基金一般项目"秦封泥分期与秦职官郡县重构研究"(14BZS017)的支持。

① 陕西省考古研究所:《秦都咸阳考古报告》,北京:科学出版社,2004年。文内不注出处的考古资料均采自本报告。

址东侧在修筑咸阳至渭河电厂公路时破坏,宫室墙基与地面暴露于东侧断崖。调查还发现了编号为八至十二号建筑遗址,在位于陕西省泾阳县蒋留乡余家堡附近的泾河南岸,南距咸阳一号建筑遗址约8公里处还发现可能为望夷宫的一处编号为十四号的建筑遗址。

2013年陕西省考古研究院在秦咸阳城遗址内冶家台村西和宫殿区南部及西侧一带的勘探中,在头道塬和二道塬交界处发现大量秦墓和东西向道路一条,秦墓均位于路北。此外,在宫殿区南和西侧发现夯土建筑基址117处。① 2014年在胡家沟勘探发现8组建筑基址、2处墙址遗迹,其中最大一组建筑南北长约217米、东西宽约63米,两处墙址东西分布,分别长325米和467米、宽2～3米,推测系建筑基址外围墙。②

2. 作坊区　已发现冶铜、铸铁、砖瓦、陶器和骨器等手工业作坊,据分析其应分为官营和民营两大系统。其中官营作坊多位于渭北宫殿区附近,包括铸铜、冶铁和砖瓦等行业,民营作坊主要分布在距宫殿区较远的西南部,发现陶窑、水井、地下排水道等遗迹。此外在长陵火车站、中龙村及马坊村等均发现作坊遗迹。

3. 平民墓群　位于咸阳宫殿区以西约3.8公里的咸阳塬,西至摆旗寨,中经沙家沟、黄家沟,东达窑店镇毛王沟之西,长约4000米、宽约3000米,占地约12平方公里。在其以东的毛王村北塬发现刑徒墓地,其中,大面积发掘了塔尔坡墓群③和任家咀墓群。④

4. 道路　在北宫墙外约220米处发现长960米、宽54.4米的东西向道路。在咸阳宫遗址以南的东龙村发现南北向道路,2011年在聂家沟村以北至汉惠帝安陵以东发现长约1300米、宽50余米的南北向大道。⑤

---

① 陕西省考古研究院:《2013年陕西省考古研究院考古发掘调查新收获》,《考古与文物》2014年第2期,第10页。
② 陕西省考古研究院:《2014年陕西省考古研究院考古调查发掘新收获》,《考古与文物》2015年第2期,第11页。
③ 咸阳市文物考古研究所:《塔尔坡秦墓》,西安:三秦出版社,1998年。
④ 咸阳市文物考古研究所:《任家咀秦墓》,北京:科学出版社,2005年。
⑤ 陕西省考古研究院:《2011年陕西省考古研究院考古发掘新收获》,《考古与文物》2012年第2期,第9页。

一 文献中的秦咸阳

咸阳为秦人故都,史有明载。如《史记·秦本纪》载秦孝公十二年(前349)"作为咸阳,筑冀阙,秦徙都之"。① 当然,咸阳为都的时间在文献中略异。《史记·秦始皇本纪》记述孝公"十三年,始都咸阳"。② 入汉之后,高祖刘邦更其名为新城,后武帝名之为渭城,王莽更其名曰京城。③ 在汉代,不仅另有咸阳在云中郡,与秦都咸阳无关,④而且亦有以咸阳为人名者。⑤

咸阳城的位置,文献中的记载很多。如《史记集解》引《括地志》云:"咸阳故城亦名渭城,在雍州咸阳县东十五里,京城北四十五里,即秦孝公徙都之者。今咸阳县,古之杜邮,白起死处。"⑥《汉书·司马迁传》"杜邮"颜师古注引李奇,谓"在咸阳西十里"。⑦ 咸阳的得名,与其位置直接相关。《史记·高祖本纪》司马贞《索隐》:"按:《关中记》云'孝公都咸阳,今渭城是,在渭北。始皇都咸阳,今城南大城是也'。名咸阳者,山南曰阳,水北亦曰阳,其地在渭水之北,又在九嵕诸山之南,故曰咸阳。"⑧是说还见于《三辅黄图》《长安志》《雍录》等文献,如《长安志》卷一三:"《三秦记》曰:咸阳,秦所都,在九嵕山南,渭水北。山水俱阳,故名咸阳。李吉甫《元和郡县图志》山南曰阳,水北亦谓之阳,县在北山之南,渭水之北,故曰咸阳。"⑨

不过从文献的记载看,咸阳并不限于渭河之北。《汉书·五行志下之

---

① [西汉]司马迁:《史记》卷五《秦本纪》,北京:中华书局,2013年,第255页。
② 《史记》卷六《秦始皇本纪》,北京:中华书局,2013年,第358页。《史记正义》云"是十三年始都之"。
③ 《汉书·地理志》"右扶风":"渭城,故咸阳,高帝元年更名新城,七年罢,属长安。武帝元鼎三年更名渭城。有兰池宫。莽曰京城。"《汉书》卷二八上《地理志上》,北京:中华书局,1962年,第1546页。
④ 《汉书·地理志下》"云中郡"下有"咸阳,莽曰贲武"的记载。《汉书》卷二八下《地理志下》,第1620页。
⑤ 《汉书·食货志》有大农丞"东郭咸阳",颜师古指出其姓东郭而名咸阳。
⑥ 《史记》卷五《秦本纪》,第255页。
⑦ 《汉书》卷六二《司马迁传》,第2709页。
⑧ 《史记》卷八《高祖本纪》,第435页。
⑨ [宋]宋敏求:《长安志》,西安:三秦出版社,2013年,第401页。

上》载:"先是文惠王初都咸阳,广大宫室,南临渭,北临泾。"据文献,文惠王应即孝公之子惠文王,此记载在将秦都咸阳时间再度推后的同时,指出咸阳从初为都时范围很大,南临渭水,北至泾河。其后秦在渭南营上林苑,①至秦始皇统一之后,更在渭河之北进行了大规模的宫室营建,如《史记·秦始皇本纪》载:"秦每破诸侯,写放其宫室,作之咸阳北阪上,南临渭,自雍门以东至泾、渭,殿屋复道周阁相属。所得诸侯美人钟鼓,以充入之。"并在三十五年(前218),以渭北空间不足为由,将统一王朝的朝宫建设在了渭南上林苑中。② 由于阿房宫未能修成,因此"听事,群臣受决事,悉于咸阳宫"直至秦亡。③

由于始皇帝在统一后,至少从三十二年(前215)即开始"坏城郭,决通堤防""堕坏城郭,决通川防,夷去险阻"(碣石刻辞),④对战国以来各地兴起城市的城墙进行大范围的主动破坏,"堕名城"⑤"堕坏名城"⑥,因此到三十五年建设统一帝国朝宫阿房宫时,秦首都咸阳不仅已全面进入渭河以南,而且应不会有城墙类设施存在。

二 咸阳问题分歧多

关于秦都咸阳位于何处的问题,学界的意见一直没有取得统一:
(一)与渭河关系
咸阳位于渭河之北,渭河河道的北移应对咸阳造成破坏。但究竟破坏程度如何,不同学者认识的差异很大。
1. 完全冲没

---

① 《三辅黄图》卷四:"汉上林苑,即秦之旧苑也。"
② 《史记·秦始皇本纪》:"三十五年,除道,道九原抵云阳,堑山堙谷,直通之。于是始皇以为咸阳人多,先王之宫廷小,吾闻周文王都丰,武王都镐,丰、镐之间,帝王之都也。乃营作朝宫渭南上林苑中。先作前殿阿房,东西五百步,南北五十丈,上可以坐万人,下可以建五丈旗。周驰为阁道,自殿下直抵南山。表南山之颠以为阙。为复道,自阿房渡渭,属之咸阳,以象天极阁道绝汉抵营室也。"
③ 《史记》卷六《秦始皇本纪》,第324页。
④ 《史记》卷六《秦始皇本纪》,第318页。
⑤ 《史记》卷六《秦始皇本纪》,第349页。
⑥ 《史记》卷一六《秦楚之际月表》,第916页。

早在1959年咸阳考古工作刚刚开始的时候,陕西省博物馆武伯伦先生已明确指出:"大概由于渭水河道北徙,秦故城被河崩毁,现在已毫无踪迹可寻,惟附近经常出土权量诏版、水道等秦代文物。"①到1977年武伯伦先生根据考古资料修订前说,提出"咸阳城的范围大概东到今咸阳市红旗公社柏家嘴,与汉长安城东墙相接,西到窑店公社的毛王沟,与汉长安城西墙相对,南临渭水,渭水河床南北移动,南城遗址早被冲毁,北城遗迹在二道原上,是一个居高临下的城",②认为咸阳城南毁北存。不过,到1979年武伯伦先生再次修订看法,重新回到1959年的意见,认为"主要是由于渭河的冲刷,咸阳古城遗址已很难究寻"。③

到1982年,王丕忠先生著文指出,"如果不把咸阳宫与渭水相联系,不承认渭水北移,不承认秦咸阳故城被北移的渭水冲毁,而推测秦咸阳宫的位置,一定就会给探求秦都咸阳的历史原貌带来混乱",认为"秦咸阳宫的位置,当在今咸阳市东约二十华里长陵车站附近的滩毛村之东南,渭水南(秦时渭水北)的地区",而"长陵车站附近秦的制陶、冶铜作坊区,在咸阳城外西北部","秦都一号宫殿遗址(无名宫观)等,都是咸阳城之旁的宫观","若把咸阳北坂当作汉渭城,这是把位置弄错了,把不同的地域概念混淆了","否认秦咸阳城与渭水的密切联系,把咸阳都城由渭水之滨推向今咸阳原上,把汉渭城亦推向今咸阳原上,那么就会打乱秦都咸阳布局,给研究工作带来许多不应有的困难"。④

两年后的1984年,杨宽先生指出,"咸阳都城南靠渭水,因为渭水不断北移,故城遗址受到冲决,目前已经看不到城址的踪迹"。⑤ 到1989年仍续前说,"咸阳宫不可能远在北边的咸阳原上。咸阳宫以及咸阳城址已因渭水长期泛滥和不断向北移动而被冲毁,所以至今尚未发现城址遗迹。至于咸

---

① 陕西省博物馆编:《西安历史述略》,西安:陕西人民出版社,1959年,第43页。
② 《西安历史述略》编写小组:《西安历史述略》,内部送审稿1977年,第80页。
③ 武伯伦:《西安历史述略》,西安:陕西人民出版社,1979年,第88页。
④ 王丕忠:《秦咸阳宫位置推测及其他问题》,《中国史研究》1982年第4期。
⑤ 杨宽:《西汉长安布局结构的探讨》,《文博》1984年第1期,后收入杨宽:《中国古代都城制度史研究》,上海:上海古籍出版社,2016年,第98页。

阳原上发现的秦代宫殿建筑,当是秦始皇在城旁扩建的宫殿"。①

2002年,张沛先生提出咸阳城的范围应东西长约4000米、南北宽约3000米,但"由于渭水不断北移,秦咸阳城已完全没于渭水。其南半部和中东部今属草滩农场,北部基本上为林地、沙滩和河床",已发掘的咸阳一、二、三号建筑遗址"只是秦咸阳的一处重要建筑遗址,不一定是宫殿遗址,更非咸阳宫的主体建筑"。② 2004年咸阳城考古报告出版,2006年张沛先生再次重申前述意见。③ 而针对其说,张德臣等表示明确反对。④

2. 部分冲没说

早在1976年,刘庆柱先生就针对武伯纶先生的意见进行了反驳,认为"渭河北移,冲掉了咸阳城南边的一部分。……冲掉了秦咸阳城南边八里宽的一部分",但"不能说是'秦故城被河崩毁'"。⑤ 2000年,徐卫民先生也指出,"渭北咸阳城的南部由于渭水的北移冲毁了一部分,北边到泾水","虽冲毁了一部分,但主体在,咸阳原上的建筑遗址即是咸阳城的中枢所在"。⑥ 2016年主持咸阳城考古的许卫红、苏庆元先生在进行大范围勘探调查后指出,"秦咸阳城遗址并不是完全被渭河冲毁"。⑦

(二)咸阳有无郭城

虽然文献中没有明确的咸阳筑城的记载,但作为都城的咸阳城,是仅有咸阳宫,还是如东方诸国都城一样拥有范围广大的郭城,就成为长期以来咸阳城研究中聚讼不已的核心问题,学者意见的差异很大。

1. 有宫城亦有郭城

1976年刘庆柱先生提出,咸阳城的"西墙只能在毛王沟附近","都城东西十二里(若以肖家村计,为十五里),南北十五里",⑧"推测咸阳宫在窑店

---

① 杨宽:《西汉长安布局结构的再探讨》,《考古》1989年第4期,第355页。
② 张沛:《秦咸阳城考辨》,《文博》2002年第4期,第34页。
③ 张沛:《古咸阳城考》,《咸阳师范学院学报》2006年第3期。
④ 张德臣:《〈秦咸阳城考辨〉之考辨》,《文博》2004年第1期。
⑤ 刘庆柱:《秦都咸阳几个问题的初探》,《文物》1976年第11期,第26页。
⑥ 徐卫民:《秦都城研究》,西安:陕西人民教育出版社,2000年,第110页。
⑦ 许卫红、苏庆元:《秦都咸阳城(北区)西界点的分析》,《北方文物》2016年第1期,第43页。
⑧ 刘庆柱:《秦都咸阳几个问题的初探》,《文物》1976年第11期,第26页。

和刘家沟两大队的塬上和塬下一部分","纪家道的高台宫殿遗址所在的方形遗址应为咸阳宫主殿",认为"有人把秦都一号宫殿建筑遗址和纪家道塬上的高台建筑等北坂宫殿建筑遗址统统说成六国宫殿遗址"的认识并不成立,①认为在咸阳宫外另有郭城。1990年刘庆柱先生再次论证了这个意见,认为"不论从地域文化的纵向沿袭发展来看,还是就战国同时期横向的列国文化相互影响而言,秦咸阳城都应筑有大城城墙",并指出"咸阳塬上已勘探出的长方形墙基……即秦咸阳宫的宫城——咸阳宫墙基","秦咸阳城有大小二城。大城之中的北部是塬区,地势高平,这里是首都的宫殿和官署建筑区,宫城——咸阳城在这一建筑区的东西居中位置。宫城东西两侧的宫殿建筑中,有历史上著名的'六国宫室'建筑,它们可能是在战国时代关东诸国使节在咸阳城的官邸基础之上,秦始皇统一六国后进一步扩建而成的"。②针对考古未发现城墙的情况,指出"在田野考古中,有些遗迹现象(包括城址中的城墙遗迹等)现在甚至将来相当长一段时间,人们未能发现,其原因是多方面的,但是不等于它们不存在"。③2016年刘庆柱先生再次指出"在咸阳原上聂家沟至姬家道之间宫殿建筑最为密集,宫殿建筑群周围发现墙垣遗存,这里应为秦咸阳宫遗址",虽郭城墙未发现,但从考古发现看,"推测秦咸阳城遗址的范围西起长陵车站附近,东至柏家嘴村,北由成国渠故道,南到西安市草滩农场附近(即秦代渭河北岸,汉长安城遗址北约3275米附近),东西约7200米、南北约6700米"。④

1986年杜葆仁、禚振西从文献出发,认为"咸阳城中还有宫城,咸阳城是内外二重城组成的","秦城市的规划,既有供皇帝和各级官吏之用的宫城和小城,又有供市民活动的大城"。⑤1994年尚志儒先生指出"秦都咸阳建筑城墙,文献中有明确记载",而"咸阳宫是咸阳城内一座重要宫殿……咸阳塬上发掘的一、二、三号宫殿建筑遗址是否是咸阳宫的范围内,还需更多的考

---

① 刘庆柱:《秦都咸阳几个问题的初探》,《文物》1976年第11期,第28、29页。
② 刘庆柱:《论秦咸阳城布局形制及其相关问题》,《文博》1990年第5期,第201、203、206页。
③ 刘庆柱:《论秦都咸阳布局形制及其相关问题》,《文博》1990年第5期,第201页。
④ 刘庆柱主编:《中国古代都城考古发现与研究》上《秦咸阳城遗址考古发现与研究》,北京:社会科学文献出版社,2016年,234页。
⑤ 杜葆仁、禚振西:《秦城址考古述略》,《文博》1986年第1期,第30、31页。

古资料佐证"。①

2002年张沛在分析咸阳城被渭河冲毁时,亦从文献出发,认为"秦都咸阳应该有城",②韩建华在分析咸阳城时,指出秦咸阳城"包括内城和外郭",不过"外郭城是有一定的区域但却没有城墙的"。③

2. 咸阳城即咸阳宫

与前说不同,王学理先生1985年指出,位于"陕西咸阳市秦都区东北三十里的牛羊村和姬家道之间的原边上,有一对高台建筑基址",乃是"商鞅营造的'冀阙'遗址",为秦都咸阳建设的开端,④咸阳宫"大约在今咸阳市秦都区东聂家沟到刘家沟之间的咸阳原上下",认为"把发掘出的西阙建筑遗址看作'咸阳宫'还缺乏有力的证据,且'咸阳宫的范围'大到包括渭河两岸也是不可能的",⑤咸阳城"是以孝公时期的'冀阙宫廷'为基点向外展开的,而且仅有宫城,并不曾形成真正的外郭城,充其量只有向西南扩展的附郭。也许诸多宫城的连属,就是现有的大城,其范围大致是西起今毛王沟,东到左排村的咸阳原(即渭北的二级台地)南缘上下,当然,并不包括渭南宫殿在内",认为"秦王的政治重心、决事地点,早期在渭北的咸阳宫;中期时在咸阳宫,时在渭南的章台或朝宫;全国统一后,建设庞大的阿房宫,显然有重心彻底南移的趋向。宫自为城,长期稳定,未必更筑咸阳大城"。⑥ 1999年王学理先生再次明确前说,认为"由连属的宫城构成的咸阳城,只有一个,就是咸阳原上的'北阪宫城'"。⑦ 2011年,王学理先生进一步论证秦咸阳一号宫殿并非咸阳宫而是"冀阙宫廷"的认识。⑧

1991年王育龙先生在认为咸阳城城墙因渭水北移而冲掉的认识"令人

---

① 王学理主编,尚志儒、呼林贵副主编:《秦物质文化史》,西安:三秦出版社,1994年,第99、100页。
② 张沛:《秦咸阳城考辨》,《文博》2002年第4期,第30页。
③ 韩建华:《秦咸阳城郭形态的再探讨》,《文博》2002年第4期,第37、38页。
④ 王学理:《秦都咸阳》,西安:陕西人民出版社,1985年,第18页。
⑤ 王学理:《秦都咸阳》,第72页。
⑥ 王学理:《秦都咸阳》,第90—91页。
⑦ 王学理:《咸阳帝都记》,西安:三秦出版社,1999年,第129页。
⑧ 王学理:《以讹传讹"咸阳宫"一扫蒙尘显"冀阙"——对秦都咸阳1号宫殿遗址定性的匡正》,《文博》2011年第2期。

难以信服"的同时,认为"咸阳城没有城墙这一点是与我国早期的这些城市特点极为相似的"。① 1994年吕卓民先生指出秦咸阳城应没有外郭城,② 1999年李虎在"从考古发掘、文献记载、逻辑推理三方面"开展分析后,"得出的结论是秦都咸阳没有外郭城"。③ 2000年徐卫民先生也著文认为咸阳城无外郭城④(此后在2003、2009年的不同文章中同样强调了此点⑤)。2002年李令福先生也认为"从文献记载与秦都咸阳的时代背景分析,咸阳似乎从来没有存在过外郭城"。⑥

2017年许宏先生指出"就目前的材料看,秦咸阳外郭城城墙尚无线索可寻。在渭河两岸几十平方千米的范围内,各类遗存分布广泛,取开放之势。……分布于咸阳城周边的这些离宫别馆是整个都城的有机组成部分。可以说,直至秦末,秦都一直处于建设中,范围不断扩大,整个城市的重心也有南移的趋势。从这个意义上讲,秦都咸阳是一座未完成的城市"。⑦

三 歧路自何来

从上述的简单梳理看,目前学者在咸阳问题上的主要分歧,集中在两个既有差异但又相互联系的方面:一、咸阳城是否被渭河冲毁,冲毁程度如何,留存的遗存位于咸阳城的什么部位;二、咸阳城是仅有宫城,还是有外郭城。当然,在上述说法之外,对咸阳宫位于何处还有另外的意见。如1999年时瑞宝先生提出,咸阳宫应在发现前述一、二、三号宫殿遗址牛羊村所在头道塬北面的二道塬上,头道塬为官署区,塬下渭北岸坡地带为平民居住区(含作

---

① 王育龙:《秦都咸阳城墙存否质疑》,《青海师范大学学报(社会科学版)》1991年第2期,第60页。
② 吕卓民:《秦咸阳城若干问题研究》,《中国历史地理论丛》1994年第4期,第45—50页。
③ 李虎:《秦都咸阳研究中各家观点浅说》,《咸阳师范专科学校学报》1999年第4期,第51页。
④ 徐卫民:《秦都城研究》,第145页。
⑤ 徐卫民:《秦都咸阳城郭之再研究》,《文博》2003年第6期,第70页;《汉长安城对秦都咸阳的继承与创新》,《唐都学刊》2009年第1期,第3页。
⑥ 李令福:《论秦都咸阳的城郊范围》,《中国历史地理论丛》2006年第2期,第80页。
⑦ 许宏:《先秦城邑考古》,北京:西苑出版社,2017年,第324页。

坊区)。① 不过近年许卫红先生已指出,"渭河北岸海拔420米左右的'二道塬'是目前可以推知的咸阳城北至的一条'线'。从目前已知的遗迹分布情况看,秦都咸阳城的建筑遗迹除泾河北岸的望夷宫之外,鲜有超过此界的",②表明前说并不能成立。

从学者分析看,对咸阳城问题的讨论分歧主要来源于对文献和有关考古资料的不同解读。就文献而言,对传世文献的不同认识,是造成理解差异的最主要原因。2003年徐卫民先生指出,"古人一般是将城和郭分开讲的,即内称城、外称郭。《墨子·七患》云:'城者,所以自守也。'《孟子·公孙丑下》云:'三里之城,七里之郭。'《管子·度地》也云:'内为之城,外为之郭。'我们没有理由将古人文中讲到的'城'理解为外郭城"。③ 在咸阳城研究中,如门、墙等的分歧都与此类似。那如何理解数量很少,且存在着成书时代不同、叙述地域差异、本身歧义等很多限制的传世文献,就成为解读前述咸阳问题的重要难题——当然在历史时期考古中因文献解读不同而造成歧义的问题早已屡见不鲜。

在文献之外,最主要的差异产生于咸阳城考古资料的不平衡。这种不平衡,既有不同时间考古工作量的差异,也有不同区域考古工作开展程度的不同。比方说,迄今为止咸阳城的考古工作虽已开展了近六十年,但因各种原因时断时续,对咸阳城遗址的最大规模发掘,是二十世纪七八十年代进行的一、二、三号遗址的大面积揭露,而在此之后就再无较大面积清理工作(墓葬区除外)。这样对咸阳的考古认识,就基本停留在二十世纪七八十年代所积累考古资料的基础之上。而受到时代、技术等等的限制,二十世纪七八十年代考古资料自然存在着这样那样的问题尚待后来解决。

以城墙的寻找来说,一般情况下凸出地面的城墙容易在自然和人为的双重作用下遭到或多或少的破坏,甚至连基础一起完全被破坏,不存于世,但深入地下的城壕相对来说就更容易保存一些。因此,即使我们在地面上

---

① 时瑞宝:《秦咸阳相关问题浅议》,《人文杂志》1999年第5期,第131—132页。2002年时瑞宝再次重申了这个意见,见时瑞宝:《秦都咸阳相关问题探讨》,《中国历史地理论丛》2002年第2期。
② 许卫红、苏庆元:《秦都咸阳城(北区)西界点的分析》,《北方文物》2016年第1期,第42页。
③ 徐卫民:《秦都咸阳城郭之再研究》,《文博》2003年第6期,第74页。

找不到城墙,但如能从地下找到城壕的话,那同样可将古代城市"圈起来"。不过遗憾的是,如咸阳发掘报告指出的,"在勘探城墙的过程中,只是为了单一寻求夯墙去向,而忽略了与之相关的城壕遗迹",①而之后即使发现了西、北城壕,也未据既有线索追踪探寻。这样一来,在缺少城壕的佐证和验证后,究竟现已勘探发现的城墙是否存在等等的问题,就很难回答——特别是在对勘探发现的城墙、城壕并没有进行一定数量解剖加以确定的情况下。

从发掘报告提供的《秦都咸阳宫城城垣范围及其建筑遗址分布图》看,不仅已发掘的二号建筑与勘探发现的北城墙存在较大面积的叠压,而且勘探出的五号建筑更在穿过北城墙后,在城墙外还有较大面积建筑存在,已发掘的三号建筑的西部不仅与西墙直接连为一体,且西南部分还向西穿过城墙继续延伸。因此从上述情况看,我们其实并不能轻易地从遗址分布图上,确定已勘探发现的北墙、西墙是否真的存在。想来,如果在现在城墙之外还有一圈城壕围绕的话,那么不仅类似的疑问能减少很多,而且城市的平面布局还能更加丰富和合理。

也就是说,基于二十世纪七八十年代考古资料而来的咸阳城认识,很多都需要在考古资料的进一步确定后,才能逐渐丰富。如果没有了对旧资料的重新确定和新资料的发现和补充,那么对咸阳城的认识当然会继续迷雾重重。

2013年,郭璐先生在梳理咸阳城资料和学者分析后指出:

> 基于文献的研究历史悠久,但因为历史文献的限制,研究较为零散、单薄,并存在较多争议;考古学界的研究,基于文献与考古成果之互证,取得了一系列宝贵的成果;其他领域,如建筑与规划史、历史地理等,多借重考古学界的研究成果。现有研究的主要方法是"二重证据法",即从考古发现出发,结合历史文献,进行综合推演,考古成果起着决定性作用,可以说是从考古发现来"逆推"秦都咸阳。这种研究方法踏实、严谨,但也造成了研究视野的局限,带来了研究中的一些问题,如:在一些关键问题上,分歧多于共识;一

---

① 陕西省考古研究所:《秦都咸阳考古报告》,第12页。

些有创造性的观点多集中产生于考古成果发表以后的二十世纪八十至九十年代,此后研究趋于零散,且对前期研究中存在的问题未做出合理解释或提出新的开创性的观点;研究中忽视了一些整体性的问题。①

她所指出的问题确有道理。

四 渭桥发现的启示

咸阳位于渭河以北,而从文献的记载看,秦人在到咸阳后不久,就开始在渭河以南地区进行建设和开发。随着南北往来的频繁,自然就有了架桥的需要。

见于文献的最早渭桥是在周代,《诗经·大雅·大明》:"文定厥祥,亲迎于渭。造舟为梁,不显其光。"显示出当时渭河上的桥梁大体应是浮桥。而据文献记载,秦时期的渭桥,建于昭王或秦始皇时期。《史记·孝文本纪》司马贞《索隐》引《三辅故事》:"咸阳宫在渭北,兴乐宫在渭南,秦昭王通两宫之间,作渭桥,长三百八十步。"而《三辅黄图》卷六则载:"渭桥,秦始皇造。"当时营建渭桥的目的,是沟通渭河北侧咸阳宫与渭河以南的兴乐宫(汉代修葺后改称长乐宫)。《水经注》卷一九还说:"秦始皇作离宫于渭水南北,以象天宫,故《三辅黄图》曰:渭水贯都,以象天汉,横桥南度,以法牵牛。南有长乐宫,北有咸阳宫,欲通二宫之间,故造此桥。"这里"渭水贯都,以象天汉,横桥南度,以法牵牛"等16字,后人一般据之认为体现了在秦咸阳城规划布局中存在"法天"思想。而如是规划,渭桥就成了沟通南北的关键。在汉景帝、汉武帝分别营建东、西两座渭桥之前,前述的这座渭桥也就成了渭河上唯一的南北津梁。②

2012年4月,在汉长安城北城墙中间城门厨城门外的一处挖沙工地意

---

① 郭璐:《秦都咸阳规划设计与营建研究述评》,《城市与区域规划研究》2013年第2期,第216页。
② 刘瑞:《长安城北渭河上的桥》,《文史知识》2014年第5期。

外发现大量木桩、石块,之后在西安市文物局的安排下,由中国社会科学院考古研究所与西安市文物保护考古研究院联合组成的阿房宫与上林苑考古队对该地点进行了实地探查,确定其为古桥遗存,并在经过精确测量后,进一步确定其向南应正对厨城门遗址,按惯例称其为"厨城门桥"。在结合遗址地望及出土遗物的考察后,初步判断其可能为汉唐时期的渭桥,不久根据线索,在汉长安城北城墙东侧城门洛城门外发现又一座古桥,将其称为"洛城门桥"。2012年6月,在陕西省文物局安排下,陕西省考古研究院、中国社会科学院考古研究所、西安市文物保护考古研究院联合组成渭桥考古队,对厨城门桥、洛城门桥进行考古发掘。在经2012—2013年度考古调查、钻探与发掘后,于汉长安城北侧及东北已发现3组7座渭桥。① 其中厨城门一号桥经勘探确定其南北长至少在880米左右。

在经过几年考古工作后,2015年发掘确定了古代渭河北岸的埽岸设施。② 从发掘情况看,与之前从文献记载所推断出的渭河不断北移的认识不同,考古资料显示,厨城门一号桥所在的长安城北段渭河,至少从秦时开始,在相当长时间里河道都保持稳定,至迟在乾隆时期,渭河尚未向北开始大规模移动。今天的渭河河道,是清代中期以来不断北移的结果。据测量,由埽岸构成的古渭河北岸,距今天渭河北岸直线距离4200米左右,埽岸北缘南至厨城门北缘1360米左右,北至秦咸阳一号建筑遗址的南缘6575米左右。从上述数据看,咸阳一号建筑遗址南缘距今渭河北岸约2375米,厨城门一号桥南端至厨城门约480米。

从考古资料看,位于渭河南侧的汉长安城的东、西、南、北城墙的长度,分别为5916.95米、4766.46米、7453.03米、6878.39米,③ 其中东墙较直。因此如从简单的数字比较看,从2015年考古确定的古代渭河北岸,到咸阳一号宫殿建筑之间的6575米范围内,完全可容纳一座至少与汉长安城相仿甚

---

① 陕西省考古研究院、中国社会科学院考古研究所、西安市文物保护考古研究院渭桥考古队:《西安市汉长安城北渭桥遗址》,《考古》2014年第7期。
② 陕西省考古研究院、中国社会科学院考古研究所、西安市文物保护考古研究院渭桥考古队:《西安市汉长安城北渭桥遗址出土的古船》,《考古》2015年第9期,第3页。
③ 董鸿闻、刘起鹤、周建勋、张应虎、梅兴铨:《汉长安城遗址测绘研究获得的新信息》,《考古与文物》2000年第5期。

何处觅咸阳——渭桥发现的启示

至过之的古代城市——要知道汉长安城在隋大兴城兴建之前一直是古代东方世界的最大城市。那么,这么大的一片土地难道会是秦代建筑的空白区吗？如果这么大的地域内没有秦代的建筑,在秦始皇修阿房宫时为什么还舍近求远去渭河以南的阿房宫一带进行建设？这里会是始皇帝认为狭小的先王所建的咸阳城吗？这种可能性是不是已经可以排除？

从《秦都咸阳考古报告》图一九《秦代咸阳部分排水道分布图》中的遗迹分布看,在长陵车站往南的渭河岸边,至少分布有编号为31、32、33、36号四处下水道遗存。这些地下排水管道的存在,不仅表明此处原应有大规模的地面建筑,更重要的是与它们相邻的渭河河道,肯定是不断北移的结果。看来,在今天渭河河道的空间之内,肯定在河道北徙之前存在过不少在建设前已预埋了下水管道的大型秦代建筑。从这个意义上讲,咸阳城部分被水冲毁的说法当然可以成立。

咸阳建于渭河之北,在其营建的时候,应该会在渭河北岸和咸阳间留出一段距离和空间。虽我们不能确定古代渭河北岸到尚无线索的秦咸阳城"南墙"间距离究竟多远,但我想,从汉长安城厨城门仅距渭河480米左右的情况看,秦咸阳南到渭河的距离估计不会超出太多。而如果上述说法均可以成立,那咸阳城被渭河冲毁了多少,就成为我们必然需要回答的问题。

若在古代渭河北岸以北真的存在一座如汉长安城般庞大城市的话,那尚位于其北的已发掘的咸阳宫一、二、三号等遗址又是什么,就成为另一个必须回答的问题。

如前所言,我们对秦咸阳主要的考古认识还停留在二十世纪七八十年代的考古资料之中,如何在原有资料的基础上加以发展、深化,乃至创新、突破,就成为"寻找"咸阳和解决咸阳郭城范围及城墙问题的关键。可喜的是,近年来考古工作者在传统认为的宫城遗址周围,特别是在其西侧、南侧都勘探发现了大量的建筑遗存,发现了重要的道路、沟渠,不断丰富着我们对咸阳城平面和历史的认知。不断增多的考古发现,在给予我们重新认识咸阳城机会的同时,也在时刻提醒我们,对咸阳城的认识应是一个长期的过程。

如前引刘庆柱先生言:"在田野考古中,有些遗迹现象(包括城址中的城墙遗迹等)现在甚至将来相当长一段时间,人们未能发现,其原因是多方面的,但是不等于它们不存在。"对考古甚至历史研究而言,审慎的态度一直是

"说有易,说无难"。考古工作在不断发展,埋藏在地下的遗迹不断发现。因此,不仅咸阳有没有郭墙、城墙位于哪里、规格时代如何、现在认识的咸阳宫城墙是否确实、其内勘探建筑的关系如何、具体时代又如何等等的问题,均需要通过考古学的不断探索加以确定;而且,就是如张沛先生指出的,在今渭河河道内存在的遗存是否确实存在、如果存在的话究竟为何等等的问题,也需要在开展考古工作之后方能确定。

  罗马不是一日建成的,咸阳的建成与研究当然也是一个漫长过程。

(作者单位:中国社会科学院考古研究所)

秦惠文王对外战争述论

叶秋菊

春秋战国时期,秦国地处西陲(今甘肃天水)一隅,起初较中原大国落后,一度被摒斥为戎狄,不得参与中原会盟,所谓"诸侯卑秦",①"夷翟遇之",②但是最终却横扫六合,完成统一大业。秦国国势由弱而强的飞跃是孝公任用商鞅实行变法。商鞅变法初见成效时,秦孝公却遗憾病逝,太子嬴驷继位,是为秦惠文王(前337—前311,前期称惠文君,即位第十三年改称惠文王,共在位27年)。惠文王继位之初,秦国国力在列国中并无优势,"诸侯之地五倍于秦",③"诸侯之卒十倍于秦"。④ 但是惠文王继承父亲孝公变法图强的遗志,通过一系列对外战争削弱三晋,击败楚国,吞并巴蜀,臣服义渠,使秦彻底实现了广地、富国、强兵的梦想,成为"秦地半天下,兵敌四国,被险带河,四塞以为固。虎贲之士百余万,车千乘,骑万匹,积粟如丘山"⑤的大国。对于惠文王时期的战争问题,学术界已经有一些相关成果,⑥但是仍有深入研究的空间。

---

① 《史记》卷五《秦本纪》,北京:中华书局,1982年,第202页。
② 《史记》卷五《秦本纪》,第202页。
③ 《史记》卷六九《苏秦列传》,第2248页。
④ 《史记》卷六九《苏秦列传》,第2248页。
⑤ 《史记》卷七〇《张仪列传》,第2289页。
⑥ 涉及惠文王时期对外战争的著作和论文主要有郭淑珍、王关成《秦军事史》,西安:陕西人民教育出版社,2000年;张卫星《秦战争述略》,西安:三秦出版社,2001年;蔡锋《春秋战国时的秦晋河西之争》,《青海师范大学学报(社会科学版)》1984年第4期;赵泽光《评惠文王灭蜀》,《贵州师范大学学报(社会科学版)》1995年第3期;晁福林《五国攻秦与修鱼之战考》,《安徽史学》1996年第1期。

惠文王还是太子时，就与商鞅有矛盾，一次他触犯法令，理当处刑，但太子是未来的国君，不可施刑，商鞅于是"刑其傅"，①把太子师傅公子虔处以刑罚，公子虔等贵族对商鞅恨之入骨。秦孝公死后，公子虔等诬告商鞅谋反，商鞅被处以车裂的极刑。惠文王虽然处死了商鞅，但是并未废除商鞅之法，这就维护了商鞅变法的成果，使得秦国继续朝着富国强兵的方向发展，这也是秦国国力能持续增长的基础。

惠文王继位之时，东方六国已经相继完成变法。当时六国中实力较强的有魏国、齐国和楚国。魏国开国之君文侯、武侯重用李悝、吴起等人，励精图治，率先在六国中强盛起来。但是魏惠王以后，改变了联合赵、韩的方针，屡次与赵、韩大战，同时与齐、秦、楚作战，四面出击，导致国力下降。此时正值魏惠王末年，魏文侯、武侯创下的霸业已经渐衰。齐国自威王继位之后，整顿吏治，重用贤能，发展经济，壮大军事，可谓东方大国，在之后的桂陵、马陵之战中，两次击败魏国，从而"最强于诸侯"。② 此时齐国正处于齐威王之后的齐宣王时代。另一个强国是南方的楚国。楚国疆域最大，人口最多。当时有"楚强则秦弱，楚弱则秦强"③的说法。此时楚国国君是楚威王，之后继任的是昏庸的楚怀王。赵国此时的国君是赵肃侯，尚没有经过赵武灵王改革，和韩、燕等国一样，国势相对较弱。当时列国在初步实现富国强兵后，相互之间展开了激烈的兼并战争。在这样的国内国际形势下，秦惠文王领导秦国与东方六国和周边小国上演一场场激烈的战争，或主动出击，或全力抵抗，在战争中逐渐削弱别国、壮大秦国。本文拟对惠文王时期秦国的主要战争——东夺河西、挫败五国合纵、西并巴蜀、北服义渠、南弱楚国之战做一梳理。

一 东夺河西之战

春秋时期，秦国地处关中，向东方扩张过程中遇到晋国的阻挡，一直无

---

① 《史记》卷六八《商君列传》，第2231页。
② 《史记》卷四六《田敬仲完世家》，第1892页。
③ 《战国策》卷一四《楚策一》，上海：上海古籍出版社，1985年，第501页。

法向前推进。三家分晋后,魏国继承了部分晋国土地,与秦在河西地区交界,成为秦国东进的障碍,因此魏与秦矛盾最深,正如商鞅所说"秦之与魏,譬若人之有腹心疾,非魏并秦,秦即并魏"。① 秦魏两国争夺的焦点是河西。河西指的是"今陕西省华阴以北,黄龙以南,洛河以东,黄河以西地区",②位于关中东部黄河以西、洛水以东,黄河在这里由北向南又折而东流,由于这里地势平坦、土地肥沃,又依托黄河天险,成为关中腹地的重要屏障。如果秦占有河西就能依托黄河天险拒敌,处于进可攻退可守的有利地势;如果魏占有河西,不仅扼住秦国东进的咽喉,而且可以随时越过洛河,兵临秦都。③由于河西特殊的地理位置,自秦穆公时就开始跟晋国争夺河西,两国爆发过多次大战,到了战国时期,秦魏两国更是对河西势在必得,两国之间又爆发了持续数十年的河西争夺战。

战国初年,秦国公室衰弱,宗室贵族干政,数易国君,国内形势动荡不安。而魏国国君魏文侯礼贤下士,重用李悝实行变法,在战国七雄中率先实现富国强兵,因此夺走了河西。吴起被魏文侯任命为河西守,在河西大刀阔斧地进行了整顿,他"治百官,亲万民,实府库",④使得河西得到发展。同时,吴起对秦采取了大规模的军事行动,《吴子·图国》记载,吴起"守西河,与诸侯大战七十六,全胜六十四,余则均解"。《史记》记载,吴起"击秦,拔五城"。⑤ 秦国虽然也试图进攻魏国,抢回河西,但都以失败告终。

魏国占领河西、掌握有黄河天险,不仅挡住秦人东进的道路,而且对秦本土形成相当大的威胁。因此秦通过变法富国强兵后,便开始着力夺回河西地区。孝公十年(前352),秦以商鞅为大良造,率兵越黄河进攻魏国旧都安邑,第二年,商鞅又率兵围攻魏国的固阳(今陕西合阳)。孝公二十一年(前341),魏国在马陵之战中惨败给齐国,秦国趁机再次出兵,夺取魏国的武城(今陕西华县东)。孝公二十二年(前340),齐赵两国攻打魏国,商鞅趁机再次攻魏。魏国派公子卬率兵抵挡秦军。商鞅以前在魏国时与公子卬有旧

---

① 《史记》卷六八《商君列传》,第2232页。
② 杨宽:《战国史》,上海:上海人民出版社,1991年,第534页。
③ 郭淑珍、王关成:《秦军事史》,西安:陕西人民教育出版社,2000年,第87页。
④ 《史记》卷六五《孙子吴起列传》,第2167页。
⑤ 《史记》卷六五《孙子吴起列传》,第2166页。

交,写信邀请公子卬来饮酒会盟,酒宴途中,埋伏的武士冲出来扭住了公子卬。魏军没有主将,很快就被秦军打得一败涂地。这时魏国东败于齐,西败于秦,无力再战,被迫割河西之地向秦求和。慑于秦的压力,魏国"遂去安邑,徙都大梁"。① 但和约签订后魏国又迟迟未交割。第二年,秦乘胜进攻魏国岸门(今山西河津),大败魏军。

就在秦对魏的战争节节胜利的情况下,孝公卒,惠文王即位。惠文王即位初年,继续孝公东进伐魏收复河西的战略。惠文君五年(前333),秦任命魏国人公孙衍为大良造,开始全力攻魏。惠文君六年(前332),魏献阴晋给秦求和,秦改阴晋为宁秦。惠文君七年(前331),秦国主将公孙衍率军伐魏,与魏军大战于雕阴(今陕西甘泉南富县北)获胜,歼灭魏军四万五千,俘虏魏国主将龙贾。② 雕阴之战使魏国驻守河西的主力损失殆尽,魏国再也无法在河西坚持下去。《战国策·燕策二》中苏代说:"龙贾之战,岸门之战,封陆之战("封陆"当为"封陵"之误),高商之战,赵庄之战,秦之所杀三晋之民数百万。今其生者,皆死秦之孤也。西河之外、上雒之地、三川,晋国之祸,三晋之半。秦祸如此其大。"苏代认为龙贾被俘是三晋首次在对秦战争中惨败,由此可见雕阴之战的重要意义。然而秦的进攻并未停下来,同年,秦又派樗里疾率兵渡过黄河,进攻魏国的焦(今河南陕县南)和曲沃(今河南三门峡西

---

① 《史记》卷六八《商君列传》,第2233页。
② 关于此战的时间,有三种不同说法:《史记·秦本纪》"(秦惠文君)七年,公子卬与魏战,虏其将龙贾,斩首八万。八年,魏纳河西地。"载虏龙贾于秦惠文君七年,魏纳河西在惠文君八年。《史记·魏世家》:"秦败我龙贾军四万五千于雕阴……予秦河西之地。"记载两件事都在惠文君八年。《史记·六国年表》魏栏载"秦败我雕阴"于秦惠文君五年。三处对于此战发生的时间的记载皆不同,杨宽先生《战国史料编年辑证》中认为龙贾之战发生在惠文王七年,持续两年(杨宽:《战国史料编年辑证》,上海,上海人民出版社,2016年,第454—455页)。关于此战中秦军斩杀魏军的人数,也有不同说法:《秦本纪》说八万,《魏世家》说四万五千。《史记志疑》卷四说"斩首之数,亦宜依《世家》作'四万五千',盖秦尚首功,《纪》仍秦史之虚语耳。"(梁玉绳:《史记志疑》,北京:中华书局,1981年,第141—142页)

南)。魏惠王十分恐惧,只好割地求和,献"少梁河西地于秦"。① 秦国得到河西之后,"自华州北至同州,并魏河北之地,尽入秦也",②边境达到了黄河。

秦国拥有河西,渡河伐魏更加便利。次年(前329),秦军渡过黄河,夺取魏国位于河东的汾阴(今山西荣河北)、皮氏(今山西河津南)、焦(今河南陕县南)三城。惠文君十年(前328),秦派公子华③和张仪率兵伐魏,攻克魏国的蒲阳(今山西永济北)。张仪请求秦惠文君把蒲阳还给魏,并送秦公子繇为质于魏国以跟魏国交好。然后张仪来到魏国,劝说魏王:"秦王之遇魏甚厚,魏不可以无礼。"④在秦国的恩威并施下,魏国被迫把上郡十五县(今陕西米脂一带)送给秦求和。

秦惠文王元年(前324),张仪带兵夺取魏国的陕邑(今河南陕县)。焦、曲沃和陕是位于崤函通道上的要塞,占领或控制其地,"不仅能够占有崤函古道西段,控制与东段的联系,进而可以沿崤山南北两路向东推进,而且可以控制黄河上的茅津等重要渡口,掌握黄河天险及南北交通要道"。⑤ 秦得到这一片地域后,在这里修建了函谷关(今河南西灵宝旧城西南)。

河西、崤函这次落入秦国之手之后,再未被魏国夺走过,从秦穆公开始的河西争夺之战至此画上句号。秦国之所以能取得最终的胜利,原因是多方面的:首先,从地理形势上来看,秦国优于魏国。秦国的西边主要是西戎,自从秦穆公"益国十二,开地千里,遂霸西戎"⑥之后,西戎对秦已经没有大的威胁,秦的后方总体上是巩固的,当秦与东方六国争战时,没有后顾之忧。而魏国则属于"四战之境",东有齐国,西有秦国,南有楚、韩,北有赵国,齐、

---

① 《史记·秦本纪》和《史记·魏世家》中都说魏予秦河西地,而《史记·六国年表》中说魏给秦的是少梁河西。梁玉绳《史记志疑》云:"盖孝公取河西地之时,尚有未得者,至是乃尽有之耳。而并不言少梁,前二十五年孝公已取少梁矣,何待是时乎?秦、魏两表均误增,当衍'少梁'二字。"(梁玉绳:《史记志疑》,第423页)杨宽先生认为秦孝公时,秦仅一度占有少梁,不久仍为魏有,所以这次魏把少梁连同整个河西予秦(杨宽:《战国史料编年辑证》,第455页)。笔者认为杨宽先生的说法更符合情理。

② 见《史记》卷四四《魏世家》张守节《正义》,第1848页。

③ 一说公子桑。

④ 《史记》卷七〇《张仪列传》,第2284页。

⑤ 李久昌:《战国时期秦国的崤函古道攻略》,《三门峡职业技术学院学报》2016年第1期。

⑥ 《史记》卷五《秦本纪》,第194页。

秦、楚、赵都是强国,魏国在向外扩张之时,很容易腹背受敌,甚至四面挨打,所谓"梁之地势,固战场也。梁南与楚而不与齐,则齐攻其东;东与齐而不与赵,则赵攻其北;不合于韩,则韩攻其西;不亲于楚,则楚攻其南:此所谓四分五裂之道也"。① 其次,秦国的外交政策优于魏国。在跟魏国争夺河西的这段时间里,秦国尽量拉拢他国,不跟他国为敌,这样便于集中优势兵力。而魏国却是四面出击,跟齐、赵、韩、楚各国混战,导致兵力分散,顾此失彼。秦国争夺河西的几次战争都是趁魏国正与别国陷入混战脱不开身的时候进行的。因此秦国最终在河西争夺战中取胜。

秦国夺得河西,对于秦国和战国时期的局势都具有重要的影响:首先,秦国的领土向东扩张到黄河,疆域扩大;其次,魏国被赶到黄河以东,"从此黄河天险便为秦所掌握,秦的声威也就震动一时了"。② 秦国不仅独占黄河天险,而且完全控制崤函天险。秦函谷关修建以后,等于扼住关中直通关东通道上的咽喉,"进可以出兵关东,退可以守住关中大门"。③ 最后,秦国获得易守难攻的优越军事地理形势后,对东方六国在战略上变被动为主动。自春秋以来秦不断向东扩张,然而在很长一段时间里被阻于河西。掌握黄河和崤函天险后,秦国出兵东进、与六国争雄变得更为容易,"据河山之固,东向以制诸侯,此帝王之业"④的战略态势完全形成。而六国要想进攻秦国则难度加大。例如《史记·楚世家》记载,秦惠文王后七年(楚怀王十一年,前318),"苏秦约从山东六国共攻秦,楚怀王为从长。至函谷关,秦出兵击六国"。⑤ 东方六国的进攻多次被阻挡在函谷关。

二 挫败五国合纵之战

在当时激烈的兼并战争中,各诸侯国在外交和军事上产生了合纵、连横

---

① 《史记》卷七〇《张仪列传》,第2285页。
② 杨宽:《战国史》,第534页。
③ 徐卫民:《秦立国关中的历史地理研究》,《西北史地》1998年第4期。
④ 《史记》卷六八《商君列传》,第2232页。
⑤ 《史记》卷四〇《楚世家》,第1722页。

的运动。合纵指"合众弱以攻一强",①就是数个弱国联合起来抵抗一个强国,以防止强国的兼并。连横则指"事一强以攻众弱",②就是由强国拉拢一些弱国来进攻另外一些弱国,以达到兼并的目的。由于秦国逐渐强大,其他各国遂组织合纵,进攻秦国。秦国依靠连横的外交之策和军事进攻挫败这次合纵。

惠文君八年(前330),张仪来到秦国,③受到秦王信任。惠文君十年(前328),张仪被任命为秦相。张仪(？—前309),魏国安邑(今山西万荣)人,战国时期著名的纵横家、外交家与权谋家,其首创的连横之策帮助秦国的东进事业取得了巨大的进展。

夺取河西之后,秦惠文君在秦国内外威望大增,于十三年(前325)自称为"王",是为秦惠文王,同时"初更元年",④即从他即位后十四年起,另立元年更始,重新纪年。称王的举动,既是向关东诸侯国看齐,又是同各国分庭抗礼。这让魏国感到了极大的压力,为了与秦国对抗,魏惠王极力拉拢赵、韩、齐,频频与他们相会。公元前323年,曾在秦国担任大良造的公孙衍在魏国发起"五国相王"⑤活动,即魏、赵、韩、燕、中山五国互相尊称为王,结成盟国共同反秦。秦国也不甘示弱,拉拢齐、楚在啮桑(今江苏沛县西南)相会,跟"五国相王"抗衡。

秦惠文王后三年(前322)免去张仪的相职,让他前去魏国担任相,这其实是张仪的连横策略,"欲令魏先事秦而诸侯效之",⑥结果魏王不听,张仪之谋落空。惠文王大怒,干脆发兵进攻魏国的曲沃(今山西闻喜)、平周(今山西介休)。公元前319年,秦国又出兵攻占韩国的鄢(今湖北宜城南)。

秦国势力增强,频频对三晋用兵,促成了各国联合抗秦。公元前319年,

---

① [清]王先慎撰,钟哲点校:《韩非子集解》卷一九《五蠹》,北京:中华书局,1998年,第452页。
② [清]王先慎撰,钟哲点校:《韩非子集解》卷一九《五蠹》,第452页。
③ 张仪入秦的时间,史籍并无明确记载。根据《史记》记载,苏秦游说赵肃侯后,秦发动雕阴之战,苏秦害怕秦军攻赵,于是激怒张仪使之入秦。雕阴之战发生于秦惠文君七年,由此推测张仪可能是次年入秦。
④ 《史记》卷一五《六国年表》,第730页。
⑤ 《史记》卷四三《赵世家》,第1804页。
⑥ 《史记》卷七〇《张仪列传》,第2284页。

魏国驱逐张仪归秦,任命公孙衍为魏相。在公孙衍的主持下,公元前318年,魏、楚、燕、韩、赵五国①共同伐秦。五国虽然结成联盟,但是各有打算——楚国虽然被推为纵长,此时与秦的矛盾尚不突出,所以并不热心;燕国远离秦国,也不热心。真正出兵的只有韩、赵、魏三国。秦惠文王派弟弟樗里疾领兵迎战,秦军同三晋军队在修鱼(今河南原阳)展开大战。联军人心不齐,很快就失败了,主将鲠、申差被俘,韩太子奂、赵公子渴败逃,八万大军被歼灭。公孙衍组织的"五国伐秦"②虽然声势浩大,但是以失败告终。

五国合纵攻秦说明秦国势力逐渐强大,让六国受到威胁。秦国的胜利得益于秦国灵活的外交政策和强大的军事实力。韩、赵、魏等三国遭到打击,损失很大,一时无法对秦采取攻势。

三 西并巴蜀之战

秦国在东方取得对三晋的初步胜利后,将矛头转向西南的巴国、蜀国。

巴国和蜀国是秦国西南的两个小国,位于今天的四川盆地。巴国都于巴(今重庆),在四川东部;蜀国都于广都(今四川广汉),在四川西部。巴蜀与秦接壤,从秦立国开始,与秦就有冲突。据《华阳国志》记载,"卢帝攻秦,至雍",③雍当时为秦的都城。可能是秦在立国之初、势力尚弱的时候,蜀国曾经进攻到雍。随着秦国国力的发展,两国之间形成鼎立之势。秦厉公二年(前475),"蜀人来赂(秦)"。④ 随着秦国的对外拓展,秦蜀之间的矛盾逐渐激化,从双方对南郑(今陕西汉中)的激烈争夺可见一斑。南郑战略地位重要,本属于蜀国。《史记·六国年表》记载秦厉共公二十六年(前451),

---

① 参加合纵的国家有不同记载,《史记·秦本纪》:"韩、赵、魏、燕、齐帅匈奴共攻秦。"《史记·六国年表》"秦"栏:"五国共击秦,不胜而还。"五国指楚、魏、韩、赵、燕。《史记·楚世家》:"苏秦约从山东六国共攻秦,楚怀王为从长。至函谷关,秦出兵击六国,六国兵皆引而归,齐独后。"据王云度《秦汉史编年》,苏秦当为公孙衍之误(王云度:《秦汉史编年》,南京:凤凰出版社,2011年,第125页)。晁福林认为这次合纵的发起人是苏秦之兄苏代(晁福林:《五国攻秦与修鱼之战考》,《安徽史学》1996年第1期)。
② 《史记》卷七〇《张仪列传》,第2303页。
③ [晋]常璩撰,刘琳校注:《华阳国志校注》卷三《蜀志》,成都:巴蜀书社,1984年,第185页。
④ 《史记》卷一五《六国年表》,第688页。

"左庶长城南郑",①说明秦夺取南郑并且修建城池。但蜀国未放弃这一地盘,至秦躁公二年(前441),"南郑反",②南郑又落到蜀国手中。秦国也不善罢甘休,惠公十三年(前387),"伐蜀,取南郑。惠公卒,出子立"。③ 同年,蜀国趁秦国国君易位而无暇外顾之机又夺回南郑,所谓"蜀取我南郑"。④

此后的五六十年,秦国致力于变法图强、与东方诸侯争霸,与蜀国大致维持表面上的和平关系。《史记·秦本纪》记载:"惠文君元年(前337),楚、韩、赵、蜀人来朝。"但是秦人吞并巴蜀的野心一直都有。《华阳国志》记载:

> 周显王之世,蜀王有褒、汉之地。因猎谷中,与秦惠王遇。惠王以金一笥遗蜀王,王报珍玩之物,物化为土。惠王怒。群臣贺曰:"天奉我矣,王将得蜀土地。"惠王喜。⑤

这段记载虽有传说的成分,但从中不难发现秦国君臣吞并蜀国土地的野心。秦蜀之间的大战不可避免。

秦伐蜀最大的困难是入蜀的道路艰险,惠文王时道路艰险的问题得到解决。据记载:"昔秦欲伐蜀,路无由入,乃刻石为牛五头,置金于后,伪言此牛能屎金,以遗蜀。蜀侯贪,信之,乃令五丁共引牛,堑山堙谷,致之成都。秦遂寻道伐之,因号曰石牛道。"⑥蜀王因为贪婪派五名大力士去取石牛,在把石牛拉进蜀国的过程中,开辟了一条入蜀的"石牛道"。这个传说在《水经注》中也有记载:"秦惠王欲伐蜀而不知道,作五石牛,以金置尾下,言能屎金。蜀王负力,令五丁引之,成道。秦使张仪、司马错寻路灭蜀,因曰石牛道。"⑦这个传说说明当时已经开辟出一条入蜀的道路。

---

① 《史记》卷一五《六国年表》,第697页。
② 《史记》卷一五《六国年表》,第700页。
③ 《史记》卷五《秦本纪》,第200页。
④ 《史记》卷一五《六国年表》,第713页。
⑤ [晋]常璩撰,刘琳校注:《华阳国志校注》卷三《蜀志》,第187页。
⑥ 《史记》卷五五《留侯世家》张守节《正义》引《括地志》,第2039页。
⑦ [北魏]郦道元撰,陈桥驿点校:《水经注》卷二七《沔水一》,上海:上海古籍出版社,1990年,第486页。

不久,蜀国与巴国发生矛盾,成为秦国灭蜀的导火索。蜀王分封其弟葭萌于汉中,号为苴侯,封邑即曰葭萌(今四川广元昭化)。苴侯跟巴王交好,而巴国与蜀国有世仇,蜀王对弟弟亲近仇国非常不悦,一怒之下出兵攻苴。苴侯逃到巴国避难,巴国也无力对抗蜀国,情急之中向秦国求救。秦国一直对蜀国虎视眈眈,想趁此机会出兵伐蜀,恰巧这时韩在东南方侵秦,秦惠文王为先伐蜀还是先伐韩犹豫不决。大臣们也意见相左,以张仪为首的一些大臣主张先集中兵力伐韩,对巴蜀置之不理;以司马错为首的一些大臣主张抓住这个千载难逢的时机向巴蜀进兵。张仪和司马错在惠文王面前进行辩论,张仪说"争名者于朝,争利者于市",三川、周王室就是天下都想争夺的焦点。张仪认为"秦攻新城、宜阳,以临二周之郊,诛周王之罪,侵楚、魏之地。周自知不能救,九鼎宝器必出",①伐韩可以攻占新城、宜阳等中原要地,有利于向魏、楚展开攻势,更重要的是可以逼近周朝王都,逼迫周天子交出九鼎和图籍。如此一来,秦国就可以"据九鼎,案图籍,挟天子以令于天下",②从而成就王业。相反,放弃进军中原而去争夺偏远的巴蜀戎狄,"敝兵劳众不足以成名,得其地不足以为利",③与王业南辕北辙。

司马错对张仪的观点进行反驳,他认为攻取蜀地是富国强兵成就王业的良策。他劝惠文王说:"欲富国者务广其地,欲强兵者务富其民,欲王者务博其德,三资者备而王随之矣。"④认为扩大国土、富裕百姓、广施恩德是成就王业的三个条件。又说:"夫蜀,西僻之国也,而戎翟之长也,有桀纣之乱。以秦攻之……拔一国而天下不以为暴。"⑤认为蜀国内部发生混乱,秦国发兵不仅名正言顺,而且握有十足的胜算。进而指出,进攻蜀国秦得到的实惠最多,"得其地足以广国,取其财足以富民缮兵……利尽西海而天下不以为贪,是我一举而名实附也,而又有禁暴止乱之名"。⑥ 得到巴蜀的土地,让秦国的疆域扩大,得到巴蜀的财富,让秦国军民富足,总之攻取巴蜀于秦国而言是

---

① 《史记》卷七〇《张仪列传》,第2282页。
② 《史记》卷七〇《张仪列传》,第2282页。
③ 《史记》卷七〇《张仪列传》,第2282页。
④ 《史记》卷七〇《张仪列传》,第2283页。
⑤ 《史记》卷七〇《张仪列传》,第2283页。
⑥ 《史记》卷七〇《张仪列传》,第2283页。

名利双收。而攻韩,将要背负"劫天子"的恶名,韩、周必定向齐、赵、楚、魏求援,各国齐来干涉,秦国并无取胜把握。

秦惠文王权衡再三,采纳了司马错的建议,于公元前316年派张仪、司马错、都尉墨率兵伐蜀。① 蜀王率兵在葭萌迎战,被秦军打败。蜀王率众逃到武阳,兵败被杀。蜀国太子所率领的残余力量退到逢乡也被消灭,蜀亡。在蜀地基本平定后,张仪等人挥兵东指,顺利地占领了巴,俘虏了巴王,《华阳国志》记载:"仪贪巴、苴之富,因取巴,执王以归。置巴、蜀及汉中郡,分其地为三十一县。"②秦灭巴蜀之战进行得非常顺利,几个月就结束了。

秦灭巴蜀之后采取分而治之的方法:在巴地设郡管理;在蜀地则保留旧俗,实行怀柔政策,一方面封蜀王之子通为蜀侯,③以陈壮④为蜀相,另一方面任命张若为蜀郡郡守,由蜀侯和蜀郡郡守共同治理。刚开始,秦在巴蜀的统治尚不稳定。秦武王二年(前309),陈壮反秦,杀蜀侯通国,秦派张仪、甘茂、司马错等人第二次入蜀杀陈壮,平定叛乱。不久秦封蜀侯子恽为蜀侯。秦昭王时,蜀侯恽密谋叛秦,司马错第三次入蜀平定叛乱。秦在蜀地的统治逐渐日益稳定。

秦得巴蜀后,重视对巴蜀的经济开发:修筑从秦国到巴蜀的栈道,移民万人进巴蜀。移民把内地的生产技术带入巴蜀,促进了当地农业的发展。秦还注意发展巴蜀的手工业和商业。张若担任蜀守期间,模仿咸阳城的规模和建制修建成都城、郫城和临邛城,"(成都城)周回十二里,高七丈;郫城周回七里,高六丈;临邛城周回六里,高五丈"。⑤ 张若还在成都修整街道,开

---

① 《史记·太史公自序》和《史记·秦本纪》都称秦惠文王派司马错伐蜀。扬雄《蜀王本纪》称是张仪伐蜀而灭之。《华阳国志》等书称张仪、司马错共伐灭蜀。杨宽先生认为秦惠文王末年蜀相陈庄反,杀秦王所封蜀侯通国,王遣甘茂、张仪会司马错伐蜀诛陈庄。疑《蜀王本纪》将伐蜀、诛陈庄之役与伐灭蜀之事混为一谈,遂误以为张仪与司马错共伐灭蜀(杨宽:《战国史料编年辑证》,第542页)。
② [晋]常璩撰,刘琳校注:《华阳国志校注》卷一《巴志》,第32—33页。
③ 《史记·秦本纪》载秦惠文王后十一年"公子通封于蜀",公子通当为原蜀王子弟,非秦之公子。《华阳国志》言"周赧王元年秦惠王封子通国为蜀侯"。杨宽先生认为通国即公子通,是原蜀王之子,而《华阳国志》误认为是秦惠王之子(杨宽:《战国史料编年辑证》,第497页)。
④ 《史记·秦本纪》为陈壮,《史记·张仪列传》和《华阳国志》为陈庄。
⑤ [晋]常璩撰,刘琳校注:《华阳国志校注》卷三《蜀志》,第196页。

设店铺,"置盐、铁市官并长丞",设立管理盐铁市场的机构和主管官员。这些措施都促进了蜀地经济的发展。

秦兼并巴蜀意义重大。首先,秦可以擅"巴蜀之饶",①从而"秦以益强,富厚,轻诸侯"。② 巴蜀地域广阔,物产丰富,史载"其宝则有璧玉、金、银、珠、碧、铜、铁、铅、锡、赭、垩、锦、绣、罽、氂、犀、象、毡、牦、丹黄、空青、桑、漆、麻、纻之饶"。③ 从此,巴蜀丰富的物资为秦所用,大大加强了秦国的人力和物力。其次,巴蜀处于汉水和长江上游,顺流而下就临楚国,秦得巴蜀使得秦对楚取得一种居高临下的战略优势。张仪出使楚国时说,"秦西有巴蜀,大船积粟,起于汶山,浮江已下,至楚三千余里。舫船载卒,一舫载五十人与三月之食,下水而浮,一日行三百余里,里数虽多,然而不费牛马之力,不至十日而距扞关。扞关惊,则从境以东尽城守矣,黔中、巫郡非王之有。秦举甲出武关,南面而伐,则北地绝。秦兵之攻楚也,危难在三月之内",④认为秦有巴蜀之后,派兵乘船沿长江顺流而下,不到十天就到达楚国扞关,威胁楚国。后来秦攻打楚国的时候,确实是兵分两路,一路由司马错、张若率领从巴蜀顺江而下;另一路由白起率领出武关,在两路大军的夹击下,楚国很快溃败。

四　北服义渠之战

秦国的西方和西北方生活着大量的少数民族,统称为西戎。秦建国前就跟西戎发生过战争,秦人建国后,仍然不断与戎人激战。直到穆公时期,讨伐西戎的战争取得胜利,"益国十二,开地千里,遂霸西戎"。⑤ 义渠就属于西戎中的一支,"义渠、大荔最强,筑城数十,皆自称王",⑥说明义渠建立了政权。秦穆公在征讨西戎的时候,义渠臣服,但是义渠政权和戎王依旧存在。

---

① 《史记》卷五五《留侯列传》,第2044页。
② 《史记》卷七〇《张仪列传》,第2284页。
③ [晋]常璩撰,刘琳校注:《华阳国志校注》卷三《蜀志》,第175页。
④ 《史记》卷七〇《张仪列传》,第2290页。
⑤ 《史记》卷五《秦本纪》,第194页。
⑥ 《后汉书》卷八七《西羌传》,北京:中华书局,1965年,第2873页。

此后,秦和义渠的斗争一直没有停止过,例如秦厉共公三十三年(前444),"秦伐义渠,虏其王";①秦躁公十三年(前430),"义渠侵秦至渭阴";②《后汉书·西羌传》中还记载"后百许年,义渠败秦师于洛",③这场战争在《史记》中没有记载,杨宽先生认为发生在公元前335年。④ 秦惠文王时期,积极向西北兼并义渠的土地。

秦惠文君七年(前331),义渠发生内乱,秦趁机派庶长操率兵帮助义渠平定叛乱,使得"义渠遂臣于秦"。⑤ 惠文君十一年(前327),"义渠设县,以其君为臣",秦在义渠设立县,但并不是义渠所有的土地都设县,而只是部分被秦蚕食的土地。所以此后秦对义渠之战仍在继续——秦惠文王后五年(前320),秦攻打义渠,占领了郁郅(今甘肃庆阳)。

这段时期内义渠戎王曾经去过魏国,魏国的公孙衍对义渠戎王说:"中国无事,秦得烧掇焚杅君之国;有事,秦将轻使重币事君之国。"⑥ 就是说,秦国没有外来威胁时会出兵抢劫与焚烧义渠财物,秦一旦遇到外来威胁,为了巩固后方会送礼拉拢义渠。公孙衍的这番话对义渠戎王产生了影响。惠文王后七年(前318),赵、魏、韩、燕、楚联合进攻秦国,为了稳定后方,惠文王"以文绣千纯,妇女百人遗义渠君"。⑦ 义渠君想起公孙衍的教唆,乘机在后方攻打秦国,公元前317年在李帛大败秦军。秦国挫败五国合纵的进攻腾出手后,于惠文王后十一年(前314)再次大举进攻义渠,这次一举攻占二十五座城。一直到秦昭襄王三十五年(前272),宣太后诱杀义渠王于甘泉宫,秦起兵灭掉义渠,在这里设陇西、北地、上郡,至此才彻底解决义渠的问题。

义渠在秦国的西北方,虽然力量弱、无力对秦国构成威胁,但是多少会牵制秦国的行动。惠文王采取武力和羁縻两手并用的方法使义渠臣服,在已经占领的地盘里设县,慢慢地渗透和蚕食,最后彻底灭掉义渠。秦国灭义

---

① 《后汉书》卷八七《西羌传》,第2874页。
② 《后汉书》卷八七《西羌传》,第2874页。
③ 《后汉书》卷八七《西羌传》,第2874页。
④ 杨宽:《战国史料编年辑证》,第426页。
⑤ 《后汉书》卷八七《西羌传》,第2874页。
⑥ 《史记》卷七〇《张仪列传》,第2303页。
⑦ 《史记》卷七〇《张仪列传》,第2303页。

渠后,后方更加安定,东进过程中再无后顾之忧。

五　南弱楚国之战

秦国兼并巴蜀之后,向南方强邻楚国展开了攻势。当时楚国与齐国结成联盟,于惠文王后十二年(前313)发动了对秦的战争,两国联军合力攻占了秦国的曲沃之地。面对两大强敌的联合,秦惠文王非常忧惧,"楚与齐从亲,秦惠王患之"。① 于是,如何拆散这两大强国的联合,以打破秦国的困局,便成为秦国的当务之急。

秦国的对策是先向三晋施加压力,使三晋不敢轻易攻秦,接着拆散齐楚联盟,最后削弱楚国。惠文王后十一年(前314),秦国伐韩,在岸门大败韩军,斩首一万。韩国被迫送太子入秦求和,向秦国屈服。同年,秦惠文王派樗里疾率兵攻魏,占领曲沃和焦。第二年,惠文王和魏襄王在临晋相会,魏国向秦国屈服。惠文王后十二年(前313),秦向赵国进攻,在蔺(今山西离石西)打败赵军,俘虏将军赵庄。

三晋相继屈服后,秦国开始将目标对准齐楚联盟。当时的楚王是昏庸的楚怀王,大臣们在对外政策上存在两种意见,一派以屈原、陈轸为代表,主张联齐抗秦;另一派以靳尚、公子兰、怀王宠姬郑袖等人为代表,主张事秦远齐。公元前313年,张仪出使楚国,用礼物收买亲秦的靳尚、郑袖等人,对楚怀王施加影响,张仪又游说楚怀王:"大王苟能闭关绝齐,臣请使秦王献商於之地,方六百里。若此,齐必弱,齐弱则必为王役矣。则是北弱齐,西德于秦,而私商於之地以为利也,则此一计而三利俱至。"②如果楚国能够和齐国断交,秦国愿意拿商於六百里之地献给楚国。"无战而得地六百里"的诱饵让楚怀王大悦,当即宣布要绝齐联秦。朝堂之上,楚国公卿大臣无不称贺,唯独陈轸不道贺。陈轸是战国时期著名的纵横家、外交家,先后在齐、秦、楚入仕,对各国国情非常了解,颇有权谋。他劝楚怀王:"夫秦所以重王者,以

---

① 《史记》卷四〇《楚世家》,第1723页。
② 《战国策》卷四《秦策二》,第134页。

王有齐也。今地未可得而齐先绝,是楚孤也,秦又何重孤国?"①认为秦国讨好楚国,原因在于齐、楚联盟让秦国害怕,楚国如果与齐国断交,秦国就再不会把楚国放在眼里。此时的楚怀王已经被张仪的花言巧语迷惑,丝毫听不进不同意见,派出使者去齐国宣布绝交。

见目的已经达到,张仪便带着讨地的楚国使者回到秦国。一回到秦国,张仪便称病不上朝,一连数月割地之事都未办成。让人啼笑皆非的是,楚怀王竟然以为自己与齐国断交不够坚决,导致秦国迟迟不肯割地。于是,楚怀王派使者去齐国再次宣布绝交,并对齐王进行辱骂。楚怀王的做法激怒齐王,齐国与楚绝交而暗地与秦国结交。秦国与齐国结成同盟之后,张仪才露面接见楚国使者。楚国使者讨地的时候,张仪装傻充愣地回答道:"从某至某,广袤六里。"②楚国使者回国汇报,到这时楚怀王才知道自己上当。

楚怀王不肯罢休,下令兴师伐秦。陈轸对楚王献计道:"伐秦非计也,王不如因而赂之一名都,与之伐齐,是我亡于秦而取偿于齐也。"③建议暂且忍下这口气,与秦国结盟,共同伐齐来讨还损失。但此刻的楚怀王满脑子的复仇,坚持出兵伐秦。就这样,齐、楚联盟被拆散,两强对秦的困局被打破。

秦国庶长魏章率军南下迎战楚军。惠文王后十三年(前312),秦楚双方在丹阳(今河南西峡、淅川一带)展开激战,秦国大胜,俘虏楚将屈匄、逢侯丑④等七十余人,斩首八万楚军,重创楚国。丹阳之战后,秦军乘胜南下,攻占楚国汉中之地六百里,设置汉中郡。

楚怀王不甘心失败,"悉国兵复袭秦",⑤孤注一掷调动全国兵力再次攻秦。楚军越过商县,进入秦国境内,秦用诱敌深入之计,与楚军在蓝田(今陕西蓝田)展开大战,楚军再一次惨败。这时,韩、魏两国看到楚国陷于困境,乘机袭击楚国后方,并直逼邓城(今河南南阳境内)。楚怀王看到形势危险,只得下令攻秦的楚军撤退回国。秦国大军乘胜追击,楚怀王不得不割地向

---

① 《战国策》卷四《秦策二》,第136页。
② 《史记》卷四〇《楚世家》,第1724页。
③ 《战国策》卷四《秦策二》,第137页。
④ 《史记·楚世家》:"十七年春,与秦战丹阳,秦大败我军,斩甲士八万,虏我大将军屈匄、裨将军逢侯丑等七十余人,遂取汉中之郡。"
⑤ 《史记》卷四〇《楚世家》,第1724页。

秦求和。

秦惠文王欲拉拢楚国对付齐国，便假言要拿武关之外的土地与楚国交换黔中郡（今湖北、湖南西部交界）。楚怀王怨恨张仪，对秦国说道："不愿易地，愿得张仪而献黔中地。"①张仪再赴楚国，怀王本欲杀之，张仪通过楚国大夫靳尚，买通楚怀王宠姬郑袖。郑袖在楚怀王面前为张仪求情，楚怀王放张仪回秦。而秦国得到了黔中之地。

秦、楚之战是秦国历史上一场重要的战役，拆散了齐、楚之间的联盟，重创了楚国。楚国经此一役，元气大伤。虽然它依然是诸侯国中的大国，但从此失去争锋天下的实力与锐气，数十年之后亡于秦国。在对楚之战中，秦国获得了楚的汉中，"使关中和巴蜀连成一片，从此排除了楚国对于秦本土的威胁，秦国因而更为强盛起来"。②

对于秦惠文王，以往学界更多关注此时期巧妙用连横之策挫败六国的合纵，但是，连横毕竟只是一种外交方式，不能赢得土地。要想削弱六国、扩张领土还是要使用武力。秦惠文王在位期间，东夺河西、西并巴蜀、北服义渠、南弱楚国，又挫败五国合纵，取得了一系列的胜利，这些胜利对于秦国产生了重要的影响：首先是东夺河西，占有黄河和崤函天险，使得秦国获得优越的军事地理位置，"关中左崤函，右陇蜀，沃野千里，南有巴蜀之饶，北有胡苑之利，阻三面而守，独以一面东制诸侯。诸侯安定，河渭漕挽天下，西给京师；诸侯有变，顺流而下，足以委输。此所谓金城千里，天府之国也"，③所谓"被险带河，四塞以为固"④的地理优势形成。其次，兼并巴蜀、汉中，不仅扩大了秦国的领土，使得"秦地，天下之半也，制齐、楚、三晋之命"，⑤而且进一步增强了秦国的经济实力。巴蜀物产丰富，俗称天府，丰富的物质资源为秦国的发展奠定了物质基础，有学者认为"秦国的富强，是在商鞅死后二十二年灭了巴蜀实现的"。⑥最后，在惠文王时期，秦国彻底摆脱了以往的被动地

---

① 《史记》卷七〇《张仪列传》，第 2288 页。
② 杨宽：《战国史》，第 329 页。
③ 《史记》卷五五《留侯世家》，第 2044 页。
④ 《史记》卷七〇《张仪列传》，第 2289 页。
⑤ 《战国策》卷一《东周策》，第 19 页。
⑥ 张正明：《楚史》，武汉：湖北教育出版社，1995 年，第 304 页。

位,获得了对东方六国战略上的主动。秦国获得易守难攻的优越军事地理形势后,对东方六国在战略上变被动为主动。自春秋以来秦不断向东扩张,然而在很长一段时间里被阻于河西。掌握黄河和崤函天险后,秦国出兵东进,与六国争雄变得更为容易。"不但秦东进的愿望变成现实,而且打通了其南进、北出的道路……秦军不仅浩浩荡荡地东出崤函,进军三川,逐鹿中原;亦可从东南出武关吞楚,向长江中、下游发展;还可从华阴河曲渡河北上,进逼山西、河北,攻灭燕、赵",[①]秦国取得了战略上的主动。总之,惠文王之后,秦国的政治、经济实力都超过六国,成为战国七雄之首,秦国真正进入了战略反攻兼并天下的历史阶段。秦惠文王时期的对外战争为百余年后秦国兼并六国奠定了坚实的基础,为实现统一迈进了一大步。

(作者单位:华中师范大学历史文化学院)

[①] 蔡锋:《春秋战国时的秦晋河西之争》,《青海师范大学学报(社会科学版)》1984年第4期。

东郡之置与秦灭六国

——以权力结构与郡制推行为中心*

孙闻博

一 问题的提出

秦灭六国,实现统一,是中国历史上最为重要的事件之一。秦兼并六国的过程、意义与原因,也一直是战国秦汉史,中国古代政治史、军事史研究的基本论题。以往中国通史及战国、秦汉断代史著作都会涉及。[①] 不过,相关论述多较为简略。这主要受限于文献本身。自秦王政十七年(前230)至廿六年(前221)十年间统一战争的具体情形,在《史记》《战国策》、汉代诸子等传世文献中记载颇为有限。睡虎地秦简发现后,学者利用 M4 所出书信木

---

* 基金项目:国家社科基金重大项目"秦统一及其历史意义再研究"(14ZDB028)。
① 国内较有代表性者如张荫麟《中国史纲》第七章,上海:上海古籍出版社,1999年,第140—145页;杨宽:《秦始皇》第三章第二节,上海:上海人民出版社,1958年,第49—50页;杨宽:《战国史》第九章,上海:上海人民出版社,2003年,第422—461页;杨宽:《战国史料编年辑证》卷二〇、二一,上海:上海人民出版社,2001年,第1020—1162页;吕思勉:《先秦史》第九章第十一节,上海:上海古籍出版社,1982年,第232—243页;翦伯赞:《中国史纲》第二卷第一编第一章,《历史问题论丛》,北京:中华书局,2008年,第320—337页;翦伯赞主编:《中国史纲要》(增订本)第三章,北京:北京大学出版社,2006年,第57—58页;林剑鸣:《秦史稿》第十二章,北京:中国人民大学出版社,2009年,第248—285页;晁福林:《春秋战国的社会变迁》第一章第六节,北京:商务印书馆,2011年,第274—327页。

牍、M11 所出《编年记》册书,对战国晚期秦军事史、①特别是秦灭楚战争做了考察与分析。② 辛德勇近年更撰写长文,在利用睡虎地秦简基础上,结合清华大学藏战国竹简《楚居》、北京大学藏秦简《水陆里程简册》、楚国货币、秦国封泥等资料,就秦灭楚两次战役的地理进程重做考述。研究并兼及秦灭楚战役发动的时间与基本形势,秦统一战争开展前"自占年""置丽邑"的政治意义,嬴秦对山东各国的威吓与领土索求等问题。③ 长沙马王堆汉墓帛书《刑德》甲篇《刑德占》公布后,相关占辞体现出对秦灭六国战例的参考。蒋文、程少轩结合相关材料对秦赵番吾之战与秦灭六国战争,进行了考察。④

不过,在前贤丰富研究之外,一些基础性问题仍有待思考:秦灭六国的统一战争得以发动与展开的历史条件是什么? 如何实现对秦统一战略及具体军事进程的整体性把握?

我们认为,立足秦国对外战略的政治军事史视角,来探讨秦灭六国得以

---

① 上海市重型机械制造公司工人历史研究小组:《从云梦秦简〈大事记〉看秦统一六国和反复辟斗争》,《文物》1976年第7期,第12—18页;陈直:《略论云梦秦简》,《西北大学学报(哲社版)》1977年第1期,第45—47页;郑良树:《论云梦〈大事记〉之史料价值》(初刊《故宫季刊》1978年第3期)、《读云梦〈大事记〉札记》,均收入其所著《竹简帛书论文集》,北京:中华书局,1982年,第265—307页;马非百:《云梦秦简大事记集传》,中国历史文献研究会编:《中国历史文献研究集刊》第二集,长沙:湖南人民出版社,1981年,第66—89页;傅振伦:《云梦秦墓牒记考释》,《社会科学战线》1978年第4期,第201—208页;韩连琪:《睡虎地秦简〈编年记〉考证》,《中华文史论丛》1981年第1辑,第127—148页;梁文伟:《云梦秦简编年记相关史事核斠——兼论编年记性质》(博士学位论文),台湾大学中国文学系,1981年。

② 黄盛璋:《云梦秦简〈编年记〉地理与历史问题》(初刊《考古学报》1977年第1期)、《云梦秦简辨正》(初刊《考古学报》1979年第1期),均收入其所著《历史地理与考古论丛》,济南:齐鲁书社,1982年,第1—88页;黄盛璋:《云梦秦简出土的两封家信与历史地理问题》(初刊《文物》1980年第2期),收入其所著《历史地理论集》,北京:人民出版社,1982年,第545—555页;马非百:《云梦秦简中所见的历史新证举例》,《郑州大学学报》1978年第2期,第63—69页;马雍:《读云梦秦简〈编年记〉书后》,中华书局编辑部编:《云梦秦简研究》,北京:中华书局,1981年,第14—37页;田余庆:《说张楚——关于"亡秦必楚"问题的探讨》(初刊《历史研究》1989年第2期),《秦汉魏晋史探微》(重订本),北京:中华书局,2004年,第1—29页。

③ 辛德勇:《云梦睡虎地秦人简牍与李信、王翦南灭荆楚的地理进程》(初刊李学勤主编《出土文献》第五辑,上海:中西书局,2014年),《旧史舆地文编》,上海:中西书局,2015年,第122—202页。

④ 蒋文:《秦将桓齮之死新考》,湖南省博物馆编:《纪念马王堆汉墓发掘四十周年国际学术研讨会论文集》,长沙:岳麓书社,2016年,第215—222页;程少轩:《马王堆帛书"刑德大游"与秦灭六国战争》,"视角转换与史实重建:第二届古史新锐南开论坛"会议论文,天津,2015年4月。

发生与实现的历史背景,来认识统一军事进程的系统展开与完成,是研究应该坚持的基本面向。鉴于直接涉及统一战争的史料原本寡少,这里尝试在研究方法上从两个方面寻求推进。1. 秦权力结构变动、对外战略调整对统一战争的影响与作用。具体探讨将扩展至长平之战后的秦昭襄王末年、庄襄王与秦王政前期。2. 秦统一前的郡制推行。具体思考相关置郡对秦灭六国军事活动的战略意义及影响。关于后一方面,这里并略做阐说。

既往的秦统一军事史研究,多孤立分析秦与六国的战争经过。有关秦郡县制研究,也较多留意于统一后的秦郡分合。《史记》卷六《秦始皇本纪》云:

> 分天下以为三十六郡,郡置守、尉、监。更名民曰"黔首"。大酺。①

因事件意义重大,今中华书局点校本、点校修订本在分段处理上特另起一段。实际上,"分天下以为三十六郡,郡置守、尉、监",乃接前段首句"丞相绾等言,'诸侯初破,燕、齐、荆地远,不为置王,毋以填之。请立诸子,唯上幸许'"②而叙,是廷议的直接结果。若考虑"更名民曰'黔首'。大酺"所涉政治举措,相关内容还可进一步上溯而对应"二十六年,齐王建与其相后胜发兵守其西界,不通秦。秦使将军王贲从燕南攻齐,得齐王建。秦初并天下"。③秦琅邪刻石即作:"今皇帝并一海内,以为郡县。"④秦"初并天下"与全面规划郡制,是紧密相连的。而在此之前,相关制度推行实伴随秦军事行动的步步开展。贾谊《过秦论》"南兼汉中,西举巴、蜀,东割膏腴之地,收要害之郡"⑤的表述,正可在此背景下再做理解。

秦郡县制是一个逐步推展的过程。商鞅变法时,秦在关中内史地区主要推行县制。随着南取巴蜀及与东方诸国作战,秦不断并兼领土,开始逐步

---

① 《史记》,北京:中华书局点校本,1982年,第239页。
② 《史记》,第238—239页。
③ 《史记》,第234—235页。
④ 《史记》卷六《秦始皇本纪》,第247页。
⑤ 《史记》卷六《秦始皇本纪》,第279页。

设郡。秦及汉初郡制,军事色彩浓厚,武官设置普遍,内史、诸郡武职在类别与秩级上基本一致,大体可视作中央内史为中心的平行延伸或横向派生。①吴良宝还指出:"一些战国史著作认为三晋各国普遍设置了郡(诸如河东郡、大宋郡、安平郡等),我们对此持谨慎态度。从司马迁的记史笔法来看,《史记》中三晋的地名多为县名,与我们能见到的考古资料基本相符,说明史迁并非以秦或西汉时的建置去追述历史,那么出现于三晋世家中的郡名(如上郡、上党郡、代郡等)也应如是观。仅根据一些有歧义的字面立论,就得出了魏国有河西郡、河东郡等,是不足以服人的。"②如此说可从,秦在扩张中推行郡制就具有了更深刻的历史意义。秦统一的军事学思考,应引入秦郡制历史演变的研究。③ 要言之,研究中注意"权力结构——郡制推行"间的互动与发展,或有望更好理解和把握秦统一的军事、政治历程。④

自昭襄王晚年至秦王政前期,秦在当时合纵连横的国际形势下为何着力于河南淮北的东向区域设置新郡,或许是认识秦统一战争展开与军事战略选择的一条线索。这是本文选择东郡之置为切入点的原因之一。东郡之置对秦灭六国战争究竟发挥了怎样的战略影响,也是本文需要揭示的问题。

---

① 参见孙闻博:《两汉的郡兵调动:以"郡国""州郡"的行政变化为背景》(初刊《中华文史论丛》2014年第3期),孙闻博:《秦汉"内史—诸郡"演变考——以军国体制向日常行政体制的演变为背景》(初刊《文史》2016年第1辑),修订稿均收入孙闻博:《秦汉军制演变史稿》,北京:中国社会科学出版社,2016年,第99—102、151—152页。有学者还认为"昭王晚期以前的秦郡无权控制县的人事、司法与财政,当时的郡县关系可谓郡不辖县","战国秦郡郡守最早拥有的权力应为军事权",可参考。游逸飞:《从军区到地方政府——简牍及金文所见战国秦之郡制演变》,《台大历史学报》第56期,2015年,第1—19页。
② 吴良宝:《战国文字所见三晋置县辑考》,《中国史研究》2002年第4期,第20页。
③ 此前学者研究三国政治史,已有较为成功的尝试。参见田余庆《东三郡与蜀魏历史》(初刊袁行霈主编《国学研究》第一卷,北京:北京大学出版社,1993年,第333—346页),《秦汉魏晋史探微》,第244—261页。
④ 战国中期秦、楚战争与秦汉中郡、南郡设置的关系及历史意义,参见孙闻博《秦据汉水与南郡之置——以军事交通与早期郡制为视角的考察》,《飞軨广路:中国古代交通史论集》,北京:中国社会科学出版社,2015年,第42—66页。

二 昭王晚期的将相更迭与"东收周室"

《史记》卷六《秦始皇本纪》记嬴政即位之初(前246),秦于关东设郡格局为:

> 当是之时,秦地已并巴、蜀、汉中,越宛有郢,置南郡矣;北收上郡以东,有河东、太原、上党郡;东至荥阳,灭二周,置三川郡。①

按"孝公元年"(前361)秦与邻国形势为"楚、魏与秦接界。魏筑长城,自郑滨洛以北,有上郡。楚自汉中,南有巴、黔中"。② 商君变法时,秦与楚、魏为邻,多在南侧、北端两个方向征伐、开拓。至秦武王"欲容车通三川,窥周室",秦复注意向韩、两周所在中路方向深入。③ 这里,本纪所以按"秦地已并巴、蜀、汉中,越宛有郢,置南郡矣""北收上郡以东,有河东、太原、上党郡""东至荥阳,灭二周,置三川郡"的顺序,而分作三段记述,缘由或在于此。自武王、昭襄王、庄襄王以至秦王政,秦面向东方诸国的军事进取与郡制推行,自北向南可初步分作三个战略区域:1.北侧;2.东向;3.南侧。北侧、东向区域大体以河水为界;东向、南侧区域或以沔、淮为限。

南侧一线本是秦惠文王末年、昭襄王中期所着力进取的方向,秦、楚多次交战。④ 然自公元前278年白起拔郢、秦置南郡,至公元前223年王翦灭楚之前的相对较长时间里,秦、楚未再发生大规模战争。鄢郢之战后,楚退

---

① 《史记》,第223页。
② 《史记》卷五《秦本纪》,第202页。
③ 秦封泥有"河外府丞""河外之禁"。依文例"河外"当为秦郡之名。学界曾以之对应河东郡、河间郡或陇西郡。如学者指出,"'河外'肯定是与'河内'对称","河外郡应当是在黄河以南地区",倾向为秦武王四年(前307)宜阳后所设郡,秦庄襄王元年(前249)置叁川郡后并入。何慕:《秦代政区研究》第二章(博士学位论文),复旦大学历史地理研究中心,2009年,第54—55页;晏昌贵:《秦简"十二郡"考》,北京大学中国古代史研究中心编:《舆地、考古与史学新说》,北京:中华书局,2012年,第120—122页。
④ 孙闻博:《秦据汉水与南郡之置——以军事交通与早期郡制为视角的考察》,第47—59页。

至伏牛山——桐柏山——大别山以东的"东国"地区。① 秦欲深入,南下"与楚兵决于陈郊"为更适宜路线选择,但这需"道河外,倍大梁",会直接处于魏军兵锋之下。② 穰侯魏冉为进一步南下攻楚,战略重心由南侧转为东向攻魏,欲长驱先破大梁,然收效有限。范雎代魏冉入相后,③ 在此背景下提出"远交近攻",连横韩、魏,威迫楚、赵、齐等远国,秦对外战略开始调整。为迫使韩、魏参与连横,相关军事进取由东向而转入北侧一线,坐镇河东,扩展河内,蚕食南阳,隔绝、并吞韩上党地。"远交近攻"战略专注河北一线稳步推进,并有包围赵国的战略意图。④

秦空国内之兵与赵会战,终以极大伤亡,换来长平一役的胜利。事态发展本有利于秦,孰料随后形势急转。秦内部将相矛盾及权力更迭,使大好良机错失。魏信陵君则突破秦、魏连横,越过魏王、晋鄙的权力构成,实现魏、楚合纵救赵。国际形势也随之变化。

长平之胜使白起赢得了空前声望。范雎担心白起灭赵后,代己为相,故未令白起乘胜进围,一举亡赵,而选择与韩、赵议和。⑤ 秦相、将矛盾由此激化。而冲突公开化前,二人关系已现微妙一面。按"大抵当日秦国情形,每一执政当国时,必各有其自己所最亲信之人为之将。……而将相之进退,又往往相互为转移"。⑥ 相对魏冉主政时的胡阳、客卿竃等将领,白起在范雎入相后,是旧将中少有得到任用者。长平之战前秦隔绝上党的军事行动,多为白起统兵指挥。⑦ 不过,在随后发兵取上党地的关键战役中,范雎启用的却非白起,而是王龁:"四十七年,秦使左庶长王龁攻韩,取上党。"待上党降赵,

---

① 辛德勇:《云梦睡虎地秦人简牍与李信、王翦南灭荆楚的地理进程》,第122页。
② 《史记》卷四四《魏世家》,第1857页。又见《战国策·魏三》"魏将与秦攻韩"章,文字略异。《战国策》卷二四,上海:上海古籍出版社,1998年,第871页。
③ 按"范雎",文献又有作"范睢"。本文取前者,除引文遵从《史记》等原文用字外,均写作"范雎"。
④ 相关参见孙闻博《范雎"远交近攻"的发生及其内涵新探——兼论秦对外战略的北移》,未刊稿。
⑤ 《史记》卷七三《白起王翦列传》,第2335—2336页。
⑥ 马非百:《秦集史·人物传四之二》,北京:中华书局,1982年,第233—234页。
⑦ 杨宽:《战国史》第八章,第412页;李晓杰:《战国时期韩国疆域变迁考》,《中国史研究》2001年第3期,第23页。

"赵军长平,以按据上党民","四月,龁因攻赵。赵使廉颇将"。① 廉颇被赵括取代前,两军大战时的秦军统帅一直为王氏。② 长平一役后,秦突然接受议和,"武安君归。王龁将伐赵武安、皮牢,拔之。司马梗北定太原,尽有韩上党"。稍后,秦令五大夫陵进围邯郸,"陵战不善,免;王龁代将",直至邯郸大败,秦军退往河东。③ 范雎又"任郑安平,使击赵"。相对此前秦连横韩、魏,以白起对阵代廉颇之赵括;此时赵合纵魏、楚,以信陵君、景阳对阵代白起之郑安平。战局出现逆转,也就在意料之中了。在合纵联军乘胜西进下,秦所据大片领土失守。韩、魏收复了上党、河内大部。④ 而秦河东地也面临严重军事威胁,以致有"王稽为河东守,与诸侯通,坐法诛"⑤事件的发生。史载昭襄王有"夫以远思虑而御勇士,吾恐楚之图秦也。夫物不素具,不可以应卒,今武安君既死,而郑安平等畔,内无良将而外多敌国,吾是以忧"⑥语,当时景阳所统楚军兵锋之盛,可以想见。⑦ 魏随后更"取地河东;攻尽陶、魏(卫)之地"。⑧ 昭襄王"魏多变之国也,寡人不能亲"的忧虑,变作现实。"天下之枢"转而与关东合纵。范雎"远交近攻"集中于北侧河北一线的攻取战略,至此遭遇挫折。如何有效防范山东诸国合纵,是继任者面临的迫切问题。

将帅更迭外,秦相人选也再次变动。睡虎地秦简《编年记》记"【五十

---

① 参见《史记》卷七三《白起王翦列传》,第2333页。
② "王龁",传世文献又作"王齮",兵器题铭则作"锜"。蒋文:《二年上郡守锜戈的铭文年代及相关问题》,《中国文字研究》第十八辑,上海:上海书店出版社,2013年,第92—96页。
③ 参见《史记》卷五《秦本纪》,第214页。同卷并提到"十二月,益发卒军汾城旁","龁攻邯郸,不拔,去,还奔汾军二月余",第214页。
④ 李晓杰:《战国时期韩国疆域变迁考》,第24页;吴良宝:《战国晚期韩国疆域变迁新考——以兵器刻铭为中心》,《中国历史地理论丛》2012年第1期,第96页。
⑤ 《史记》卷七九《范雎蔡泽列传》,第2417页。
⑥ 《史记》卷七九《范雎蔡泽列传》,第2418页。
⑦ 《淮南子·氾论》"景阳淫酒被发,而御于妇人,威服诸侯,……然而功名不灭者,其略得也"。何宁:《淮南子集解》卷一三,北京:中华书局,1998年,第964—965页。
⑧ 《韩非子·有度》,王先慎撰,钟哲点校:《韩非子集解》卷二,北京:中华书局,1998年,第32页。《吕氏春秋·审应览·应言》作"魏举陶削卫,地方六百"。许维遹撰,梁运华整理:《吕氏春秋集解》卷一八,北京:中华书局,2009年,第505页。相关又可参见[清]于鬯撰,张华民点校《香草续校书·韩非子一》,北京:中华书局,2013年,第318页。

二〕年,王稽、张禄死"(五二壹)。① 是年河东守王稽被杀,应侯范雎则在同年内去世。在此背景下,燕人蔡泽继任为新相。"蔡泽相秦数月,人或恶之,惧诛,乃谢病归相印,号为纲成君",虽为时不长,但"居秦十余年,事昭王、孝文王、庄襄王。卒事始皇帝",②在秦国后来的内政外交中,仍发挥作用。

相对于"张仪—魏章""魏冉—白起、任鄙"、③"范雎—郑安平、王稽"等权力组合,昭襄王末年,将军摎开始领兵作战:

> 五十一年,将军摎攻韩,取阳城、负黍,斩首四万。……于是秦使将军摎攻西周。④
>
> 五十三年,天下来宾。魏后,秦使摎伐魏,取吴城。韩王入朝,魏委国听令。⑤

马非百即云:"韩王入朝,魏委国听令,皆摎之力也。"⑥相关权力结构或可作:"蔡泽—将军摎"。陈直按:"《双剑誃吉金图录》下,三十一页,有《四年相邦戟》文云'四年相邦樛斿之造,栎阳□上造□',戟文之相邦樛斿,疑即本文之将军摎,下脱斿字。四年官相邦,或为始皇之四年也",⑦"《秦本纪》之将军摎,亦疑为樛斿之脱文"。⑧ 此说可斟酌。战国秦兵器"相邦樛游二戈",目前发现两件。"四年"当为秦惠文王前元四年(前334),"相邦樛斿"就是秦封宗邑瓦书所出现的"大良造庶长游"。⑨ "樛游"任相邦,距昭襄王

---

① 睡虎地秦墓竹简整理小组编:《睡虎地秦墓竹简》,北京:文物出版社,1990年,释文注释6页。
② 《史记》卷七九《范雎蔡泽列传》,第2418页。目前兵器题铭涉及昭襄王时秦相为樗里疾、魏冉与寿烛。齐思和《战国宰相表》置蔡泽为相为秦昭襄王四十五年,五十二年至五十六年未书。《中国史探研》,石家庄,河北教育出版社,2003年,第248页。
③ 孙闻博:《秦据汉水与南郡之置——以军事交通与早期郡制为视角的考察》,第50—52页。
④ 《史记》卷四《周本纪》作"秦昭王怒,使将军摎攻西周",第169页。
⑤ 相关参见《史记》卷五《秦本纪》,第218页。
⑥ 马非百:《秦集史·人物传四之三》,第240页。
⑦ 陈直:《史记新证》,北京:中华书局,2006年,第16页。
⑧ 陈直:《史记新证》,第140页。
⑨ 参见孙闻博:《爵官转移与文武分职:秦国相将的出现》,袁行霈主编:《国学研究》第三十五卷,北京,北京大学出版社,2015年,第43—44页。

五十一年(前256)"将军摎攻韩"78年,且一为姓,一为名,两人并非一人。不过,陈氏"樛摎二字通假,《史记·南越传》"邯郸樛氏女",《汉书》则作摎氏也"①的意见,值得重视。文献中二字偏旁亦常混用。学者推断"樛斿"或"樛游"应即文献中出现的"樛留",韩人。"樛留"见于《韩非子》"说林上""难一"两篇,然在《战国策·韩一》"宣王谓摎留"章则作"摎留",《资治通鉴》又作"缪留"。②而始皇廿八年东巡,琅邪刻石随臣题名有"五大夫杨樛从"。此距上引攻韩事36年左右。"摎",《史记正义》曰:"音居虬反。"③《周本纪》"将军摎"条,《史记正义》曰:"摎音纪虬反。"④二者音亦相近。将军摎可作将军樛,或即杨樛。陈直指出:"秦代武将蒙氏、王氏之外,则有杨氏。见于《史记》者有杨端和、杨樛(见琅邪台石刻题名)、杨熊、杨憙等人(见《项羽本纪》及《高祖本纪》)。又,《淮南子·人间训》云'使蒙公、杨翁子将,筑修城,西属流沙,北击辽水,东结朝鲜'云云。"⑤所言可参。而据上述讨论,杨氏在秦崭露头角,或始自蔡泽为相时期。

将军摎所执行的相关行动,出自蔡泽擘画。《史记》卷七九《范雎蔡泽列传》记:

> 范雎免相,昭王新说蔡泽计画,遂拜为秦相,东收周室。⑥

面对前任范雎在河北推进受挫,合纵领袖信陵君又去魏居赵,蔡泽入相后,将秦对外战略做出重要调整:重新转回东向区域。"五十一年,将军摎攻韩,取阳城、负黍,斩首四万"后,本与秦连横的西周"背秦,与诸侯约从,将天下锐兵出伊阙攻秦,令秦毋得通阳城"。《秦本纪》随后记"于是秦使将军摎

---

① 陈直:《史记新证》,第16页。
② 董珊:《战国题铭与工官制度》第六章(博士学位论文),北京大学中国语言文学系,2002年,第209页。
③ 《史记》卷六《秦始皇本纪》,第246、247页。
④ 《史记》卷四《周本纪》,第169页。
⑤ 陈直:《史记新证》,第18—19页。
⑥ 《史记》,第2425页。此又见《战国策·秦三》"蔡泽见逐于赵"章,《战国策》卷五,第220页。

攻西周。西周君走来自归，顿首受罪，尽献其邑三十六城，口三万。秦王受献，归其君于周。五十二年，周民东亡，其器九鼎入秦。周初亡"。① 《周本纪》作"周君、王赧卒，周民遂东亡。秦取九鼎宝器，而迁西周公于𢠸狐"。② 是役释放出重要的政治信号。西周公相对周天子为卿士"周公"的角色。秦灭西周，"迁西周公于𢠸狐"，或直接影响周公子伯禽所封鲁国。同年，楚"取鲁，鲁君封于莒"。③ "后七年，秦庄襄王灭东周。东西周皆入于秦，周既不祀"，同年"楚灭鲁，鲁顷公迁卞为家人，绝祀"。④ 略显同步的行动是巧合还是颇有关联，值得关注。秦结束"天下共主"及"周公"名义上的统治，将历史推入兼并加剧时代，增快了统一步伐。《秦本纪》记"五十三年，天下来宾"。⑤ 而大胆果决的行动，还使秦东向进一步占据了河南、雒阳等战略要地。⑥ 这预示着未来发展的一个重要变化：在曲折探索与因应国际形势下，秦对外重心将立足东向区域，突破既往连横战略，通过自身领土伸展，以决断南北合纵。所谓"东收周室"，意义即在于此。

三　吕不韦、蒙骜东向续进与秦置叁川

昭襄王于在位第五十六年秋季去世，《编年记》作"五十六年，后九月，昭死"（三贰）。子孝文王"十月己亥即位，三日辛丑卒"，《编年记》作"孝文王元年，立即死"（四贰）。⑦ 子庄襄王立，辅佐者吕不韦成为新相。《史记》卷六《秦始皇本纪》记：

> 政代立为秦王。……吕不韦为相，……蒙骜、王龁、麃公等为

---

① 相关参见《史记》卷五《秦本纪》，第218页。
② 《史记》卷四《周本纪》，第169页。
③ 《史记》卷一五《六国年表》，第748页。
④ 《史记》卷一五《六国年表》，第749页。
⑤ 《史记》卷五《秦本纪》，第218页。
⑥ 按"雒阳"对应文献中习见的"洛阳"。本文使用前者，用字情况说明参见汪桂海《荥（荥）阳之"荥（荥）"与洛（雒）阳之"洛（雒）"》，"第三届简帛学国际学术研讨会暨谢桂华先生《汉晋简牍论丛》出版座谈会"会议论文，桂林，2015年11月。
⑦ 参见睡虎地秦墓竹简整理小组编《睡虎地秦墓竹简》，释文注释6页。

将军。王年少,初即位,委国事大臣。①

"委国事"之"大臣"指吕不韦。依以往任举将帅传统,"为将军"之"蒙骜、王齮、麃公等",也当主要由吕不韦所拔选。庄襄王时,蒙骜、王齮等已负责对外领兵作战,反映在吕不韦长期主政下,秦王政初年相、将权力结构保持了延续性。王齮即王龁,在昭襄王世范雎为相时曾是仅次于白起的重要将领;蔡泽为相后似未得信任;至吕不韦入相,重得起用,排序在蒙骜之后。蒙骜,齐人,本传言"自齐事秦昭王,官至上卿"。②《史记》卷五《秦本纪》"(昭襄王)二十二年,蒙武伐齐",《六国年表》作"蒙武击齐"。③ 梁玉绳《史记志疑》已指出当为蒙骜。杨宽认可其说,举"《秦策三》记应侯失韩之汝南,蒙傲乃往见之,云:'今傲势得为秦王将,将兵',云云,黄丕烈云:'李善注《求自试表》引作骜,傲、骜同字。'是秦昭王时蒙骜为将,非蒙武也"。④ 不过,本传不叙昭襄王时"为将"及相关军功,而记"秦庄襄王元年,蒙骜为秦将,伐韩,取成皋、荥阳,作置三川郡",⑤反映他以秦军重要统帅领兵作战,主要在庄襄王时期。学界以往习惯将蒙骜与秦始皇联系在一起。实际上,"始皇七年,蒙骜卒",而秦王政九至十年(前238—前237)间,嬴政灭嫪毐,逐不韦,始亲政。蒙骜军功伟绩主要在吕不韦执政时期取得。换言之,蒙骜乃吕氏所特予推举之人物。庄襄王至秦王政前期,相、将权力结构或可作:"吕不韦—蒙骜"。

《史记》卷五《秦本纪》记"庄襄王元年,……东周君与诸侯谋秦,秦使相国吕不韦诛之,尽入其国。秦不绝其祀,以阳人地赐周君,奉其祭祀"。⑥ 吕不韦任相伊始"取东周",⑦实际延续昭襄王末年"东收周室"战略。"以阳人地赐周君"与"迁西周公于惮狐",是将两周君迁往远离东向通道的南端。继

---

① 《史记》,第223页。
② 《史记》卷八八《蒙恬列传》,第2565页。
③ 《史记》,第212、740页。
④ 参见杨宽《战国史料编年辑证》卷一五,第788页。
⑤ 《史记》卷八八《蒙恬列传》,第2565页。
⑥ 《史记》,第219页。
⑦ 《史记》卷一五《六国年表》,第750页。

据有河南、雒阳后,秦复占据巩城,不断沿东向通道扩展领土。① 秦灭二周后,蒙骜复东向攻韩,迫使其献出成皋、荥阳。② 本纪称:

> 秦界至大梁,初置三川郡。③

周王畿雒阳地区被首次置郡,对关西秦国而言具有重要战略意义。④ 秦汉历史上,荥阳是制御山东的军事要地。秦末,陈胜首义,"吴广围荥阳。李由为三川守,守荥阳,吴叔不能下"。⑤ 李由后来离开荥阳,追击楚军至砀郡,

---

① 《史记》卷四《周本纪》《集解》引徐广曰"周比亡之时,凡七县,河南、洛阳、穀城、平阴、偃师、巩、缑氏",第170页。学者或将此称作"豫西通道""北路":"自咸阳渡过渭水东行,在潼关进入豫西丘陵山地,沿黄河南岸经函谷、陕城(今河南三门峡市)抵达崤山,分为南北二途","北路沿涧水河谷而行,经硖石、渑池、新安抵达洛阳。东过巩、成皋、荥阳的低山丘陵,便进入豫东平原"。宋杰:《秦对六国战争中的函谷关和豫西通道》(初刊《首都师范大学学报》(社会科学版)1997年第3期),收入宋杰:《中国古代战争的地理枢纽》,北京:中国社会科学出版社,2009年,第160页。

② 按"荥阳"对应文献中习见的"滎阳"。本文使用前者,用字情况说明参见汪桂海《滎(荥)阳之"滎(荥)"与洛(雒)阳之"洛(雒)"》,"第三届简帛学国际学术研讨会暨谢桂华先生《汉晋简牍论丛》出版座谈会"会议论文,桂林,2015年11月。

③ 《史记》卷五《秦本纪》,第219页;卷六《秦始皇本纪》、卷一五《六国年表》,第223、749页。

④ 刘邦自汉中反攻关中,"二年,汉王东略地,塞王欣、翟王翳、河南王申阳皆降。韩王昌不听,使韩信击破之。于是置陇西、北地、上郡、渭南、河上、中地郡;关外置河南郡。更立韩太尉信为韩王"。所置诸郡,除涉秦关中故地外,及于关外。相对韩国更换君王,河南国却改置为郡,本纪特别交代"汉王之关至陕,抚关外父老",反映刘邦对控制故秦叁川郡的重视。《史记》卷八《高祖本纪》,第369、370页。

⑤ 《史记》卷四八《陈涉世家》,第1954页。至于《史记》卷八七《李斯列传》记"李斯子由为三川守,群盗吴广等西略地,过去弗能禁。章邯以破逐广等兵,使者覆案三川相属",及赵高进言二世"过三川,城守不肯击",二世"乃使人案验三川守与盗通状"(第2554、2559页),则在李斯失势、赵高构陷之时。实际情形应注意自起义军角度的记述。《陈涉世家》记"将军田臧等相与谋曰:'周章军已破矣,秦军旦暮至,我围荥阳城弗能下,秦军至,必大败。不如少遗兵,足以守荥阳,悉精兵迎秦军。'……田臧乃使诸将李归等守荥阳城,自以精兵西迎秦军于敖仓。与战,田臧死,军破。章邯进兵击李归等荥阳下,破之,李归等死",第1956—1957页。可知李由一直坚守荥阳,使吴广不得进。后来由于章邯将统大军前来夹击,起义军面临覆灭威胁,田臧杀吴广,被迫主动出击。随后田臧败死,李归等留守城下的少量义军亦被消灭。而荥阳始终未被攻破。故田余庆云"陈胜初起时,吴广曾建议:'王引兵西击,则野无交兵。'陈胜把西击任务交给身居假王地位的吴广,而吴广之军却被秦军阻于三川"。《说张楚——关于"亡秦必楚"问题的探讨》,《秦汉魏晋史探微》,第24页。

才在雍丘为项羽、刘邦所杀:"沛公、项羽……西略地至雍丘,大破秦军,斩李由"。① 楚、汉相持,楚围荥阳,"汉王之出荥阳,……行收兵,复入保成皋。汉之四年,项王进兵围成皋。汉王逃,……楚遂拔成皋,欲西。汉使兵距之巩,令其不得西"。② 巩—成皋—荥阳,还可形成相应的战略纵深。不仅刘邦据荥阳以与项羽相持,西汉前期汉廷平诸吕之乱、济北王刘兴居谋反、吴楚七国之乱时,灌婴、缯贺、窦婴等皆屯兵荥阳,以控御山东。③

此外,叁川之置,④不仅使南阳、河东郡南北连为一体,而且有助于秦在河水南侧隔绝韩上党地与新郑地区的联系。我们注意到,自庄襄王二年(前248),秦重启对河北之地的攻取。中华书局点校本《秦本纪》作"二年,使蒙骜攻赵,定太原。三年,蒙骜攻魏高都、汲,拔之。攻赵榆次、新城、狼孟,取三十七城。四月日食。(四年)王龁攻上党。初置太原郡"。⑤ 此与《六国年表》不合。"四月日食。(四年)",中华书局点校修订本《史记》作"四月日食。四年",⑥新校勘记引张文虎《札记》卷一并下按语云:"此'四年'二字疑衍。睡虎地秦简《编年记》云'庄王三年,庄王死。'"⑦此外,崔适以"各本中有'四年'二字,衍也,今删。'王龁'以下,上承'三年四月'为文,庄襄王无四年也",并列四证以论。⑧ 王叔岷则引梁玉绳说"'三年'二字亦羡文",并作考述。⑨ 实际上,朱文鑫对此已有考证:"二年四月之日食,经黄河流域,确为中原可见之全食,三年四月并无日食,益足证《六国表》无误。……盖《本纪》四年之四乃三之误,而上文三年之年字乃月之误,于是四月日食,正接三

---

① 《史记》卷七《项羽本纪》,第302页。又见同书卷一六《秦楚之际月表》,第768页。
② 《史记》卷七《项羽本纪》,第327页。
③ 《史记》卷一〇《孝文本纪》、卷一九《惠景间侯者年表》、卷二二《汉兴以来将相名臣年表》、卷一〇七《魏其武安侯列传》,第426、1012、1130、2840页,等等。
④ 按"叁川",文献多作"三川"。辛德勇指出,"秦封泥有'叁川尉印'、'叁川邸丞',通行的'三川',应属异写"。《秦汉政区与边界地理研究》上篇第一章《秦始皇三十六郡新考》,北京:中华书局,2009年,第60页。本文除引文一仍其旧,均写作"叁川"。
⑤ 《史记》卷五《秦本纪》,第219页。
⑥ 《史记》卷五《秦本纪》,北京:中华书局点校修订本,2014年,第275页。
⑦ 《史记》,北京:中华书局点校修订本,第286页。
⑧ 崔适撰,张烈点校:《史记探源》,北京:中华书局,1986年,第53—54页。
⑨ 王叔岷:《史记斠证》,北京:中华书局,2007年,第187—188页。

月之下,同为二年事,始与《六国表》全相符合。此后世传写之讹,非史公原文之误也。"①刘次沅进一步就"(秦庄襄王三年)四月日食"条,指出:"计算表明,前248.4.24(庄襄王二年)日食,我们各地可见。庄襄王三年有一次日食,在前247.9.7,不可能是四月。《秦本纪》记录有误。秦用寅正,庄襄王二年日食符合'四月'。疑原为'二年四月日食',《秦本纪》'二年'误为'三年',《六国年表》'四月'脱"。②刘氏工作更为深入。所作"《秦本纪》'二年'误为'三年'"的推测,虽不如朱氏"三年之年字乃月之误"解释为优,但二人结论大体一致。此处当以《六国年表》来校对本纪。《史记》卷三四《燕召公世家》记"(燕王喜)七年,秦拔赵榆次三十七城,秦置大原郡。九年,秦王政初即位"。"七年"当秦庄襄王二年(前248)。从下文九年事看,这里是将置太原郡与攻赵三十七城连书,系于最先开始的"七年",与上并无矛盾。由此而论,相关文字修订后应作:

  二年,使蒙骜攻赵,定太原。三(年)〔月〕,蒙骜攻魏高都、汲,拔之。攻赵榆次、新城、狼孟,取三十七城。四月日食。(四)〔三〕年,王龁攻上党。初置太原郡。③

战国年代学研究有于鬯、杨宽、陈梦家、范祥雍、武内义雄、平势隆郎、吉本道雅、晁福林等多家。其中平势隆郎所排秦表,④若涉秦、楚、齐间事多不合。学者有据是表以《六国年表》为误,"而秦方于庄襄王四年(前247)再次攻取该郡","赵太原郡所领三十七城,在秦庄襄王三年为秦所攻取,四年(前247),秦于该地重置太原郡"。⑤所论应予订正。这里,本纪先总叙蒙骜伐赵

---

① 《历代日食考》三《战国及秦日食考》注五,杨宽:《战国史料编年辑证》卷二〇,第1047—1048页。
② 刘次沅:《诸史天象记录考证》,北京:中华书局,2015年,第3页。
③ 《史记》卷六《秦始皇本纪》附《秦记》仅记"庄襄王生三十二年而立。立二年,取太原地",第290页。
④ 平势隆郎:《新编史记東周年表:中國古代紀年研究の序章》,东京:東京大學出版會,1995年。
⑤ 周振鹤主编:《中国行政区划通史·总论》之《先秦卷》第九章,李晓杰撰,上海:复旦大学出版社,2009年,第453页。

定太原事,具体又可分为两步。蒙骜先攻取魏河内地区的高都与汲,随后突然进攻赵太原地,占领全境三十七县。①"(赵孝成王)十八年,延陵钧率师从相国信平君助魏攻燕",②时当秦庄襄王二年(前248)。秦发动相关战役,还充分利用了魏、赵攻燕之隙。蒙骜攻取高都、汲(或作波),再次断绝了韩上党地的南向通道。所定太原地与河东郡相接,又几乎将上党完全包围。秦正是在这一背景下,于次年派王齕进攻上党并成功置郡。随后,秦又将上党迤北所定三十七城设为太原郡,首次实现了对该地区的有效控制。信陵君虽然率五国联军合纵击秦,败蒙骜于河外,但是从秦王政即位初"有河东、太原、上党郡"的描述看,秦复夺河北之地后基本没有再次失据。此与"东至荥阳,灭二周,置三川郡"的关系,值得思考。太原、上党置郡,使秦边界由此推至太行一线。辅以南侧的河内,秦对"西抑强秦、南支韩、魏"而"几霸"之赵再次进围。面对全赵抗秦的山东合纵之势,秦随后将迈出历史性一步。

四 "初置东郡"的战略意义与秦、齐关系

庄襄王三年(前247)五月丙午卒,秦王政即位。吕不韦继续执政,权势日增。本纪不言秦王欲并天下,而言"吕不韦为相,……招致宾客游士,欲以并天下"。"李斯为舍人",③乃为吕不韦舍人。前论"蒙骜、王齮、麃公"又为吕不韦所推举。此时相、将权力结构仍为:"吕不韦—蒙骜"。

本纪又记"晋阳反,元年,将军蒙骜击定之"。④ 秦太原郡郡治所失在庄襄王时。⑤ 杨宽云"魏信陵君合纵,率五国兵击退秦将蒙骜于河外,赵又乘机

---

① 按本纪、年表皆作"榆次、新城、狼孟"。榆次在今山西太原东南,狼孟在太原北。秦军由南而北顺次进取,尚可理解。但新城位于太原西北略远的朔县南,却夹在榆次、狼孟中间叙述,令人疑惑。如《中国历史地图集》战国赵新城县定点可信,秦攻太原或兵分两路,一路自河东郡北上,取榆次、狼孟等城;一路自上郡或云中东进,而取新城。
② 《史记》卷四三《赵世家》,第1828—1829页。
③ 参见《史记》卷六《秦始皇本纪》,第223页。
④ 《史记》卷六《秦始皇本纪》,第224页。
⑤ 《通鉴》系于庄襄王三年最末。《资治通鉴》卷六《秦纪一》,北京:中华书局点校本,1956年,第203页。

恢复太原之晋阳"。① 秦先以巩固河北新郡为上,由蒙骜重新夺回。不过,秦吸取此前范雎教训,并未由此而急攻赵国。相关对外战略由下或显端倪:

> 秦王患之,乃行金万斤于魏,求晋鄙客,令毁公子于魏王曰……秦数使反间,伪贺公子得立为魏王未也。魏王日闻其毁,不能不信,后果使人代公子将。公子自知再以毁废,乃谢病不朝,与宾客为长夜饮,饮醇酒,多近妇女。日夜为乐饮者四岁,竟病酒而卒。②

按魏公子无忌与魏安釐王同于秦王政五年(前242)去世。相较《通鉴》系此事于庄襄王三年,杨宽同司马光《稽古录》系于秦王政元年,③或更可取。嬴政即位初,秦对外战略重心仍坚持东向一线,并通过离间魏国君臣,以瓦解信陵君对秦之威胁。我们看到,待反间活动取得成效,秦兵随即东进:

> 二年,麃公将卒攻卷,斩首三万。④

参睡虎地秦简《编年记》"三年卷军。八月,喜揄史"(一〇贰),⑤当时战事激烈,实际延续至次年。⑥ 卷在今河南原阳西,北临河水,乃河内通大梁之要道,故为秦魏所反复争夺。

秦"初置三川"后,有继续东向扩郡的意图。秦王政三年(前244),蒙骜

---

① 杨宽:《战国史料编年辑证》卷二〇,第1061页。
② 《史记》卷七七《魏公子列传》,第2384页。
③ 杨宽:《战国史料编年辑证》卷二〇,第1064页。
④ 《史记》卷六《秦始皇本纪》,第224页。
⑤ 睡虎地秦墓竹简整理小组编:《睡虎地秦墓竹简》,释文注释6页。
⑥ 杨宽驳梁玉绳、泷川资言以"卷"为误字说。可从。然解"三年卷军"为"盖二年攻卷得胜,次年墓主到此服役,参与军事行动"(《战国史料编年辑证》卷二〇,第1065页),尚可斟酌。"八月,喜揄史",显然当与"三年卷军"分读,视作两事。墓主参军,有作"十三年,从军"(二〇贰),"十五年,从平阳军"(二二贰),然不作"军""平阳军"。所谓"卷军",当如整理小组注:"意为在卷的战役,与《商君书·徕民》的'周军'、'华军'同例。"睡虎地秦墓竹简整理小组编:《睡虎地秦墓竹简》,释文注释9页。

攻韩,取十三城;至十月,复攻魏畼、有诡。相关进兵仍在大河以南的东向区域,后者且于秦王政四年(前243)被占领。待稍事休整,秦复大举攻魏:

> 五年,将军骜攻魏,定酸枣、燕、虚、长平、雍丘、山阳城,皆拔之,取二十城。初置东郡。①

秦选择于秦王政五年(前242)长驱入魏,固然与此前遭遇旱灾有关:"四年,……十月庚寅,蝗虫从东方来,蔽天。天下疫。百姓内粟千石,拜爵一级。"②然前引信陵君"日夜为乐饮者四岁,竟病酒而卒",与此关系或更为直接。《魏公子列传》"使蒙骜攻魏,拔二十城,初置东郡"上,有"秦闻公子死"③五字。秦置东郡的时机选择,反映是时信陵君"威振天下",并非夸饰之辞。④ 而所攻取"酸枣、燕、虚、长平、雍丘、山阳城",地域较广。既有大梁北侧一线酸枣、燕、虚,又有大梁西侧沿鸿沟而南的雍丘、长平。⑤ 然而,秦随即在大梁北侧、河水以南一线设置新郡,反映此次行动的重心所在。秦王政六年(前241),东郡又扩展至卫都濮阳。面对曾经的连横对象,秦如对待二周般迫使卫君迁往河内野王。⑥ 秦王政八年(前239),东郡二次扩境。秦"先攻取了垣(即首垣,今河南长垣东北)、蒲(即蒲阳,今长垣西)、衍(即衍氏,今河南郑州北),继而向东攻取仁(与平丘相近)、平丘(今长垣西南)、小黄

---

① 《史记》卷六《秦始皇本纪》,第224页。
② 《史记》卷六《秦始皇本纪》,第224页。
③ 《史记》卷七七《魏公子列传》,第2384页。
④ 《史记》卷八《高祖本纪》"(汉高帝十一年)十二月,高祖曰:'秦始皇帝,楚隐王陈涉、魏安釐王、齐缗王、赵悼襄王皆绝无后,予守冢各十家,秦皇帝二十家,魏公子无忌五家'",第391页。
⑤ 参见马非百:《秦集史·郡县志上》,第613—618页;杨宽:《战国史料编年辑证》卷二〇,第1074页;周振鹤主编:《中国行政区划通史·总论、先秦卷》之《先秦卷》第六章第四节,李晓杰撰,第388—389页;后晓荣:《秦代政区地理》第五章,北京:社会科学文献出版社,2009年,第218—228页;后晓荣:《战国政区地理》第三章,北京:文物出版社,2013年,第87,92—94页。至于"山阳城",本纪不径书作"山阳",是否即对应河内之山阳,尚待考察。《通鉴》胡三省注:"余考之上下文,此非河内之山阳,盖班志山阳郡之地。"《资治通鉴》卷六《秦纪一》,第210页。
⑥ 《史记》卷六《秦始皇本纪》"(秦王政)六年,韩、魏、赵、卫、楚共击秦,取寿陵。秦出兵,五国兵罢。拔卫,迫东郡,其君角率其支属徙居野王,阻其山以保魏之河内",第224页。资料汇总及辨析参见杨宽:《战国史料编年辑证》卷二〇,第1077—1078页。

(今河南开封东北)、济阳(今兰考东北)、鄄城(今山东鄄城北),接着又攻到蒲水、历山以北"。① 如果说攻"酸枣、燕、虚、长平、雍丘"及"蒲、衍、首、垣",似乎呈现对魏都大梁北、西、东三面包围的话;"以临仁、平丘、小黄、济阳、婴(鄄)城",②则使东郡辖域向东伸展,开始与齐境相接。

作为统一战争前秦所设最后一郡,东郡之置究竟具有怎样的战略意义呢?

自蔡泽行"东收周室"之策,秦战略方向重新转回东向进取。而鉴于山东诸国成功合纵,连横与国韩、魏、周、卫又摇摆不定,秦选择突破既往连横战略,通过自身领土伸展,以决断合纵之势。在置叁川郡后,秦续进而设东郡,正是相关战略的进一步实践。置立叁川并攻取河北地后,秦基本与六国相持于太行山、荥阳一线。③ 统一战争爆发前,东郡是唯一突破这一东部防线的秦郡,形如利刃,插入六国腹地。不仅如此,扩展后的东郡成功与齐境连接,实际将河北燕、赵与河南魏、楚隔绝了。换言之,"初置东郡",决断合纵,完成了以往秦东向连横所未能实现的目标。

由于文献记载本身简略,以往学界多孤立叙说秦置东郡一事,很少注意到此郡设置的战略意义。前人之中,唯杨宽有所留意,提到"截断了'山东从亲之腰',并对韩魏两国国都形成三面的包围的形势","北面包围赵国,南面包围韩、魏两国,从而'断齐、赵之腰,绝楚、魏之背'",④惜未作展开。而文本选取上,相对《新序》,似应以《史记》记载为主:

---

① 杨宽:《战国史》第九章,第427页。
② 《战国策·秦四》"或说秦王"章。又见《史记》卷七八《春申君列传》《新序·善谋》等。杨宽:《战国史料编年辑证》卷二〇,第1087—1088页。
③ 劳榦云"到了秦始皇即位的时期,……差不多在东经114度以西的中原地带都是属于秦国的领土了"。《秦的统一与其覆亡》,收入氏著《古代中国的历史与文化》,北京:中华书局,2006年,第98页。王子今则云"古国以太行山、白河、汉江下游一线贯通南北,这条线以西的辽阔地域,都已经成为秦国的疆土"。《论吕不韦封君河南》(初刊《洛阳工学院学报》2002年第1期),收入氏著《战国秦汉交通格局与区域行政》,北京:中国社会科学出版社,2015年,第11页;王子今:《战国秦汉时期商学和兵学对社会意识的综合影响》,收入氏著《秦汉社会意识研究》,北京:商务印书馆,2012年,第440页。
④ 杨宽:《战国史》第九章,第426、427—428页。

> 先帝文王、庄王(、王)之身,三世不妄接地于齐,以绝从亲之要。……王又割濮磿之北,注齐秦之要,绝楚赵之脊,天下五合六聚而不敢救。①

中华点校修订本校勘记:"不妄,景祐本、绍兴本、耿本、黄本、彭本、柯本、凌本、殿本作'不忘'。"②"三世不妄接地于齐",《战国策》作"三世而不接地于齐",自当以《史记》所记为优。③ 此指孝文王、庄襄王、秦王政三世专注于东向发展,以求接壤齐境,从而将东方诸国的合纵联盟拦腰斩断。"注齐秦之要",《战国策》作"断齐、秦之要"。杨宽从金正炜以"秦"为"赵"字误,改作"断齐、赵之要",④横田惟孝引关君长曰"'秦'或'韩'字讹"。⑤ 按战国人依当时地理形势以"梁者,天下之要也"。⑥ "断齐、秦之要"固然不合;齐、赵大体南北相接,秦所取不足"断"其"要";齐、韩本不相接,更无从言"断",且彼此呈东西向联系,又不得言"要"也。秦取魏北之地,东与齐接,符合"注齐秦之要"的含义。而楚失鄢郢东迁后,重心在淮北,北向与赵相对,故此谓"绝楚赵之脊"。伴随秦置叁川以来的东向推进,赵国深感危机日增。秦王政二年(前245)攻卷之时,赵一反与燕攻战,以"廉颇将,攻繁阳,取之";秦王政三年(前244)、赵"悼襄王元年,大备魏。欲通平邑、中牟之道,不成",⑦意图扩展邯郸南向支点,越漳水打通南向交通。而秦置东郡同年,"赵相、魏相会柯盟"。此在《六国年表》中书于赵栏,而未书于魏栏。至秦王政"六年,韩、魏、赵、卫、楚共击秦",楚王虽为纵长,统帅却是赵相庞煖,赵军且为联军

---

① 《史记》卷七八《春申君列传》,第2388页。
② 《史记》卷七八《春申君列传》,北京:中华书局点校修订本,第2911页。
③ 《战国策》"庄王"下有"王"字,作"先帝文王、庄王、王之身,三世",文意更清。《史记》或书作重文而流传脱漏。
④ 杨宽:《战国史料编年辑证》卷二〇,第1088页。
⑤ 缪文远:《战国策新校注》(修订本)卷六引,成都:巴蜀书社,1998年,第207页。
⑥ 《战国策·魏四》"献书秦王"章,《战国策》卷二五,第887页。
⑦ 《史记》卷四三《赵世家》,第1829—1830页。《史记正义》引《括地志》"繁阳故城在相州内黄县东北二十七里",又按"(中)牟山之侧,时二邑皆属魏,欲渡黄河作道相通,遂不成也",第1830页。

主力。① 秦置东郡,在地理形势上似不对韩形成包围。而相对南面临魏,东郡距河,北向对赵的围困显然更为明显。《史记》卷七八《春申君列传》"王又举甲而攻魏,杜大梁之门,举河内,拔燕、酸枣、虚、桃,入邢,魏之兵云翔而不敢捄",②提示有秦"举河内"事。东郡扩境同时,秦又取朝歌,将河内东扩,形成对赵更全面的合围。由此而言,"注齐秦之要"的首要目标,其实在赵而不在魏、韩。

东郡与齐相接,"绝从亲之要"。这是源自传统认识上的秦、齐连横,抑或秦"远交近攻"的实现吗?这里有必要探讨齐国外交特征与秦对齐所持态度。下面依次述之。

战国末年,山东诸侯成功实现数次南北合纵。但是,无论信陵君组织、参与的两次,还是赵、楚组织的最后一次,齐都没有参加。长平之战进入关键阶段时,"赵无食,请粟于齐,齐不听",齐谋臣周子劝谏而"齐王弗听",致"秦破赵于长平四十余万,遂围邯郸"。③ 齐王建"二十八年,王入朝于秦,秦王政置酒咸阳",④齐、秦关系呈现较为亲密一面。不过,连横与国往往跟随作战。李斯上书韩王,称"昔秦、韩戮力一意以不相侵,天下莫敢犯,如此者数世矣。……韩居中国,……以世世相教事秦之力也。……荆令尹患之曰:'夫韩以秦为不义,而与秦兄弟共苦天下,……'",韩非上书秦王政"韩事秦三十余年,出则为扞蔽,入则为席荐。秦特出锐师取地而韩随之",⑤秦、韩连横,韩须随秦作战,而齐国则不同。秦国出兵,齐并不参与。《史记》卷四六《田敬仲完世家》记:

> 始,君王后贤,事秦谨,与诸侯信,齐亦东边海上,秦日夜攻三晋、燕、楚,五国各自救于秦,以故王建立四十余年不受兵。君王后

---

① 《史记》卷四三《赵世家》"四年,庞煖将赵、楚、魏、燕之锐师,攻秦蕞",第1831页。
② 《史记》,第2388页。
③ 《史记》卷四六《田敬仲完世家》,第1902页。
④ 《史记》卷四六《田敬仲完世家》,第1902页。
⑤ 《韩非子·存韩》。[清]王先慎撰,钟哲点校:《韩非子集解》卷一,第13、18页。原作"秦特出锐师取韩地而随之",王先慎曰:"'韩'字当在'而'下。'取地',略地也。下文:'韩与秦兄弟共苦天下。'"今做调整。

死,后胜相齐,多受秦间金,多使宾客入秦,秦又多予金,客皆为反间,劝王去从朝秦,不修攻战之备,不助五国攻秦,秦以故得灭五国。……故齐人怨王建不蚤与诸侯合从攻秦,听奸臣宾客以亡其国。①

君王后为齐襄王后、齐王建母、齐王建前期齐国的实际主政者。世家将君王后执政与后胜相齐对照,前者使齐国安定,后者受赂亡齐。其中,"君王后贤""后胜相齐,多受秦间金"的叙述,更增强了这种对比。然而,如若仔细分析相关内容,下面的问题值得思考:君王后时期使"秦日夜攻三晋、燕、楚,五国各自救于秦",与后胜"不助五国攻秦,秦以故得灭五国"是否存在很大差别?君王后"事秦谨",不参与合纵攻秦,与后胜"劝王去从朝秦",又是否根本相异?"齐人怨王建不蚤与诸侯合从攻秦",固然不误。不过,"不""与诸侯合从攻秦"事实上应可"蚤"至君王后时代。齐国政治局面在齐王建前、后期虽存在一定差异,特别后胜接受秦赂,政治败坏,齐国终为秦国所灭,但在核心政治理念上,前后执政者却似乎相去不远。这一对外政策特征即君王后所谓"事秦谨,与诸侯信",既与秦国,又同时与山东五国保持良好关系。此意味着不横不纵,超然于当时国际秩序之外。或与二战时期的瑞士相仿佛,战国末年齐国所实际追求的,乃是一种诸国认可的中立国地位。②"中立"作为政治概念出现及使用,非晚至后世。战国"齐襄王立,而孟尝君中立于诸侯,无所属";秦末"彭越是时居梁地,中立,且为汉,且为楚","(魏)豹初与汉击楚,及闻许负言,心独喜,因背汉而畔,中立",后"更与楚连和";大宛待"单于死,昆莫乃率其众远徙,中立,不肯朝会匈奴"。③ 世家谓田齐"以

---

① 《史记》,第1902—1903页。事又见《战国策·齐六》"齐闵王之遇杀"章,《战国策》卷一三,第472—473页。

② 辛德勇认为"在末代齐王田建时期,实际操控政事的王太后君王后,执行的是一种看似中立的外交政策,但实质上却是'去从朝秦'以求自保。……齐甘愿继续坚守与秦国之间业已存在的类同'连横'的关系"。《云梦睡虎地秦人简牍与李信、王翦南灭荆楚的地理进程》,第170页。理解略有不同。

③ 《史记》卷七五《孟尝君列传》、卷九四《田儋列传》、卷四九《外戚世家》、卷一二三《大宛列传》,第2358、2647、1970、3168页。

故王建立四十余年不受兵",甚至"不修攻战之备"。① 个中原因,即在于此。

至于秦对齐的政策与态度,可从以下几点窥知。边齐秦郡以"东郡"为名,本身就很值得注意。《史记》卷三七《卫康叔世家》"元君十四年,秦拔魏东地,秦初置东郡,更徙卫野王县",《索隐》曰:"魏都大梁,濮阳、黎阳并是魏之东地,故立郡名东郡也。"②解释似颇通达。王蘧常称"东郡,秦在魏西,故此称东"。③ 不过,魏之东地,魏置郡可称东郡,秦却不必。秦置南郡,所取之地乃楚国国都所在。南郡之"南",显非楚之南地,而指秦内史之南。故东郡之"东",亦当就秦内史而言。秦将临齐边境命为"东郡",暗示秦东向扩展以此为国境最东之边。④ 对齐而言,秦此举或释放出相对平和的政治信号。统一战争前后,秦对齐中立国地位也表现出认可。有学者注意到"秦国在发兵进攻韩国之前,应该同时向韩、魏、赵、燕、楚诸国,发出了纳地称臣的要求",而"秦国应是对齐国采取了不同于其他五国的策略,没有提出令其屈从的要求"。⑤ 更值得注意的是,秦在兼并战争获胜后,实际曾令民众两次"大酺"。第一次在秦王政"二十五年,大兴兵",王贲俘获燕王喜、代王嘉,而王翦定楚江南地,置会稽郡后:

五月,天下大酺。⑥

《正义》云"秦既平韩、赵、魏、燕、楚五国,故天下大酺也"。第二次在王贲攻齐,得齐王建,议定帝号后:

分天下以为三十六郡,郡置守、尉、监。更名民曰"黔首"。

---

① 按楚、魏、赵等国在被秦蚕食鲸吞西侧疆土同时,常攻略东侧邻国或拓展边地,以求补偿。齐若与秦保持遥远的连横关系,并不能避免东方诸国的侵扰。
② 《史记》,第1604页。
③ 王蘧常:《秦史》卷一一,上海:上海古籍出版社,2000年,第112页。
④ 《史记》卷六《秦始皇本纪》"三十五年,……于是立石东海上朐界中,以为秦东门",第256页。
⑤ 辛德勇:《云梦睡虎地秦人简牍与李信、王翦南灭荆楚的地理进程》,第170、171页。
⑥ 《史记》卷六《秦始皇本纪》,第234页。

大酺。①

此种状况,不尽符合我们对相关政治行为的一般理解。而且,秦王政二十五年(前222)"五月,天下大酺"不仅见于本纪,亦见于《六国年表》。② 至于二十六年(前221)灭齐后"大酺",虽见于本纪,却未书之于《六国年表》。由此推想,秦统一战争启动时,可能表面上对齐中立国地位依然认可。原定兼并计划中(至少在对外宣称与姿态表现上),并不涉及齐国。或因此故,秦在攻灭五国之后,就举行了全国性庆祝活动。

战国末年,东郡与齐国所形成对山东合纵的分隔,不仅对秦最终实现统一发挥了重要作用,而且对西汉郡国并行制下中央对东方诸侯国的控御,影响深远。西汉建立初期,刘邦曾分封燕、韩、赵、楚、淮南、梁、长沙等异姓诸侯。这些诸侯所封地域基本对应秦统一战争发起前的六国疆土。值得注意的是,刘邦自领二十四郡之地中,除秦王政十七年(前230)所拥郡县外,还有临淄、济北、胶东、琅邪。③ 如还原到当时空间分布中,可以清楚看到:汉以东郡与上述齐地四郡相连,④形成汉郡的东向伸展,从而隔断了东方异姓诸侯国可能的南北合纵。而楚王韩信自赵地破齐后,原本是封于齐地的。这也是刘邦采张良、陈平计策,对韩信参与垓下灭楚的政治许诺。然至高帝五年(前202),刘邦登基,却发生了如下事件:

甲午,乃即皇帝位汜水之阳。皇帝曰义帝无后。齐王韩信习楚风俗,徙为楚王,都下邳。⑤

---

① 《史记》卷六《秦始皇本纪》,第239页。
② 《史记》卷一五《六国年表》,第757页。
③ 周振鹤:《西汉政区地理》,北京:人民出版社,1987年,第8页。
④ 周振鹤:《西汉政区地理》"汉高帝五年七异姓诸侯封域示意图",第9页。
⑤ 《史记》卷八《高祖本纪》,第380页。《汉书》卷一下《高帝纪下》作"(五年)春正月,……下令曰:'楚地已定,义帝亡后,欲存恤楚众,以定其主。齐王信习楚风俗,更立为楚王,王淮北,都下邳'……于是诸侯王及太尉长安侯臣绾等三百人,与博士稷嗣君叔孙通谨择良日二月甲午,上尊号。汉王即皇帝位于汜水之阳"(第51—52页),记徙封事在即帝位前。

高祖以"义帝无后。齐王韩信习楚风俗"之由,将韩信"徙为楚王,都下邳"。中华书局点校本、点校修订本分段均将首句列入前段,自"皇帝曰"下另起一段。今合而观之,刘邦称帝前后,即行徙封之举,耐人寻味。冠冕堂皇的事由背后,这实际是汉廷为防范分封诸侯未来可能的合纵西向,而特意做出的重大调整,即将韩信封国迁出齐地,而将汉郡由东郡扩展至海。

刘邦后以各种名义,陆续翦除了长沙国外的其他异姓诸侯。这些诸侯所封国土恰恰均位于统一前山东诸国的核心区域。高帝十年(前197),汉廷又在东方重新分封了九个同姓诸侯,包括齐地四郡在内的七十余城封给了庶长子齐王刘肥。而齐国在高帝、惠帝、吕后时期与汉廷中央的关系,其实十分特殊。刘邦晚年,淮南王黥布反,《史记》卷九一《黥布列传》记"上遂发兵自将东击布",①《汉书》卷一下《高帝纪下》作"上赦天下死罪以下,皆令从军;征诸侯兵,上自将以击布"。② 而具体情形,《史记》卷五四《曹相国世家》更提到:

> 黥布反,参以齐相国从悼惠王将兵车骑十二万人,与高祖会击黥布军,大破之。③

汉初功臣中,曹参军功第一,萧何去世后,并入汉为相。他在封齐后被选任为齐相,反映中央对齐国的重视非同一般。而同姓齐国不仅积极参与平叛,且可调动兵力达十二万之众。军事实力之雄厚,引人注目。吕氏专政时期,不仅居于京师的齐系宗室刘章、刘兴居敢于坚决对抗,而且齐国是诸侯国中发兵最为积极而预备西向平乱者。④ 诸吕被诛后,齐王一度又是继承帝位的最可能人选,由于汉廷大臣阻挠,方未实现。上述均反映同姓齐国在初封时所具有的举足轻重地位。汉廷在高帝、惠帝、吕后时期,以东郡与同

---

① 《史记》,第2605页。
② 《汉书》,第73页。
③ 《史记》,第2028页。
④ 诸吕之乱时,齐哀王刘襄起兵,"使祝午尽发琅邪国而并将其兵","举兵西攻吕国之济南","乃西取其故济南郡",并准备西入长安。由于灌婴屯卫荥阳,始"屯兵于齐西界以待约"。《史记》卷五二《齐悼惠王世家》,第2002、2003页。

姓齐国相接,实际仍然起到了控御东方的战略作用。

伴随代王刘恒入继大统,汉廷与齐国既往的亲密关系不复存在。齐国转而成为汉廷在东方的主要威胁。汉廷也一改往策,开始分割削弱之。文帝初年推行"易侯邑""令列侯之国"政策。所针对者,除淮南国外,主要是齐国。"文帝四年五月,文帝将齐悼惠王子十人同时封为列侯","悼惠十子和驷均应当都离开了齐国国都","从而落入汉朝济北、济南二郡的监视和控制之下"。① 相关措施虽成功实施,然东郡不复与齐国构成战略分割。伴随齐地诸侯与汉廷日益疏远,他们在战略利益上终于与他国渐连一片。景帝初年爆发的吴楚七国之乱,其实正是在这样的背景下发生的。参与叛乱的吴、楚、赵、胶东、胶西、济南、菑川诸侯国中,吴国、楚国在南,赵国在北,一时得以形成"自关以东皆合从西乡"②的局面,正是因为胶东、胶西、济南、菑川等齐地诸侯国加入叛乱,打破了自战国末年以来"东郡—齐国"的固有联结。当时齐地尚有齐国、济北二诸侯国。吴王刘濞约结胶西王时,胶西曾"遂发使约齐、菑川、胶东、济南、济北,皆许诺"。③ 唯待起兵时,济北王坚守不发兵。而齐王虽曾参与策划,后犹豫城守。不然,南北合纵将更趋完整,对汉廷构成的威胁也将更大。

五 王翦父子与秦灭六国的战略设计

东郡设置并东向拓境后,秦自"东收周室"以来决断合纵之势的意图终于实现。"初置东郡"时,诸国尚尝试约纵西向。在此之后,山东合纵不复出现。吕不韦"欲以并天下",可谓进行顺利。孰料至秦王政八年(前239),秦内部形势急剧变化。秦王政七年(前240),夏太后死。八年,王弟长安君成蟜在攻赵前线叛变投赵。嫪毐随之崛起,"事无小大皆决于毐",④对吕不韦执政地位形成挑战。九年(前238),蕲年宫之乱爆发。嫪毐集团战败被诛,

---

① 陈苏镇:《汉文帝"易侯邑"及"令列侯之国"考辨》(初刊《历史研究》2005年第5期),收入氏著《两汉魏晋南北朝史探幽》,北京:北京大学出版社,2013年,第174、176页。
② 《史记》卷一〇八《韩长孺列传》,第2858页。
③ 《史记》卷一〇六《吴王濞列传》,第2827页。
④ 《史记》卷六《秦始皇本纪》,第227页。

吕不韦也因之连坐免相。局势变化之迅疾,可谓出人意料。长安君前线投赵,或许与夏太后去世而失势,存在联系;嫪毐封长信侯并在秦国政坛急速上升,又与赵太后势力增长,直接相关。① 至于吕不韦的相关遭际,除以往认识外,还须留意秦相、将权力结构的细微变化。王龁在秦王政三年(前244)就去世了,本纪、年表皆有录,反映事件之重要。而秦王政七年特殊天象"彗星先出东方,见北方,五月见西方"后,本纪复书有"将军骜死",②且录于年表,性质同样重要。长安君叛变,本纪还提到所谓"将军壁死"事。杨宽"按上文'将军骜死'之文例,'将军壁死',壁当为将军名。上文称'蒙骜、王龁、麃公等为将军',是时王龁、蒙骜先后去世,疑壁乃麃公之名"。③"壁"为人名,大体可从;所疑为麃公之名,可备一说。吕氏所举任将帅,是时凋零殆尽。嫪毐得以对其发起挑战,嬴政稍后又褫夺其相权,应留意这一背景。

秦王政亲政之后,加强集权,着力构建新的君、将组合:

> 十年,相国吕不韦坐嫪毐免。桓齮为将军。④

按吕不韦免相,本纪不书何人接替新相,却交代何人为将军。秦王对军将的拔举,值得注意。此处未及的另一将帅,则是王翦:

> 王翦者,频阳东乡人也。少而好兵,事秦始皇。始皇十一年,翦将攻赵阏与,破之,拔九城。⑤

"事秦始皇"语,参前论蒙骜事例,显示王翦在秦王政时代始得任用。而"始皇十一年,翦将攻赵阏与"语,参魏冉为相之"昭王十三年,而白起为左庶

---

① 《汉书》卷二七中之下《五行志中之下》"秦始皇帝即位,尚幼,委政太后",第1422页;《史记》卷四《周本纪》《索隐》"自周以邑入秦,至始皇初立,政由太后、嫪毐",第159页;《汉书》卷二五上《郊祀志上》颜师古注:"始皇初立,政在太后、嫪毐",第1199页。
② 《史记》卷六《秦始皇本纪》,第224页。
③ 杨宽:《战国史料编年辑证》卷二〇,第1083页。
④ 《史记》卷六《秦始皇本纪》,第227页。
⑤ 《史记》卷七三《白起王翦列传》,第2338页。

长,将而击韩之新城",相关任用或正始于秦王政十一年(前236)。秦王政二十三年(前224)前后,嬴政曰"王将军老矣","王翦言不用,因谢病,归老于频阳",王翦谢曰"老臣罢病悖乱",及"王翦为秦将,夷六国,当是时,翦为宿将,始皇师之"。① 参据上述内容,或可推之:王翦虽"少而好兵",但一展抱负却为时较晚。这不得不归功于秦王政的擢拔重用、知遇相授。作为秦王政时代最著名的军事将领之一,蒙骜往往与王翦并称。不过,这里应当指出:二人领兵实际分属前后两个历史阶段,举任者也有所不同,前者是吕不韦,后者是秦君嬴政。

自秦王政十一年(前236)起,秦重启对外攻战:

十一年,王翦、桓齮、杨端和攻邺,取九城。王翦攻阏与、橑阳,……取邺安阳,桓齮将。

十三年,桓齮攻赵平阳,杀赵将扈辄,斩首十万。……十月,桓齮攻赵。

十四年,攻赵军于平阳,取宜安,破之,杀其将军。桓齮定平阳、武城。②

可以看到,秦战略重心集中于北侧河北一线,多次对赵发动攻势。具体分为两路:一是依托上党而攻赵上党地之阏与、橑阳等,③意图打开太行山通道,南下包围邯郸;二是依托河内而攻赵漳水流域之邺、安阳、平阳、武城等,意图突破漳水防线,北上逼近赵都。前者主将是王翦,后者则是桓齮。相关军事行动多延续此前战略。④ 按商鞅待孝公殁后,被告以谋反,而遭车裂之诛。世有"惠王即位,秦法未败也"⑤之谓。倘借以概括,此或可曰:吕不韦免相饮鸩,然"始皇亲政,秦略未改也"。

秦统一战争,一般以秦灭韩为序幕:

---

① 《史记》卷七三《白起王翦列传》,第2339、2340、2347页。
② 《史记》卷六《秦始皇本纪》,第231页。
③ 战国赵所控据的上党城邑状况,参见吴良宝《战国时期上党郡新考》,第56页。
④ 杨宽将相关归纳为"秦攻取赵的上党和河间"。《战国史》第九章,第428页。
⑤ 《韩非子·定法》。王先慎:《韩非子集解》卷一七,第398页。

十六年九月,发卒受地韩南阳假守腾。初令男子书年。

十七年,内史腾攻韩,得韩王安,尽纳其地,以其地为郡,命曰颍川。①

不过,在此之前:

十五年,大兴兵,一军至邺,一军至太原,取狼孟(、鄱吾)。②

作为大规模军事征发的"大兴兵"提法,首次出现。此或反映,吞灭六国计划在秦王政十五年(前232)已拉开序幕。然而,名将李牧率赵兵却击退了秦军这次大举进犯:"居三年,秦攻番吾,李牧击破秦军,南距韩、魏"。③ 此即历史上著名的"番吾之战"。南路攻赵主将桓齮且于此役败亡。④ 面对严重挫折,秦国不得不暂停北侧攻势。始皇帝在帝国建立后诏告天下,亦讳及此役。

相对杨宽等很多学者"秦发兵接受韩南阳假守腾投献的南阳",且"韩南阳假守腾,因得秦的重用而升为内史"的理解,⑤清人黄式三、今人辛德勇"乃是秦廷派内史腾前去接受韩国进献的土地,并委任他暂时兼任南阳太守"⑥的意见,显然更为可取。秦怎会在发动兼并战争的当年,将上年投献领土的敌国暂摄太守事者,任命为秦京师地区的长官呢?还可补充的是,据出土"汝阳""襄城"等韩国铭刻资料,"韩南阳"地具体范围在今河南鲁山、宝丰、

---

① 《史记》卷六《秦始皇本纪》、卷一五《六国年表》,第232、754—755页。
② 《史记》卷六《秦始皇本纪》、卷一五《六国年表》,第232、754页。
③ 《史记》卷八一《廉颇蔺相如列传》,第2451页。《史记》卷四三《赵世家》作"四年,秦攻番吾,李牧与之战,却之",第1832页。
④ 参见蒋文《秦将桓齮之死新考》,第218—220页。
⑤ 《战国史》第九章,第430页;《战国史料编年辑证》卷二一,第1121页;陈直:《略论云梦秦简》,《西北大学学报》1977年第1期;黄盛璋:《云梦秦简辨正》,《历史地理与考古论丛》,第38页;吴良宝:《兵器刻铭与战国韩南阳郡新考》,《古文字研究》第27辑,北京:中华书局,2008年,第330页。
⑥ [清]黄式三:《周季编略》卷九,北京:国家图书馆出版社2009年影清同治十二年浙江书局刻《儆居遗书》本,第823页;辛德勇《云梦睡虎地秦人简牍与李信、王翦南灭荆楚的地理进程》,第154页注2。

郏县、襄城一带。按昭王三十五年"初置南阳郡"。① 应侯范雎所封,就在汝南这一地区,即秦南阳郡西北部。据学者研究,"公元前 257 年信陵君破秦于邯郸之时",即"桓惠王十六年(前 257)时韩国重新夺回了今河南鲁山县东的应地"。② 因此,当秦重新占领这一地区时,派南阳郡"假守腾"接受献地,自是顺理成章之事。秦南阳郡西接内史,北临叁川。从次年"内史腾攻韩"来看,"腾"原职"内史",秦国"委任他暂时兼任南阳太守"。③ 秦王政十六年(前 231),"初令男子书年"。如学者所言,"为应付即将到来的最后决战提供更为充裕的兵源","颁布实施了全面'自占'年龄的兵役登记制度"。④ 相较秦随后灭赵、楚、燕等"大兴兵",倾全国之力作战,灭韩却以内史统一郡之兵来完成。叁川郡濒韩边界更长,且无协同出兵迹象。这反映秦对横向连接东郡、齐国的叁川郡兵力,使用较为慎重。在秦统一的整体部署中,灭韩似非相关战略的重心所在。

秦王政十八年(前 229),"大兴兵攻赵"。⑤ 自此以后,秦举国内之兵,与山东诸国逐一决战,并成功将其陆续消灭,完成了一统。秦统一战争具体涉及了两个方面内容:1. 战略规划及作战部署;2. 主帅人选。

首先,叁川—东郡—齐国横向相连,决断了合纵之势,将山东诸国所在大体分成南北两个战区。北部战区大体相当于前论北侧区域,南部战区则包括前论东向与南侧两个区域。统一战争开始后,秦依然选择在北部战区寻求突破:

> 王翦将上地,下井陉,端和将河内,羌瘣伐赵,端和围邯郸城。十九年,王翦、羌瘣尽定取赵地东阳,得赵王。⑥

王翦率上党一部未攻邯郸附近滏口陉,而北袭井陉,突破后南下攻取邯

---

① 《史记》卷五《秦本纪》,第 213 页。
② 相关参见吴良宝《战国晚期韩国疆域变迁新考》,第 97 页。
③ 辛德勇:《云梦睡虎地秦人简牍与李信、王翦南灭荆楚的地理进程》,第 154 页注 2。
④ 辛德勇:《云梦睡虎地秦人简牍与李信、王翦南灭荆楚的地理进程》,第 155、156 页。
⑤ 《史记》卷六《秦始皇本纪》,第 233 页。
⑥ 《史记》卷六《秦始皇本纪》,第 233 页。

郸北面的东阳地。杨端和则率河内一部,北上包围邯郸。赵南长城环绕在邯郸以南,王翦、羌瘣南下攻占东阳地后,自北面进围,对攻破邯郸发挥了重要作用。战役涉及王翦、杨端和、羌瘣等将领。此外,尚有一路为李信出太原、云中,攻赵之代地。① 如杨宽所分析,"燕太子丹称'王翦将数十万之众临漳、邺',《赵策》《王翦传》《李牧传》,皆称'王翦攻赵',盖王翦为秦是役之统帅"。②

秦攻破赵国之后,目标仍在北侧一线:"得赵王。引兵欲攻燕,屯中山。"③秦王政二十年(前227),荆轲行刺失败,秦"使王翦、辛胜攻燕。燕、代发兵击秦军,秦军破燕易水之西";二十一年(前226),"乃益发卒诣王翦军,遂破燕太子军,取燕蓟城,得太子丹之首。燕王东收辽东而王之"。④ 破燕之役的统帅仍是王翦。燕、赵残余势力虽存,但两国都城均已沦陷,秦在北部战区取得了决定性胜利。在此背景下,秦开始考虑开辟南部战区,战略重心逐步有所转移:"二十一年,王贲攻(蓟)〔荆〕。"⑤一般理解,秦会步步为营,顺次而取,接下来应当东向攻魏。特别是在南下攻楚通道尚未打开且楚实力较强之下,情况更是如此。秦统一战略应经详密设计,而魏长城又主要修筑于大梁的北面与西面。参年表"秦大破我,取十城",⑥王贲此次南下或许具有试探性质,本属声东击西的佯攻。表面做出大举进犯的态势,对楚形成威慑,真正的进攻目标仍是魏国:"二十二年,王贲攻魏,引河沟灌大梁,其王请降,尽取其地。"⑦灭魏之后,秦终于打开攻楚的南向通道。我们看到,稍后李信、王翦所率秦军每次均从大梁方向南下,"与楚兵决于陈郊"。⑧

秦王政"二十三年,秦王复召王翦,强起之,使将击荆"。王翦"取陈以南

---

① 杨宽:《战国史》第九章,第430页;《战国史料编年辑证》卷二一,第1125页。
② 杨宽:《战国史料编年辑证》卷二一,第1125页。可补充者,《史记》卷一三〇《太史公自序》亦云"破荆灭赵,王翦之计",第3313页。
③ 《史记》卷六《秦始皇本纪》,第233页。
④ 《史记》卷六《秦始皇本纪》,第233页。
⑤ 《史记》卷六《秦始皇本纪》,第233页。
⑥ 《史记》卷一五《六国年表》,第756页。
⑦ 《史记》卷六《秦始皇本纪》,第234页。睡虎地秦简《编年记》作"廿二年,攻魏梁(梁)"(二九贰)。睡虎地秦墓竹简整理小组编:《睡虎地秦墓竹简》,释文注释7页。
⑧ 参见辛德勇《云梦睡虎地秦人简牍与李信、王翦南灭荆楚的地理进程》,第182、191页所作示意图。

至平舆,虏荆王",主要战场在淮北。随后"荆将项燕立昌平君为荆王,反秦于淮南",战场转至淮南。待昌平君战败身死而项燕自杀后,王翦于秦王政二十五年(前222)渡江,开始平定江南之地。① 而王翦渡江南征时,秦统一战略重心又转回北侧:"二十五年,大兴兵,使王贲将,攻燕辽东,得燕王喜。还攻代,虏代王嘉。"② 至于中立于东方的齐国,最终未能幸免:"二十六年,齐王建与其相后胜发兵守其西界,不通秦。秦使王贲从燕南攻齐,得齐王建。"③ 由于形势近便,王翦所部又正在江南深入,故灭齐任务也由王贲完成。"秦业流风",天下由此一统。

嬴政亲政伊始,最先任用的将领是桓齮。据学者研究,桓齮与樊於期并非一人。他在秦王政十四年(前233)攻赵战役中,为李牧所败;又于十五年(前232)番吾之战中,被李牧回军追袭而阵亡。④ 后者即"十五年,大兴兵,一军至邺,一军至太原,取狼孟"事,本纪讳书。由此而言,桓齮原本会在秦统一战争中担任重要角色,孰料过早亡故而未得参与。本纪又称"秦始皇二十六年,尽并天下,王氏、蒙氏功为多,名施于后世"。⑤ 按是时蒙骜已死,参与者主要是蒙武、蒙恬父子。文献虽称"始皇二十三年,蒙武为秦裨将军,与王翦攻楚,大破之,杀项燕。二十四年,蒙武攻楚,虏楚王","始皇二十六年,蒙恬因家世得为秦将,攻齐,大破之,拜为内史",⑥ 战功赫赫。但二人恐怕主要是以"裨将军"身份参与战事。自"大兴兵攻赵"以来,秦灭国战役统帅实际只有一家:频阳王氏。具体为:灭赵、燕、楚、越战役,王翦为统帅;灭魏、齐及代、燕残余战役,王翦子王贲为统帅。琅邪刻石著始皇二十八年(前219)

---

① 关于王翦南征百越,参见辛德勇《王翦南征百越战事钩沉》(初刊《徐苹芳先生纪念文集》,上海,上海古籍出版社,2012年),《旧史舆地文录》,北京,中华书局,2013年,第79—95页。
② 《史记》卷六《秦始皇本纪》,第234页。
③ 《史记》卷六《秦始皇本纪》,第235页。
④ 贺润坤:《桓齮与樊於期并非一人》,《兰台世界》2012年第21期,第27—28页;蒋文:《秦将桓齮之死新考》,第217—218、220页。
⑤ 《史记》卷七三《白起王翦列传》,第2341页。
⑥ 《史记》卷八八《蒙恬列传》,第2565页。蒙武在随王翦攻楚前,又曾配合李信攻楚。《史记》卷七三《白起王翦列传》"李信攻平舆,蒙恬攻寝,……与蒙恬会城父。荆人因随之,三日三夜不顿舍,大破李信军,入两壁,杀七都尉,秦军走"(第2339页)。是役楚军大胜,《秦始皇本纪》《蒙恬列传》不载。

东巡大臣从者名十一人。而为列侯身份者,仅居首二人:"列侯武城侯王离、列侯通武侯王贲"。① 王离为王翦之孙。学者多以"王离"当为"王翦"之误。不过,这里还存在另一种可能:王贲功勋仅逊其父,且同封侯,故列次席;王翦年事已高,在秦朝建立后不久过世,而以孙承封。② 刻石反映了频阳王氏在秦统一中的卓著功勋。嬴政亲政以来的"秦王政—王翦"权力结构,应大体延续至秦帝国建立初叶。

秦统一战争的战略规划及作战部署,由此也可略做归纳。时间上可分为前、后两个阶段。地域上以东郡—齐国为界,又可分为南北两大战区。北部战区即北侧一线。南部战区为东向与南侧一线。第一阶段,王翦主要在此界以北攻灭赵、燕。大局已定之下,由王贲在此界以南出兵,佯攻南侧楚国,实际攻灭东向的魏国。第二阶段,王翦领主力大军转向此界以南活动,大举攻楚,并在灭楚后深入南方,平定百越。王贲灭魏后,则与王翦在战区上实现对调,由南部转而进入北部,负责剿灭燕、代残余势力;在此之后,并将界上齐国并吞。目前所见,王翦、王贲在统一战争中未以主、裨将形式配合作战,亦未同处北部抑或南部战区协同攻取。他们父子二人始终各自独当一面,依统一战略的总体部署而分居南、北战区,统兵破敌。

秦自昭襄王末年在曲折探索中由蔡泽确立"东收周室"战略,将军摎进行实施;到庄襄王、秦王政初年吕不韦执政,蒙骜统兵东进,设置叁川、东郡;至秦王政亲政后制定统一战略,王翦、王贲父子实践完成。秦"初并天下",终于完成了一统帝业。而东郡之置,决断合纵,对秦灭六国正发挥了决定性作用。当然,秦帝国确立后,如何对统一战争所获"新地"进行统治管理,是新王朝面临的全新挑战。随后的相关探索,又将深刻影响秦汉帝国此后的历史走向。

(作者单位:中国人民大学国学院,出土文献与中国古代文明研究协同创新中心。原刊《史学月刊》2017 年第 9 期,收入本书时有所改动)

---

① 《史记》卷六《秦始皇本纪》,第 246 页。
② 《二年律令·置后律》"疾死置后者,彻侯后子为彻侯"(三六七),"死毋子男代户,令父若母,毋父母令寡,毋寡令女,毋女令孙"(三七九)。张家山二四七号汉墓竹简整理小组编著:《张家山汉墓竹简〔二四七号墓〕》(释文修订本),北京,文物出版社,2006 年,第 59、60 页。

从秦文化的特殊性分析秦统一的必然性

徐卫民

秦一步步由弱变强,又一步步迈向统一,与秦文化的特殊性有必然的联系。而秦文化的特殊性主要表现在:

一是秦人的尚武习俗。秦人之所以能够百战不殆、攻灭六国、统一天下,尚武的传统是重要因素之一。秦人早期与西北戎狄杂居,严酷的环境使得他们在发展与扩张的过程中,经常和其他部族为争夺生存空间进行频繁的战争。同时戎狄强悍的民风对秦人产生了重要的影响,正如史书记载的"秦杂戎翟之俗"①"秦与戎翟同俗"。②

东方诸国对秦人"夷翟遇之",③称秦为"虎狼之国",④表现出很深的文化隔阂。这种情形也同时告诉我们,秦人具有尚武的风俗。商鞅推行新法,推行军功爵制,鼓励民众在战争中建功立业,就是这种尚武风气的反映。军功爵制的有效激励,使秦人在战场上勇于进取,终于使士兵个人成就富贵的"军功"凝聚为国家整体克敌制胜的"军功"。秦国历史上也出现了很多著名的大力士并得到统治者的欣赏和重用,春秋时期有力士杜回,战国时期则有任鄙、乌获、孟说等。甚至连秦武王本人也崇尚武力,秦始皇陵百戏俑坑中出土的大力士俑也反映出这一社会文化现象。

"商君之法曰:'斩一首者爵一级,欲为官者为五十石之官;斩二首者爵

---

① 《史记》卷一五《六国年表》,北京:中华书局,1959年,第685页。
② 《史记》卷四四《魏世家》,第1857页。
③ 《史记》卷五《秦本纪》,第202页。
④ 《史记》卷六九《苏秦列传》,第2261页。

二级,欲为官者为百石之官。'官爵之迁与斩首之功相称也。"①这样的军功爵制大大调动了秦人参与战争的积极性。于是,"民闻战而相贺也,起居饮食所歌谣者,战也"。②"民之见战也,如饿狼之见肉"。③ 秦人"闻战,顿足徒裼,犯白刃,蹈炉炭,断死于前者,皆是也……是故秦战未尝不克,攻未尝不取,所当未尝不破"。④ 张仪曾经这样渲染秦军的强大:"秦带甲百余万,车千乘,骑万匹,虎贲之士跿跔科头,贯颐奋戟者,至不可胜计。秦马之良,戎兵之众,探前趹后,蹄间三寻腾者,不可胜数。山东之士被甲蒙胄以会战,秦人捐甲徒裼以趋敌,左挈人头,右挟生虏。"⑤

秦始皇陵兵马俑坑发现的不戴头盔的士兵组成的军阵,证实了秦军"虎挚之士""科头"即"不著兜鍪"⑥的记载。秦国军人能够形成勇猛无畏的作风,除了"商君之法"的刺激之外,尚武习俗传统应是重要因素之一。东方人之所以把秦人称为"虎狼之秦",也正是对秦尚武文化的形象描述。

二是"便国不法古"的原创性。秦人在西迁东进过程中,始终以变革图强为目标,不断改革和创新。

秦始皇在中国历史上的杰出贡献不仅在于他顺应历史潮流,实现了中国社会由诸侯割据向统一的转变,而且在于他在这一转变中对每一个历史关节点的准确把握和驾驭,创立了一种影响中国古代社会2000多年的政治制度。无论是为加强中央集权而构建的一套相互制约、监督体系完整的制衡机构,还是为维护国家主权和领土完整而探求的以"郡县制"为框架、以地方基层政权建设为基础的政体,秦始皇所从事的实践大多是具有开创意义的。

商鞅变法在发展过程中的重要性不言而喻。秦孝公执政后发出了"能

---

① [清]王先慎撰,钟哲点校:《韩非子集解》卷一七《定法》,北京:中华书局,1998年,第399页。
② 蒋鸿礼:《商君书锥指》卷四《赏刑》,北京:中华书局,1986年,第105页。
③ 蒋鸿礼:《商君书锥指》卷四《画策》,第108页。
④ [清]王先慎撰,钟哲点校:《韩非子集解》卷一《初见秦》,第3、4页。
⑤ 《史记》卷七〇《张仪列传》,第2293页。
⑥ 《史记》卷七〇《张仪列传》裴骃《集解》,第2293页。

出奇计强秦者,吾且尊官,与之分土"①的求贤令,打动了在魏国已经做官的商鞅。商鞅到秦后经孝公宠臣景监推荐,与孝公有过三次关于如何使秦国强大的对话。由于这时商鞅还不了解秦孝公的真正打算,便在第一次见面时,把道家学说讲了一通,孝公根本不感兴趣,听得直打瞌睡。第二次,商鞅又求见孝公,改为大讲儒家学说,孝公仍然不愿意听。于是孝公十分生气地对景监说:"你推荐的人简直太迂腐了,我哪能用他呢?"可是商鞅经过前两次的对话却由此摸透了孝公的打算,知道孝公是想使秦国尽快富强称霸,而不愿意顺着一般人的想法慢慢去实施德政王道。于是第三次对话的议题便是霸道,当谈到霸道即富国强兵之道时,孝公甚为高兴,颇感兴趣,他听得全神贯注,"不自知膝之前于席也",②因为古人席地而坐,他不知不觉就移出了席子,移到了商鞅的面前。后来两人连续谈了几天,商鞅的博闻强记和治国之术深深打动了孝公,于是孝公对商鞅刮目相看,立即任命商鞅为左庶长,让商鞅开始变法的筹备工作。商鞅变法是战国时期各国变法中最为彻底的,效果也是最为明显的。"行之十年,秦民大说,道不拾遗,山无盗贼,家给人足。民勇于公战,怯于私斗,乡邑大治"。③

三是"士不产于秦,而愿忠者众"④的对人才使用的开放性。起用外来人才是秦统治者的一个优良传统,秦孝公时的商鞅,秦惠文王时期的苏秦、张仪,秦昭王时期的范雎、蔡泽,秦始皇时期的李斯、韩非、尉缭、蒙恬、郑国等,都是外来的士,他们不仅在秦国找到了实现其政治抱负的舞台,而且这些人才的引进,带入了大量外部世界的新的信息、新的观念,对促进人文融合发挥了显著的引领作用。而更值得称道的是,秦国统治者对待外来知识分子的姿态。据史书记载,秦孝公当年与商鞅探讨变法图强,常常通宵达旦。每当思想碰撞出火花的时候,双方都情不自禁地向对方的座位移动,以致双膝相促。秦人的这种胸怀,使得秦国成为当时人才云集的舞台。如秦惠王以张仪为客卿,后至相位。秦昭王以寿烛为客卿,继为丞相。范雎、蔡泽皆先

---

① 《史记》卷五《秦本纪》,第 202 页。
② 《史记》卷六八《商君列传》,第 2228 页。
③ 《史记》卷六八《商君列传》,第 2231 页。
④ 《史记》卷八七《李斯列传》,第 2545 页。

为客卿后任丞相。秦始皇时,李斯也曾任过客卿。

秦穆公用人的特点是用人不疑,而且勇于认错,为秦穆公独霸西戎奠定了良好的基础。公元前627年,秦穆公听信了替郑国掌管北门钥匙的秦人杞子的报告,说"我开北城门,你们可来偷袭",穆公便决定任命孟明视、西乞术和白乙丙三人为帅,偷袭郑国。他的两个老臣蹇叔和百里奚当时都不同意出兵,他们劝告穆公说:"军队长途跋涉会削弱战斗力,千里行军不可能保守秘密。因此偷袭肯定不会成功,而且秦军在崤山一带必定要遭到晋军的围攻,到那时后悔就来不及了。"穆公自以为这次出兵万无一失,不接受他们的忠告。结果,孟明视等人果然在半路上中了郑国商人弦高的圈套,以为郑国早有准备,便仓皇退兵。当退至崤山险要之处时,又遇上优势晋军的伏击,全军覆没,孟明视等三个主帅全部成了晋国的俘虏。后由于晋襄公的母亲是秦穆公的女儿,出面说情,其意就是说服晋襄公把孟明视等人放回秦国接受秦穆公的处理。秦穆公闻知三帅回国,不但未处理而且身穿素服,亲自到郊外迎接,并且当众自责说:"都是因为我不听蹇叔和百里奚的话,才使你们打了败仗,蒙受了耻辱。你们无罪,都是我的过错。"孟明视等三人听了这番话甚为感动。两年以后,秦穆公再次启用孟明视为帅伐晋。兵至彭衙(今陕西白水),遇到晋军截击,又吃了败仗。经过两次失败,秦穆公对孟明视的才能仍坚信不疑。而孟明视在穆公的支持下,也毫不气馁,更加奋发图强,抓紧训练军队,准备新的战斗。彭衙战后的第二年夏天,秦穆公第三次任孟明视为帅带兵伐晋,并亲自督战。这一次,秦军渡过黄河后,烧毁了所有船只,决心破釜沉舟,背水一战,不获全胜决不收兵。结果,晋军一经交锋,便节节败退,最后只能坚守城池,不敢交战。秦军乘机攻占了晋国的郊城和王官两地。

秦穆公求贤用人另一个特点就是不分地域、不分贵贱。只要是具有真才实学的人,无论是哪里人,也无论出身如何,他都任用。被誉为美谈的百里奚、蹇叔归秦的故事,就是一个生动的事例。百里奚来到秦国时已是须发皆白的老人了,年逾七十。穆公不嫌其老,向他请教富国强兵之策,两人整整谈了三天,穆公高兴极了,拜百里奚为大夫,委以国事。不久百里奚又当上了秦国的丞相,他有感于穆公的知遇之恩,尽心竭力扶助穆公,为秦国的发展施展了自己的才能。同时百里奚还向穆公推荐了自己的好友蹇叔。他向穆公说:"我的才能远远比不上蹇叔。当初,我想在齐国和周王那里做官,是蹇叔劝阻了我,才避免了两次杀身之祸。后来,我没有听蹇叔的话,在虞国当了大夫,没多久就变成了俘虏。所以,我知道蹇叔是个有远见卓识的人。"于是,秦穆公立即派人从宋国把蹇叔请来,任为上大夫,与百里奚共掌国政,他很快也成了穆公的得力助手。

百里奚作为杰出的政治家,在晚年建树了辉煌的业绩。他依靠出众的才智和超群的谋略,使僻处一隅的秦国逐渐强大起来,为秦国取得霸主地位起了不可低估的作用。正像《史记·孔子世家》所载孔子的评论:"秦,国虽小,其志大;处虽辟,行中正。身举五羖,爵之大夫,起累绁之中,与语三日,授之以政。以此取之,虽王可也,其霸小矣。"①百里奚相秦期间,安缉内外,充实秦的国力,奠定了称霸和统一的基础,为有识者所称道。秦霸西戎,与晋国抗衡,成为诸侯争霸中举足轻重的一方势力,都是秦穆公时期完成的。这固然是穆公雄才大略,善于用人的结果,但与百里奚的相业也是分不开的。故论者称许秦穆公的功业,总以任用百里奚为其大端。

秦穆公很注意赢取民心,有一次在岐山脚下有300多"野人"偷吃了穆公的一匹好马,官吏要严办他们,穆公不仅没有惩罚这些"野人",反而说:"吃马肉不喝酒,有害身体,再赐酒给他们喝。"后来,在秦晋韩原大战中,秦军被晋军围困,穆公危在旦夕,那些岐下野人拼死来援,生擒了晋惠公。由于秦穆公实行"尚贤"政策,秦国上下人才济济、贤能荟萃。许多有识之士从各地汇聚秦国,都能起到相应的作用,秦国从此发展迅速,国力更强,从而使秦穆公的称霸事业取得成功。秦穆公的这一政策,得到后来秦公帝王们的效法,也成为秦国迅速强大、统一天下的秘密武器。

秦昭王时重用范雎。范雎是魏国人,学纵横术,先投奔魏国中大夫须贾,做他的门客,可以说是英雄末路,一直郁郁不得志。一次,范雎跟着须贾出使齐国,一连几个月,不能见齐王,范雎于是施展辩才,很快得到齐王的召见,并圆满完成任务。齐襄王佩服范雎的辩才,派使者赐给范雎十斤黄金、牛肉和酒,范雎知道作为外交使节,不能接受别国礼物,于是婉辞。然而须贾听说后非常嫉妒,回国后诬告范雎接受齐国贿赂,里通外国。魏国丞相魏

---

① 《史记》卷四七《孔子世家》,第1910页。

齐听后非常生气,令人鞭打范雎,范雎被打得折断了肋骨。聪明的范雎装死,魏齐于是命令将他用席子卷起来扔进厕所,甚至让宾客对着范雎身上小便。遭到这样的奇耻大辱,范雎反而出奇的冷静,他对看守他的小吏说:"你如果能把我救出来,我一定会重重报答你。"范雎连夜逃亡,改名张禄。在郑安平的帮助下,范雎见到秦国的使者王稽,一番高谈宏论之下,王稽折服,于是设法将范雎偷运出魏国,进入秦国。范雎至秦后,上书秦昭王,提出了"远交近攻"的统一策略,即被拜为客卿,深得昭王信用。他又进说秦昭王,指出太后擅权,"四贵"用事,恐致"卒无秦王"之危。于是昭王于四十一年(前266)下令废宣太后,驱逐穰侯、高陵君、华阳君、泾阳君于关外,并拜范雎为相。"远交近攻"这一外交策略对秦的统一战争贡献不小。

秦王政时重用郑国,修建了大型水利工程——郑国渠。郑国为秦国修渠本来是带有政治色彩的,是"疲秦之计",在工程进行过程中,间谍案暴露了。于是秦王政对秦国境内的客卿,下达了驱逐令。李斯也在被逐之列,这绝对是一场空前的政治风暴。李斯冒着被杀头的危险,写了《谏逐客书》,向秦王政展示了自己的非凡才能。在他的奏章中引经据典,用秦国先祖的成功经验告诉秦王政,秦孝公认用商鞅变法使民富国强,秦惠文王采用张仪的计谋实现了领土扩张,秦昭襄王启用范雎强化了王权,这些人都是从国外引进的,他们是间谍还是秦国的功勋之臣?李斯提醒秦王政,泰山不挑剔微小的尘土,才能高不可攀;河海不拒绝细小的流水,才能深不可测。他还毫不客气地指出秦王政这种做法是愚蠢的。拒绝宾客而不接纳,疏远贤臣而不任用,不仅削弱了自己的力量,还壮大了敌人。他又指出:明珠不产于秦,未必就不珍贵。人才不出于秦,未必就不忠心。驱逐了宾客可以找回,伤害了人心将无法弥补。李斯的话让秦王政幡然悔悟,立即停止了逐客的行为。同时,秦王政也看到了李斯的胆识与能力,这样的人才,正是他打天下的良师益友。秦王政任命李斯为廷尉,位列九卿,成为秦国的高级官员。李斯的《谏逐客书》打动了秦王政,让郑国继续主持修建郑国渠,对秦的统一奠定了坚实的物质基础。"渠就,用注填阏之水,溉泽卤之地四万余顷,收皆亩一钟。于是关中为沃野,无凶年,秦以富彊,卒并诸侯"。①

---

① 《史记》卷二九《河渠书》,第1408页。

四是"河海不择细流"的包容性。秦在立国之前后,由于地处中原文化和戎狄文化的交汇处,特定的地理环境铸就了秦文化兼容并包的鲜明特征,因此不仅吸收了周朝的宗法制、礼乐制等作为自身主体,而且还在不断与戎族的交往与斗争中,融入了戎族的功利主义因素和君民一体的朴实作风。正是这种开放性的文化,使得秦人从来不排斥任何形式的外来文明,总是能够以开拓者的姿态将各诸侯国各阶层民众的智慧化为己用,为自身注入了无穷的精神源泉。

李斯在《谏逐客书》中对秦文化吸纳性概括有助于我们了解秦人"海纳百川"的文化视野。所谓"随和之宝""明月之珠""太阿之剑"《郑》《卫》《桑闲》《昭》《虞》《武》《象》"之乐,都不过是异国文化的象征,而秦人抛弃击瓮叩缶而纷纷演奏郑、卫的旋律,丢掉弹筝而演奏昭乐和虞乐,不仅反映了秦王政执政时期文化的繁荣,而且体现了秦人对待外来文化的宽松态度。尽管在秦建都咸阳的144年中,法家思想作为主流意识形态一直占据着主导位置,然而,事实上从秦孝公建都咸阳时起,咸阳就一直是一个诸子百家十分活跃的舞台。在商鞅变法的初期,的确存在着"燔诗书而明法令"①的禁绝儒术政策,但这只是一个很短的时期,到秦昭王时,学术风气已经出现了"纳六国之士"的可喜变化。特别是在秦王政执政以后,吕不韦召集六国学子,编撰《吕氏春秋》,兼采各家学说,开了秦国学术的新风。秦都咸阳中的仿六国宫室建筑,就是秦文化的开放性和包容性的充分展示。

在用人上的包容性表现在:秦王政知错就改。他在灭楚大战需要多少兵力的问题上拿不准主意,于是征求众将的建议。年轻气盛的李信认为只要20万兵力就可以,而老成持重的王翦提出需要60万兵力。不加思考的秦王政同意了李信的方案。结果李信军被楚国打败,楚军还一直向西进发,大有反攻秦国的势头。秦王政在听到这个消息后,大为震怒,"自驰如频阳,见谢王翦曰:'寡人以不用将军计,李信果辱秦军。今闻荆兵日进而西,将军虽病,独忍弃寡人乎!'"王翦刚开始推辞,说自己年老体弱,又有病在身,疲乏无力,实在不能担当重任,请秦王另选良将。秦王政知道王翦是在怄气,"谢曰:'已矣,将军勿复言!'王翦曰:'大王必不得已用臣,非六十万人不可。'始

---

① [清]王先慎撰,钟哲点校:《韩非子集解》卷四《和氏》,第97页。

皇曰：'为听将军计耳。'于是王翦将兵六十万人，始皇自送至灞上。"①

对尉缭的重用显示出秦王政的宽大胸怀。秦王政"衣服食饮与缭同"。②尽管尉缭享受了如此高的待遇，但还是有一段对秦王政为人的评价："秦王为人，蜂准，长目，鸷鸟膺，豺声，少恩而虎狼心。居约易出人下，得志亦轻食人。"③从这些话可以看出，尉缭是个性格刚直的人，秦王政赏他饭吃，他不仅不逢迎拍马，还费尽心机地想出些贬义词诋毁秦王政。尉缭的这番话，简直有点大逆不道的意味了。你把秦国翻个遍，恐怕也找不出第二个敢这么说秦王政的了。而且在尉缭认清秦王嬴政的本质后，便萌生离去之意，不愿再辅助秦王政，并且说走就走，真的跑了。幸好秦王发现得快，立即将其追回。国家正在用人之际，像尉缭这样的军事家如何能让他走？于是，秦王嬴政发挥他爱才、识才和善于用才的特长，想方设法将尉缭留住，并一下子把他提升到国尉的高位之上，掌管全国的军队，主持全面军事，所以被称为"尉缭"。心存余悸的尉缭不好意思再生去意了，只好死心塌地地为秦王出谋划策，为秦的统一做贡献。

五是管理的严格和科学性。秦之所以能从一个西陲弱小诸侯国而发展成"春秋五霸""战国七雄"之一，以至于最后统一全国，秦之科学有效的管理方式是一个重要的原因，从商鞅变法时的"南门徙木"，到《云梦秦简》《里耶秦简》等很多内容，再到秦兵马俑身上刻的工匠名字等，都清楚地反映了这一问题。难怪战国时期著名思想家荀子在看到秦国的情况时指出："入境，观其风俗，其百姓朴，其声乐不流污，其服不挑，甚畏有司而顺，古之民也。及都邑官府，其百吏肃然，莫不恭俭敦敬，忠信而不楛，古之吏也。入其国，观其士大夫，出于其门，入于公门，出于公门，归于其家，无有私事也。不比周，不朋党，倜然莫不明通而公也，古之士大夫也。观其朝廷，其闲听决百事不留，恬然如无治者，古之朝也。故四世有胜，非幸也，数也。"④这是荀子对秦管理水平的高度评价。秦统一以后，为了维护统一的局面，实行了一整套

---

① 《史记》卷七三《白起王翦列传》，第2340页。
② 《史记》卷六《秦始皇本纪》，第230页。
③ 《史记》卷六《秦始皇本纪》，第230页。
④ ［清］王先谦撰，沈啸寰、王星贤点校：《荀子集解》卷一一《强国》，北京：中华书局，1988年，第303页。

的管理措施,包括中央管理体系、地方管理体系。统一文字、货币、度量衡等,地方上实行郡县制,县之下又设置乡与里,从里耶秦简内容可以看出基层管理有序进行。云梦秦简尽管不是秦全部的法律文献,但是也可以看出其法律体系是比较完整的,是秦进行管理的有效办法。云梦秦简中记载,秦的一些基层部门要定期开展评比活动。成绩好的有奖,差的要罚,奖罚分明。里耶秦简中也有许多关于当时管理内容的简牍。洞庭、苍梧郡和迁陵、酉阳、阳陵等县的设置,说明秦中央政权的有效管理随着秦军事征服的成就而迅速遍及各地。简洁而完备的公文记录,细致的记时方式,乡一级吏员如里典、邮人的任免过程之严格,均表明秦行政效率高且细致入微。秦实行标准化管理。我国古人早就提出了"型范正"的观点,秦代还把这一条列入法律,按照标准化进行管理生产各类标准化兵器,云梦秦简《工律》规定:"为器同物者,其小大、短长、广亦必等。"①在秦兵马俑坑中发现的陶俑身上有不少的名字,是陶俑制作者的名字,反映出当时秦对陶俑制作的管理是严格的,是当时"物勒工名,以考其诚"②制度的具体表现。另外,从秦兵器题铭可知,兵器上一般都需标明最高督造者、司造者及造器者的姓名,以表示对产品质量负责。在云梦秦简里,还可以看到不少对官府手工业产品每年进行考核的规定。

正是基于以上五个与山东六国不同的秦文化特征,才使秦国由弱小变为强大,从一个西陲小国变成了统一天下的大国。不但建立了中国历史上第一个统一的多民族的中央集权国家,而且创造了璀璨夺目的文化。

(作者单位:西北大学文化遗产学院)

---

① 睡虎地秦墓竹简整理小组编:《睡虎地秦墓竹简》,北京:文物出版社,1990年,释文第43页。
② 郑玄注,孔颖达正义:《礼记正义·月令》,阮元校刻:《十三经注疏》下册,北京:中华书局,1980年,第1381页下栏。

秦政治文化述论

雷依群

一

政治文化属于现代政治学概念,在政治学科体系中占有十分重要的地位。当代政治文化研究的奠基者阿尔蒙德(G. A. AImond)1956 年在《政治学杂志》发表了《比较政治体系》一文,首次提出政治文化(Political Culture)的概念,并将之定义为"一个民族在特定时期流行的一套政治态度,政治信仰和感情,它由本民族的历史和当代社会、经济和政治活动进程所促成。"政治文化的概念 20 世纪 80 年代引入中国,学者们结合本国实际,从不同角度给予了界定,但其核心内容并无根本性变化,本文在论述秦政治文化时,基本上采取了阿尔蒙德的经典观点。但对政治文化研究,具体来讲,我认为至少还应当包括以下几点内容:一是社会经济基础及在此之上所形成的社会结构;二是最高统治者、统治集团及社会精英的政治文化;三是宗教文化与政治文化;四是下层人民大众的政治文化倾向及政治文化信仰。

二

秦政治文化的发展以秦统一为界限可分为前后两个大的阶段,即秦国时期、秦王朝时期。而研究秦国时期的政治文化又势必要扩大关照的时间范围,上溯至秦人的起源阶段。

《史记·秦本纪》说:"秦之先,帝颛顼之苗裔孙曰女修。女修织,玄鸟陨卵,女修吞之,生子大业。"当时的东方沿海一带,还分布着许多以鸟名氏,以鸟命官的族群。① 秦人以颛顼为祖先,说明秦人很可能属于这个部落联盟中的一支。秦人奉颛顼为始祖,不仅见于文献记载,而且得到了考古资料证明。② 秦人以颛顼为始祖,首先是使人们摆脱了人神杂糅、家为巫史的蒙昧状态,建立了政治信仰的神圣性和严肃性,使神事和民事有了严格的区分,使宗教权完全处于政权的控制之下,形成此后中国政治文化的显著特色;二是司天与司地职能的划分,确立了正常的宇宙秩序;三是颛顼历的制定,使人类社会生活和生产有章可循,更加秩序化和规范化。

商亡之后,秦人被迫西迁并在西方重新崛起,在此中最关键的人物是非子。"非子居犬丘,好马及畜,善养息之。犬丘人言之周孝王,孝王召使主马于汧渭之间,马大蕃息。……孝王曰:'昔伯翳为舜主畜,畜多息,故有土,赐姓嬴。今其后世亦为朕息马,朕其分土为附庸。'邑之秦,使复续嬴氏祀,号曰秦嬴。"③

非子是秦族历史上一位划时代的人物,他的出现为秦的政治文化注入了新的血液。这主要表现在以下几个方面:

第一,在嬴秦族历史上,非子成为其祀统的正宗,是嬴秦的高祖,是世世不毁的受祀者。

第二,从非子开始,嬴秦族被天下共主的周王封为"附庸",被正式纳入西周王朝的分封体系中,获得了与周王相抗礼,与其他诸侯平分秋色的地位。

第三,非子的嬴秦族被周王分封为附庸,从此之后,也就取得了定期向周王室朝贡,保卫王室以讨不庭的权利和义务。

第四,周王的分封,使非子这一系嬴秦人正式获得了"秦"这一氏号,非子成为嬴秦人的政治领袖,对此后嬴秦历史的发展起到了奠基性的作用。

"附庸",依照《孟子》的解释是指"不能五十里,不达于天子,附于诸侯,曰附庸"。但秦的情况显然不同于一般的附庸,西周时期秦与周王朝的关系

---

① 杨伯峻编著:《春秋左传注》,北京:中华书局,1981年,第1386-1388页。
② 王辉:《秦出土文献编年》,台湾:新文丰出版公司,2000年,第35页。
③ 《史记》卷五《秦本纪》,北京:中华书局,1982年,第177页。

已十分密切,秦文化与周文化已十分接近,这一点在考古学上表现殊为明显,"已知的早期秦文化遗存,尤其是西周时期秦文化的整体面貌,与位于其东方的以农业经济为主的西周文化有着极大的相似性,甚至可称之为西周文化的一支地方类型,而找不到可以确认其为戎人一支或其经济生活以游牧为主的证据"。[1] 从此中可以看出其时周秦关系的密切程度,确如《秦文化:从封国到帝国的考古学观察》一书所说:"在当时的西戎眼中,将秦人视与周王室等同,在周王室眼中,则是把秦人当作可以为自己对抗西戎的力量,而在秦人眼中,自己与西戎的关系或敌或友,则是与周王室与西戎的关系息息相关。"[2]

非子之后,历两代人到秦仲。关于秦仲的行事,史书记载较少,但也不是无踪可寻。《国语·郑语》记载郑桓公同史伯的一段对话:"公曰:'姜、嬴其孰兴?'对曰:'夫国大而有德者近兴,秦仲、齐侯,姜、嬴之儁也,且大,其将兴乎?'"韦昭注:"《诗序》云:'秦仲始大。'齐侯,齐庄公,姜姓之有德者也。此二人为姜、嬴之俊,且国大,故近兴。"这里提到了国家兴盛的两个条件,一个是德,一个是大。秦仲始大首先是德,即对西方诸戎的斗争,缓解了西周王朝的边境压力,其次是恢复了因大骆被杀而丧失了的秦人故土,并有了车马礼乐侍御之好。其实,礼乐文化制度是秦政治文化中一项重要内容。秦人在广泛吸收西周礼乐文化的基础上,进行创新,形成了秦人自己的礼乐文化传统。《史记·秦本纪》裴骃《集解》引《毛诗序》曰:"秦仲始大,有车马礼乐侍御之好也。"将车马、礼乐视为"大"的内容,有着更深的含义。礼向来被视为立国之本,《礼记·礼运》记言偃问礼于孔子,孔子回答说:"夫礼,先王以承天之道,以治人之情,故失之者死,得之者生。《诗》曰:'相鼠有体,人而无礼。人而无礼,胡不遄死。'是故夫礼必本于天,殽于地,列于鬼神,达于丧、祭、射、御、冠、婚、朝、聘。故圣人以礼示之,故天下国家可得而正也。"足见礼对于治国治人之重要。秦仲始大,不仅为秦的礼乐文化发展奠定了基础,而且使礼乐文化建设成为秦人政治文化建设的主要内容。

从秦仲大开土宇之后,到秦襄公被封为诸侯,是秦人历史的一个大转

---

[1] 滕铭予:《秦文化:从封国到帝国的考古学观察》,北京:学苑出版社,2002年,第56页。
[2] 滕铭予:《秦文化:从封国到帝国的考古学观察》,第57页。

折,司马迁在《史记·秦本纪》中写道:"襄公于是始国,与诸侯通使聘享之礼,乃用骝驹、黄牛、羝羊各三,祠上帝西畤。"祭祀上帝的西畤的建立,意味着上帝已授命给秦襄公,其将为天下之主。秦襄公接受天命,证明了其政权的合法性和权威性。

在秦襄公之前,商、周的统治者都把自己政权的获得看作是天命所赐,《商书·汤誓》讲汤灭夏的理由是"非台小子敢行称乱,有夏多罪,天命殛之"。周人亦相信自己的政权来自天命,《诗·大雅·文王有声》:"文王受命,有此武功。既伐于崇,作邑于丰。"但商周之际的社会巨变也使人们认识到天命是会发生转移的,转移的前提是以是否有德来决定的。

建坛、用牲、燔燎、祭祀上帝是西周国家郊礼最早最重要的内容,这一切都为秦襄公拿来为我所用。秦襄公立西畤祠上帝,此后随着秦人政治中心的转移,畤也跟着不断转移。秦人畤祭的对象,《秦本纪》与《封禅书》有不同的说法,《秦本纪》认为畤祭的对象是上帝,而《封禅书》则提出了"四色帝"的说法,如何看待这种分歧?我们认为秦人祭祀的对象是上帝是没有错的,四色帝或四方帝是阴阳五行学说的产物,在秦畤祭时代尚不存在。《秦本纪》和《封禅书》史料来源不同,这也是导致二者分歧的原因之一,《秦本纪》的史料多来源于秦人自己的历史记载《秦记》,而《封禅书》的记载则多出自汉人之手,因为史料来源不同,所以就有了以上的区别。

《史记·秦本纪》记载秦文公在位时在秦国曾发生了两件奇怪而令人震惊的事件:一件发生在秦文公十九年(前747),《秦本纪》云:"十九年,得陈宝。"司马贞《索隐》:"按:《汉书·郊祀志》云'文公获若石云,于陈仓北阪城祠之,其神来,若雄雉,其声殷殷云,野鸡夜鸣,以一牢祠之,号曰陈宝'。"一件发生在秦文公二十七年(前739),《史记·秦本纪》云:"伐南山大梓,丰大特。"对此历代研究者均有不同的解释,但多偏重对陈宝和特本身的解释,而对其中蕴涵的政治文化却甚少解释,不能不说是一个缺憾。所幸的是《史记》张守节《正义》所引《括地志》言及《晋太康地志》的相关记载,对我们理解以上关于陈宝传说的政治文化含义提供了一些线索,其文云:"秦文公时,陈仓人猎得兽,若彘,不知名,牵以献之。逢二童子,童子曰:'此名为媦,常在地中,食死人脑。'即欲杀之,拍捶其首,媦亦语曰:'二童子名陈宝,得雄者王,得雌者霸。'陈仓人乃逐二童子,化为雉,雌上陈仓北阪,为石,秦祠之。"

其中最具政治文化意义的是"得雄者王,得雌者霸""雌上陈仓北阪"这两句话。秦文公所处时代已拉开了大国争霸的帷幕,秦国虽处边缘地带,但也不能不受其影响,秦襄公立時祭天帝,开启了秦人受命有天下的梦想,而秦文公时发生的这两个故事,实则是要表达这种意思:一是宣示了秦人将东进争霸,实现其雄霸天下的愿望;二是"得雌者霸"的预言,说明秦人虽有做天下共主的愿望,但在当时的历史条件下,只能称霸,因为这时周王朝虽然各方面已经衰落,但天下共主的名义还存在。

秦穆公即位后,秦国一方面展开同诸戎的斗争,一方面把目标放在与晋国争霸上。把领土扩展到河西地,以礼乐法度为政,"益国十二,开地千里,遂霸西戎",成为春秋五霸之一。

进入战国时代的秦人,顺应历史潮流,迅速走向强国之路。秦献公二年(前383)迁都栎阳,此外,秦献公还进行了一系列改革:"止从死""为户籍相伍""初行为市"等,为此后商鞅的改革开辟了前路。献公死后,秦孝公继位,作为前期法家的杰出代表,商鞅在秦孝公的支持下,用二十年的时间在秦国厉行改革,其政治文化创新主要表现在:为秦国中央集权君主专制奠定了基础;将法制和礼制作为治国之两翼;利用社会组织进行社会控制;重塑新的社会价值观;统一观念的出现。《商君书》体现了以上政治文化特点。

战国中后期,秦惠文王、秦昭襄王时代,纵横家活跃于当时的政治舞台,他们为秦的政治文化注入了新鲜血液。纵横家的政治行为受到历代政治家和正统史家的非议,但我们不能不认识到这个政治学派存在的合理性,他们的政治文化创造,如远交近攻战略思想的提出、关于秦国制度建设的主张等从客观上促进了国家统一,加快了历史前进的步伐。

值得关注的是,这个时期随着兼并战争的进行,秦国领土的不断扩大,异国异族文化的吸纳,各种不同流派的思想文化开始激烈地碰撞和交流,法家垄断意识形态领域的局面被打破,大一统的政治文化得到很大发展。对于这种变化最具说服力的证据是二十世纪考古发现的云梦睡虎地秦墓竹简,其中大量充满礼治因素的法律简文,说明惠文、昭襄时代政治文化的发展已与秦孝公时代大为不同。

对于这种变化,以往学者多用"儒法融合""儒家因素"来做解释,显然涵盖不了这种政治文化的内容。因为不管融合也好,因素也好,都是多种思想的统一,而且这个时期被统一者不仅仅是儒法两家,我们觉得还是用"统一"这个词汇比较适宜。

三

据《史记》的说法,秦昭襄王时,吕不韦来到秦国,他支持当时在赵国做人质而后来成为秦王的公子异人登上王位,这就是秦庄襄王。庄襄王即位后,任用吕不韦为相国,在军事上取得一系列胜利,他还厚招天下学士写成《吕氏春秋》一书。该书为即将到来的统一国家进行了顶层设计,制作了蓝图规划,为统一的中央集权制度做了思想理论准备。

在吕不韦为未来中央集权国家所做的政治文化设计中,提出了一系列既有创新又有远见的思想观点,主要有:提出"胜非其难者也,持之其难者也",即创业难,守业更难的思想,这不啻是最伟大的远见卓识;提出了顺应自然,按规律办事的主张;认为统治者应以民为本,顺应民心,实行德治,反对专以刑杀为威;主张君道虚,臣道实,臣有为,君无为,反对君主独裁;主张推行重农政策,发展农业生产,稳定小农经济;主张在思想上兼容并包,合儒墨、兼名法,贤者参政;鼓励商人致富,主张全面发展经济。

《吕氏春秋》一书的学派定位,困扰了数代难以数计的学者,其实从政治文化的角度看,它完全可以被看作是统一的政治文化的结晶。其所持的政治立场、表现的政治态度、提出的政治主张和政治架构无不说明这一点。

吕不韦死于政治斗争,但他的政治思想对后来秦始皇时代的政治文化发生的影响是绝对不可低估的。

在秦统一前夕,古代中国社会各种知识和思想开始走向融合和统一,社会和政治的统一,促成了思想和文化的逐步统一。战国早中期那种"道术将为天下裂"的局面已发生了彻底的改变。如《史记·太史公自序》引《易大传》所说:"天下一致而百虑,同归而殊途。"统一是时代的需要,"人类总是需要一种根本的理论来为自己所处的世界做解释的,中国古代思想从远古不证自明的思维中走出来,经历了诸子时代的'怀疑',直到此时,才又在一个新的基础上重新整合,在一个几乎无所不包的知识背景中得到了不言而喻的终极依据,这个依据又可以给人们建构一个几乎可以解释一切的思想体系"。① 正是这种贯穿自然、社会和人的思想的知识背景,促进了秦王朝政治文化的发展。

大一统观念。"大一统"一词虽见于晚出的《春秋公羊传》,但这种思想其实早已滥觞于先秦时代,秦始皇的大一统思想即来源于此,同时也植根于他先辈的思想,早在迁都咸阳时,秦人就已产生了"席卷天下,包举宇内,囊括四海之意,并吞八荒之心"。秦始皇的大一统思想,强调的是国家领土的统一、政权统一、思想意识统一、政策制度统一、文化文字统一、民族民俗统一等。

皇帝与集权。中国之有皇帝,始于秦始皇。皇帝是全国土地及人民的所有者和支配者,是一切权力的化身,在行政上通过立法和制度建设来实行集权,从而使皇帝成为一个不受任何约束,可以肆意妄为,可以任意支配政府各方面力量、百姓人身、社会资源,凌驾于整个社会之上的独裁者。

兼综各家,取其所长,为我所用。依法治国是秦始皇统治的基本制度。秦始皇明确提出:"皇帝临位,作制明法,臣下修饬";"大圣作治,建定法度","普施明法,经纬天下,永为仪则";"秦圣临国,始定刑名"。② 秦始皇重视立法得到了司马迁的肯定:"明法度,定律令,皆以始皇起。"③ 二十世纪以来出土的秦代文献也证明了这一点。

王道与仁政。在以往的研究中,人们习惯于遵循汉代早期贾山、贾谊等思想家、政论家的意见,将秦始皇评价为一个纯粹的暴君或法家皇帝,其实这并不符合历史实际,在这我们可以用两个例子来说明。郊礼是周礼的一项重要内容,"郊礼者,圣人所最甚重也"。④ 秦始皇"三年一郊。秦以冬十月为岁首,故常以十月上宿郊见,通权火,拜于咸阳之旁,而衣上白,其用如经祠云"。⑤ 封禅礼被历代儒家推崇为王者之大典,司马迁在《史记·封禅书》中给我们留下了秦始皇封禅的详细记录。维护儒家价值观、道德观和政治伦理在秦始皇时代的政治文化中表现得尤为明显,峄山刻石、睡虎地秦墓竹

---

① 葛兆光:《中国思想史(第一卷)》,上海:复旦大学出版社,2001年,第214页。
② 《史记》卷六《秦始皇本纪》,第243、249、261页。
③ 《史记》卷八七《李斯列传》,第2546—2547页。
④ 苏舆撰,钟哲点校:《春秋繁露义证》,北京:中华书局,1992年,第397页。
⑤ 《史记》卷二八《封禅书》,第1377页。

简多有提倡孝的地方。秦始皇迁母,齐人茅焦以慈和孝为说,秦始皇立即收回成命,这表明孝已成为全社会普遍的道德准则。

倡导以民为本。中国古代各个流派的思想家都十分重视人民对历史发展的主导作用,强调以民为本,但真正把这种思想贯彻到社会实践中,形成国家制度和政策的是秦始皇,睡虎地秦简《为吏之道》在这方面为我们做出了最生动、最具体的解释。

强化道德教育,整饬不良的社会习俗,是秦始皇政治统治的重要内容之一。对此顾炎武在《日知录·秦纪会稽山刻石》中曾有过公正的评价:"秦之任刑虽过,而其坊民正俗之意,固未始异于三王也。汉兴以来,承用秦法,以至今日者多矣。世之儒者,言及于秦,即以为亡国之法,亦未之深考乎!"

道家学说提出的"与天地合一""养生延寿"、修炼至"真人""至人""圣人"之境等思想主张为秦始皇所接受。痴迷于"真人"之道,使秦始皇在专制独裁的道路上愈走愈远。追求道家学说的方仙道术使秦王朝大权旁落,形成了以焚书坑儒为代表的文化专制政策。

数术也称术数,从西周晚期到两汉都十分盛行。这种知识体系对秦始皇的执政理念、决策行为所发生的影响是绝对不可低估的。五德终始理论的目的是要说明王朝更替或政权变迁的根本原因,秦始皇用五德终始论神话了自己的政权,为自己政权的合法性找到了依据,为解释秦王朝的政治文化找到了合乎天道的理论根据。

在秦始皇的宫廷中,豢养着大量的具有数术知识的各类人才,他们以自己的知识随时随地对秦始皇发生影响,这些影响既有国之大事,也渗透到秦始皇的私人生活。秦始皇对数术的信仰,使之成为秦政治文化和统治思想的重要组成部分,成为他维护皇权、进行政治判断、实施政治决策的理论基础。

秦的统一为秦政治文化实现大一统铺平了道路,而且秦始皇本人及其统治集团也在政治文化的统一上进行了不断的探索和努力,但由于秦统治集团,特别是秦始皇本人在政治实践上过于专制和随意,过于急于求成,不仅没有实现政治文化的统一,而且导致了秦政权的迅速覆灭,不能不令人扼腕叹息,发人深省。

(作者单位:咸阳师范学院。原载《咸阳师范学院学报》2017 年第 5 期)

君子苟不求利禄,则不害其身

——李斯的心理分析

陈文豪

一

历史是人类过去的活动与记录,是人类在宇宙间所演出的动作,故人、宇(空间)、宙(时间)是构成史实的三要素。无空间,史实无处发生;无时间,不会形成历史;无人类,历史没有内容,三者缺一不可。① 但不容否认人的因素在比重上还是稍微高些,因为每一历史事件背后都有人在推动,人是开拓新境的主体。

从秦建国到统一六国,建立秦王朝过程中,亦有许多人奉献其心力,做出具体的贡献。例如:秦穆公、商鞅、吕不韦、李斯、秦始皇等等。② 这些人物中,明人李贽特别推崇秦始皇及李斯,其云:"始皇出世,李斯相之,天崩地坼,掀翻一个世界。"③不过现今学者对于这掀翻一个世界的二位历史人物的研究显然不成比例,就秦始皇而言,据张传玺教授主编的《战国秦汉史论著

---

① 赵铁寒:《中国通史》,台北:禹甸文化事业有限公司,1979年,第5页。
② 有关春秋战国时代秦国重要人物,已有学者从事专题研究,可参考林俞学《春秋战国时代秦国重要人物研究》,台湾中山大学中国文学研究所硕士论文,1994年,指导教授:徐汉昌。另外,亦可参考张文立主编:《秦史人物论》,西安:陕西人民教育出版社,1993年。
③ 李贽:《史纲评要》卷四《后秦记》,北京:中华书局,1974年,第91页。

索引续编》所列的专著及资料评注就有四十本,而李斯则只有三本;①《战国秦汉史论著索引三编1991-2000》收录秦始皇研究相关专著及资料评注二十二本,李斯研究二本;②田静编《秦史研究论著目录》所收扣除雷同者,秦始皇研究相关专著及资料评注约五十本,李斯研究六本。③ 三本论著目录索引所列,难免有重复,但可见在秦始皇及李斯研究上呈现的差异。④ 而论文更不烦赘举,差距更大。

迄今(2017年9月)关于李斯研究的中文论著,大约有专著八本,论文二百余篇。⑤ 这些论著多数在二十世纪七十年代后才开始发表,讨论重点着重于论李斯性格、观鼠、焚书坑儒、韩非之死⑥及讨论《谏逐客书》、文学作品、书法等问题。论人的性格,需自其心理因素来分析,方可究其实,而影响李斯一生性格及行事的心理关键,在于观鼠。在多数论著中虽均曾提及这些问题,并进行分析,但能就其心理因素作讨论,并形诸标题者并不多,⑦所以在李斯研究方面,在这一论点尚属薄弱,故不揣浅陋,试为文加以探讨。

二

秦始皇三十七年(前210)七月,秦始皇在最后一次出巡途中,病死于沙丘平台。秦始皇在临死前,赐书召长子扶苏:"以兵属蒙恬,与丧会咸阳而葬。"⑧诏书尚未发出,秦始皇已去世。中车府令赵高惧扶苏即位,得不到宠

---

① 《战国秦汉史论著索引续编》(北京:北京大学出版社,1992年)所收入的专著为1900—1990年出版者。
② 张传玺主编:《战国秦汉史论著索引三编1991-2000》,北京:北京大学出版社,2002年。
③ 田静主编:《秦史研究论著目录》,西安:陕西人民教育出版社,1999年。
④ 三本论著目录索引未收之秦始皇研究,择要尚有:张分田:《秦始皇传》,北京:人民出版社,2003年。Wilson V. Z. Faung *CHIN SHIN HUANG: The First Emperor of the Chin Dynasty*, Taiwan, China printing, 1971.
⑤ 笔者编:《民国以来李斯研究中文论著目录汇编》。因文长而未列入本文。
⑥ 白芳:《二十年来李斯研究述评》,《中国史研究》1999年第2期。
⑦ 段建海、康少锋:《权力欲与服从欲的二重矛盾人格——李斯人格特质的历史心理学剖析》,《渭南师专学报》1991年第Z1期(增刊)。
⑧ 《史记》卷八七《李斯列传》,香港:中华书局,1969年,第2548页。

信而失去固有的地位,因此力劝李斯合力谋立秦始皇少子胡亥为帝。《史记·李斯列传》载其事云:

> 高乃谓丞相斯曰:"上崩,赐长子书,与丧会咸阳而立为嗣。书未行,今上崩,未有知者也。所赐长子书及符玺皆在胡亥所,定太子在君侯与高之口耳。事将何如?"斯曰:"安得亡国之言!此非人臣所当议也!"高曰:"君侯自料能孰与蒙恬?功高孰与蒙恬?谋远不失孰与蒙恬?无怨于天下孰与蒙恬?长子旧而信之孰与蒙恬?"斯曰:"此五者皆不及蒙恬,而君责之何深也?"高曰:"高固内官之厮役也,幸得以刀笔之文进入秦宫,管事二十余年,未尝见秦免罢丞相功臣有封及二世者也,卒皆以诛。皇帝二十余子,皆君之所知。长子刚毅而武勇,信人而奋士,即位必用蒙恬为丞相,君侯终不怀通侯之印归于乡里,明矣。高受诏教习胡亥,使学以法事数年,未尝见过失。慈仁笃厚,轻财重士,辩于心而诎于口,尽礼敬士,秦之诸子未有及此者,可以为嗣。君计而定之。"斯曰:"君其反位!斯奉主之诏,听天之命,何虑之可定也?"高曰:"安可危也,危可安也。安危不定,何以贵圣?"斯曰:"斯,上蔡闾巷布衣也,上幸擢为丞相,封为通侯,子孙皆至尊位重禄者,故将以存亡安危属臣也。岂可负哉!夫忠臣不避死而庶几,孝子不勤劳而见危,人臣各守其职而已矣。君其勿复言,将令斯得罪。"高曰:"盖闻圣人迁徙无常,就变而从时,见末而知本,观指而睹归。物固有之,安得常法哉!方今天下之权命悬于胡,高能得志焉。且夫从外制中谓之惑,从下制上谓之贼。故秋霜降者草花落,水摇动者万物作,此必然之效也。君何见之晚?"斯曰:"吾闻晋易太,三世不安,齐桓兄弟争位,身死为戮;纣杀亲戚,不听谏者,国为丘墟,遂危社稷;三者逆天,宗庙不血食。斯其犹人哉,安足为谋!"高曰:"上下合同,可以长久;中外若一,事无表里。君听臣之计,即长有封侯,世世称孤,必有乔松之寿,孔、墨之智。今释此而不从,祸及子孙,足以为寒心。善者因祸为福,君何处焉?"斯乃仰天长叹,垂泪太息曰:"嗟

乎！独遭乱世，既以不能死，安托命哉！"于是斯乃听高。①

李斯接受赵高游说，遂伪诈始皇诏书，立胡亥为太子。这场政变谋议，后世史家称为"沙丘之谋""沙丘之变"。"沙丘之谋"对秦王朝及李斯而言，是一个重要转折点，其影响学者已有论述，江道源提出的三点看法指出：

1. 它是历史的倒退。秦王朝的建立，结束了战国分裂割据的局面。建立起统一的封建政权，是历史的进步。巩固统一，稳定新生政权，以发展经济文化，是当时的历史要求。沙丘之变，昏君奸臣篡权，使危机四伏的新生政权更加混乱，加速了政权的危亡。

2. 它使人民的苦难加重。秦的统一，使人民结束了战乱生活，人民渴望安居乐业。秦始皇在位，已是政苛刑峻，赋重役繁；沙丘之变后二世继位，"因而不改，暴虐以重祸"，"骊山未毕，复作阿房"，"赋敛愈重，戍徭无已"，加深了人民的苦难。

3. 它摧残了人才。在沙丘之变中，李斯与赵高合谋杀害秦始皇长子扶苏、将军蒙恬；沙丘之变后，赵高、二世加紧"诛大臣及诸公子"。秦始皇的重臣宿将多是当时第一流的政治家、外交家、军事家等，杀害他们，是对人才的摧残。②

江氏论点并不全面，尚待进一步讨论，不过他以条列方式来说明，使人一目了然。但为何李斯最终会为赵高说服，江氏并未加以分析。其他学者对此的解释亦稍嫌不足，或称李斯为保住自己的"尊位重禄"；③或称李斯出于私心，始与赵高合谋；④或认为李斯是从私利出发，怕扶苏继位自己失宠。⑤李斯为何有私心？为何要从私利的立场来考虑，以保"尊位重禄"？并未进一步加以申论。

李斯这种态度与立场，不能只由表面原因来考察，《李斯列传》云：

> 年少时，为郡小吏，见吏舍厕中鼠食不絜，近人犬，数惊恐之。

---

① 《史记》卷八七《李斯列传》，第2549—2550页。
② 江道源：《论李斯》，《福建论坛》1990年第2期。
③ 巨澜：《略论李斯》，《中国政法大学学报》1984年第3期。
④ 徐勇：《秦统一前后的李斯》，《历史教学》1985年第2期。
⑤ 张诚：《李斯新论》，《郑州大学学报》1991年第4期。

斯入仓,观仓中鼠,食积粟,居大庑之下,不见人犬之忧。于是李斯乃叹曰:"人之贤不肖譬如鼠,在所自处耳!"①

受厕中鼠及仓中鼠不同处境启发,因此李斯发愤向仓中鼠看齐,确立他以后奋斗的目标,即追求权势及富贵。这种心态在其入秦前的言辞中,曾有赤裸裸的表白,他说:

> 故诟莫大于卑贱,而悲莫甚于穷困。久处卑贱之位,困苦之地,非世而恶利,自托于无为,此非士之情也。②

因为李斯不甘久处于卑贱、穷苦之境,以追求荣华富贵为鹄的,所以影响其一生行事。"沙丘之谋"时,李斯为保其"尊位重禄",是这种心理反应,在入秦后的一些作为,实际上也可看到这种现象。例如谏逐客事件,③论者认为:

李斯的《谏逐客书》……文章理直气壮,义正词严;通篇只论国家事业不计个人利害得失;因而能从义理上说服秦,功利上耸动秦,使其悬崖勒马,改弦易辙,止逐客令,继续贯彻任人唯贤的方针。④

李斯上《谏逐客书》"只论国家事业不计个人利害得失"吗?李斯曾说:"斯闻得时无怠,今万乘方争时,游者主事。今秦王欲吞天下,称帝而治,此布衣驰骛之时而游说者之秋也。"⑤是将秦国当成能发挥个人才能,完成夙愿的地方。但因郑国弱秦事件而引发逐客风波,如果因此被逐出秦国,理想将幻灭。所以说将上《谏逐客书》看成是"只论国家事业不计个人利害得失",是未能洞察李斯的内心深处。

秦王除逐客令后,李斯官复原职,并在统一战争中贡献其心志,终至位

---

① 《史记》卷八七《李斯列传》,第2539页。
② 《史记》卷八七《李斯列传》,第2539—2540页。
③ 徐勇在《秦统一前后的李斯》一文中说:"公元前238年,嬴政加冕亲政,发生嫪毐叛乱,翌年吕不韦免相迁往河南。因吕不韦的门客多为'客卿',所以秦国的一些宗室大臣要求秦王'一切逐客'。"按:此说有待商榷,逐客的导火线是郑国的弱秦计,吕不韦事件应是远因。
④ 廖开飞:《秦"逐客"缘由及李斯谏逐客之年代》,《南京大学学报》1983年第4期。
⑤ 《史记》卷八七《李斯列传》,第2539—2540页。

极人臣,官至丞相。在这一路飞黄腾达的过程中,李斯对秦国的贡献,不能一笔抹杀,但我们在考察这一幅升官图的过程中,可以发现在重大的政策上,如废封建行郡县、焚书、坑儒等,李斯的立场始终站在秦始皇的这一边。封建郡县之论争及焚书或有儒法两学派思想斗争的背景,①李斯与秦始皇站同样的立场,固然与此有关,但并非绝对因素,为保"尊位重禄"的心理驱使其揣摩、依附秦始皇意见的因素,并不能加以排除。

三

近代史学研究强调科际整合,因此将社会科学的理论用诸史学研究,心理学为其中之一,因此有所谓"心理史学"或"历史心理学"的出现。心理学用诸史学研究是否恰当,至今仍争论不休,赞成与反对者均有之,②对此问题于此不拟花篇幅来讨论。但在进行人物研究或评论时,我们常强调要知人论事,要观其言,察其行,人的言行表现,其实是内心的反映,所以就此而言,人物的心理学分析仍有一定帮助。

李斯是影响秦王朝发展的重要人物,因现存史料有限,对其研究的论述亦相去不远,唯在这些论著中,多是纯就史料而论,鲜从李斯心理方面作探究。从史料记载,仍有蛛丝马迹可寻,影响李斯一生最大关键在于年少时期所定下的人生目标,追逐权势与富贵,这种"利禄心"是其未能全身而退的主因,正如《说苑·谈丛》所载曾子言:"君子苟不求利禄,则不害其身。"③李斯在临刑之际,虽对其中子谓然而叹:"欲与若复牵黄犬俱出上蔡东门逐狡兔,岂可得乎!"④显然他自己也未能体会自己败亡之因。

(作者单位:彰化师范大学历史学研究所)

---

① 有关封建郡县的论争,请参马先醒《封建、郡县之论争与演进》,《简牍学报》第 3 期。焚书的思想流派之争,参拙著《试论焚书与禁学》,《空大学讯》第 214 期,第 25—29 页。
② 曼纽尔(Frank E. Manuel)著,李丰斌译:《历史中的心理学之用途及其滥用》,《当代史学研究》,台北:明文书局 1982 年,第 215—253 页。
③ [汉]刘向撰,向宗鲁校证:《说苑》卷一六《谈丛》,北京:中华书局,1987 年,第 402 页。
④ 《史记》卷八七《李斯列传》,第 2562 页。

"离间计"在秦统一过程中的作用及其源流简析[*]

孙家洲

讨论秦朝统一大业的完成,可以有不同的视角、不同的层面。如:既可以从长时段的角度来讨论,就是汉初政论家贾谊开创的视角,"及至始皇,奋六世之余烈,振长策而御宇内,吞二周而亡诸侯,履至尊而制六合",[①]也可以从秦王政(即后来的秦始皇)即位后的局势入手展开探论;既可以从战略布局的宏观层面来探讨,也可以从战术运用的操作层面来展开研究。本文讨论问题的时段,设定于秦王政吞并六国的攻坚战时期,关注的重点侧重于从"战术运用"的角度来分析问题。讨论的切入点是:以重金收买山东六国中的大臣,进而破坏山东六国的君臣关系,破坏其军事防御布局与能力,可以有效地消除统一进程中的障碍——这种不登大雅之堂的"阴谋",在战国后期的特定局势之下,是极富实效性的。本文的基本结论是:这种策略,甚至不妨称之为"阴谋",在促成秦人最终顺利完成统一的历史进程中,发挥过直接和重要的作用。而此前的历史研究,对这种作用的估价没有达到应有的高度。

---

[*] 基金项目:本文是国家社科基金重大项目"秦统一及其历史意义再研究"(项目编号:14ZDB028)的阶段性成果。

[①] [西汉]司马迁:《史记》卷四八《陈涉世家》引《过秦论》,北京:中华书局,1959年,第1963页。

一 "离间计"献策与践行实效考释

似乎是"英雄所见略同",对秦王政先后提出这种建议的,是秦国和秦朝历史上两位名臣:尉缭与李斯。

先有尉缭向秦王政献策:"以秦之强,诸侯譬如郡县之君,臣但恐诸侯合从,翕而出不意,此乃智伯、夫差、湣王之所以亡也。愿大王毋爱财物,赂其豪臣,以乱其谋,不过亡三十万金,则诸侯可尽。"[①]后有李斯鼓动秦王政:"以秦之强,……足以灭诸侯,成帝业,为天下一统,此万世之一时也。"秦始皇采纳了李斯的建议,"阴遣谋士赍持金玉以游说诸侯。诸侯名士可下以财者,厚遗结之;不肯者,利剑刺之。离其君臣之计,秦王乃使其良将随其后"[②]。从上下文义来看,李斯是延续了尉僚的思路并且推进一步,由此形成了更为系统的统一六国的"战术规划"四个步骤:谋士游说——重金收买高官——刺客夺命——良将统兵进攻。而围绕这四个步骤的重心就是"离其君臣之计",也就是破坏山东六国的君臣关系,从而为秦军的军事进攻,创造有利的条件。

这样的手段,是否在吞并六国的过程中,收到了实际成效?答案是肯定的。我们至少可以找到齐、赵两国的国王近臣和国家执政官员被秦人所收买的文献记载。

论及战国后期的列国军事实力,赵国不容低估。名将李牧,是赵国的军事砥柱,也是秦军征服东方的一大强敌。就秦、赵两国的总体国势和军事实力而言,秦国无疑占有绝对优势,然而,就是在这样的强弱分明的态势之下,李牧发挥其杰出的军事才干,率领赵军多次取得了战胜秦军的奇迹。请看:秦王政十四年(前233),秦派出大军攻赵,李牧率领赵军在肥(今河北省晋州市西)御敌,大败秦军。李牧因功受封为武安君。秦王政十五年(前232),李牧再度击败秦军的进攻。在秦国大军的连年进攻之下,当时的赵国军队,唯有在李牧做大将统筹指挥时才可以有所作为。说李牧是一身而关系赵国安

---

① 《史记》卷六《秦始皇本纪》,第230页。
② 《史记》卷八七《李斯列传》,第2540—2541页。

危的人物,也不是虚言。秦王政十八年(前229),秦军包围了赵都邯郸,李牧受命统领大军抗敌。值此关键时刻,赵王迁的宠臣郭开被秦国重金收买,他在赵王面前屡进谗言,说李牧意图谋反。昏庸的赵王迁,居然信其谗言,捕杀李牧,而自毁长城!请看带着阴谋气息与亡国之恨的历史记载:"赵王迁七年,秦使王翦攻赵,赵使李牧、司马尚御之。秦多与赵王宠臣郭开金,为反间,言李牧、司马尚欲反。赵王乃使赵葱及齐将颜聚代李牧。李牧不受命,赵使人微捕得李牧,斩之。废司马尚。后三月,王翦因急击赵,大破杀赵葱,虏赵王迁及其将颜聚,遂灭赵。"①

关于李牧死于秦人重金收买之下的离间计,《战国策》也有明确记载,与《史记》可以互证:

> 秦使王翦攻赵,赵使李牧、司马尚御之。李牧数破走秦军,杀秦将桓齮。王翦恶之,乃多与赵王宠臣郭开等金,使为反间,曰:"李牧、司马尚欲与秦反赵,以多取封于秦。"赵王疑之,使赵葱及颜聚代将,斩李牧,废司马尚。后三月,王翦因急击,大破赵,杀赵军,虏赵王迁及其将颜聚,遂灭赵。②

赵国被秦国所灭,与秦人推行离间计导致李牧被杀直接相关,直到汉代前期都是人们所熟知的历史内幕。汉文帝时期的老臣冯唐,其祖父是战国时期赵国的军官。冯唐曾经对文帝转述过耳闻的历史:"臣大父在赵时,为官卒将,……李牧为赵将居边,军市之租皆自用飨士,赏赐决于外,不从中扰也。委任而责成功,故李牧乃得尽其智能,遣选车千三百乘,彀骑万三千,百金之士十万,是以北逐单于,破东胡,灭澹林,西抑强秦,南友韩、魏。当是之时,赵几霸。其后会赵王迁立,乃用郭开谗,卒诛李牧,令颜聚代之。是以兵破士北,为秦所禽灭。"③这段话,尽管是出自汉人冯唐的转述,但是,考虑到他的消息来源出自赵国军官之口,其真实性不必质疑。这种说法,强调了李

---

① 《史记》卷八一《廉颇蔺相如列传》,第2451页。
② 《战国策》卷二一《赵四》"秦使王翦攻赵"条,上海:上海古籍出版社,1985年,第773页。
③ 《史记》卷一〇二《冯唐列传》,第2757—2758页。

牧的军政才干与影响力,也就突出了李牧因谗言而死的悲剧效果。

我注意到一个有意思的现象:在《史记》的相关篇章中,不避讳李牧死于秦人阴谋的事实,从史料来源推测,这应该反映了秦人对此事不加避讳的态度。但是,秦人对齐国发动的统一之战,齐军束手归降,秦人不战而胜,其实是秦人重金收买了齐国丞相后胜的结果。令人不得不深思的是:在《秦始皇本纪》中的两处文献记载,表明秦始皇在完成统一大业之后,就极力否认秦国曾经收买齐相后胜,而刻意把后胜说成为故意与秦为敌的人。

"二十六年,齐王建与其相后胜发兵守其西界,不通秦。秦使将军王贲从燕南攻齐,得齐王建"——这是司马迁之笔。此处的表述,应该是司马迁据《秦纪》为说。最值得玩味的是在统一天下之初,秦所公布的一道诏书。诏书的前半部分,历数六国君臣的"失德失信",用来反衬秦国将其逐一灭国是正义之举。其中,说到齐国自取灭亡的一段文字是"齐王用后胜计,绝秦使,欲为乱,兵吏诛,虏其王,平齐地"。[①] 如果仅仅根据这段诏书的文字来看,秦始皇对后胜是深恶痛绝的,似乎后胜是鼓动齐王与秦为敌的核心人物了!如此一来,也就把秦人收买、利用齐相后胜的幕后活动完全掩盖起来了!

齐相后胜被秦人所收买的这段历史真相,好在还有《史记》的《田敬仲完世家》留下了铁证:

> 四十四年,秦兵击齐。齐王听相后胜计,不战,以兵降秦。秦虏王建,迁之共。遂灭齐为郡。天下壹并于秦,秦王政立号为皇帝。
>
> 始,君王后贤,事秦谨,与诸侯信,齐亦东边海上,秦日夜攻三晋、燕、楚,五国各自救于秦,以故王建立四十余年不受兵。君王后死,后胜相齐,多受秦间金,多使宾客入秦,秦又多予金,客皆为反间,劝王去从朝秦,不修攻战之备,不助五国攻秦,秦以故得灭五国。五国已亡,秦兵卒入临淄,民莫敢格者。王建遂降,迁于共。[②]

---

① 《史记》卷六《秦始皇本纪》,第 235—236 页。
② 《史记》卷四六《田敬仲完世家》,第 1902—1903 页。

《战国策》也有可以互证的材料:"后胜相齐,多受秦间金玉,使宾客入秦,皆为变辞,劝王朝秦,不修攻战之备。"①

在攻破齐国之前,秦人明明已经以重金收买了齐国的辅政宰相后胜,这是导致齐军不战而降的真实内情,但是,在吞并六国之后,秦始皇已经是胜利在握的征服者,为什么他却要以明诏声讨的方式,把后胜锁定在敌人的位置上?现在我们可以看到的史料无法回答这个问题。从逻辑和历史常态来推论,大概有两个可能性:其一,后胜本人对秦的态度前后有变化,譬如说是否有这种可能性——后胜在发现秦军强势进攻是以吞并齐国为目的时,作为齐国的执政重臣他幡然醒悟,对秦人提出了抗议或者也做出了某种军事抵御的努力,当然是为时已晚的努力。假如这种可能性存在,那就是后胜在此前只是被秦人所蒙骗而没有完全被重金收买。其二,在获胜之后,秦始皇感觉齐相后胜已经不再具备利用价值了,如果把战胜齐国的原因归于收买了齐国丞相,毕竟在道义上不是光明磊落之举,容易招致天下人的耻笑,倒不如抛弃曾被利用的后胜而显示秦人的征讨之勇更为划算。尽管由于史料的限制,笔者无法给出确定的答案,但是,从秦始皇统一之后的第一道诏书来看,他急于确立秦国与他本人的道德制高点,急于把被他征服的对手置于不讲信用、叛附多变的道德批判的劣势地位上,我感觉上述第二种可能性要大些。不论这个历史谜案的真实原因何在,秦人在灭齐的过程中得益于收买了齐相后胜则是确定无疑的。

仔细分析秦国吞灭赵国和齐国的历史记载,我们可以发现:以重金收买敌国的高层人物,并且施加离间计,由此铲除抗秦的关键人物,对秦国的最终获胜,是发挥过特殊作用的。到了战国后期,赵国因为有"赵武灵王胡服骑射"而具备了军事强国的优势,所以才会和秦国发生了最为惨烈的"长平之战",此后,尽管军事力量鼎盛的局面不再,但是,名将李牧还曾经指挥赵军以少胜多、以弱胜强。假如秦人不是动用"重金收买"之计,利用被收买的郭开离间赵王与李牧的关系,造成李牧被冤杀;假如李牧可以继续指挥赵军作战,则秦国吞并赵国的步伐必定会被阻滞,统一天下的进程或许会减缓。

---

① 《战国策》卷一三《齐六》"齐闵王之遇杀"条,第473页。

再看齐国的国势,在战国的前中期,齐国一直是东方大国,曾经有过与秦国并肩称雄的地位。公元前288年由秦昭王主导的"齐秦称帝"的举动,就可以反映出东西两强并立的真实状态。虽然后来齐国经历了"弱燕破强齐"的深创而一蹶不振,但是,它毕竟是东方的大国。假如齐相后胜不被秦人所收买,齐国只需要按照战国时代列国之间常见的"互相掣肘"的常态,在秦国出兵攻伐其他五个国家的时候,派出援军,共同抵御秦军,那么,秦军吞并诸国的行动也必定受到制约。在后胜的主导之下,偌大的齐国,坐视秦军对其他国家各个击破而袖手旁观,最后齐国的命运居然是不战而降!从东方六国的立场而言,这无疑是遗恨;而从秦国的立场来看,这是多么"合算"的交易!尉缭之议、李斯之谋,对于秦始皇完成统一大业的实际作用,应该从新的高度来加以认识和评价。

司马迁在《六国年表序》中曾经如此总结战国时代的列国关系:"务在强兵并敌,谋诈用而从衡短长之说起。矫称蜂出,誓盟不信,虽置质剖符犹不能约束也。"①一语道破了战国时代国与国之间的尔虞我诈、机变百出。秦国有意识地使用"重金收买"等手段,来强化"离间计"的效果,确实把这种战术运用得极为高明。

二 "离间计"在战国和楚汉之争中的运用

借助于"重金收买"加"离间计",往往可以收到出人意料的效果而克敌制胜,并非秦始皇君臣的发明。就军事理论而言,《孙子兵法》已有《用间篇》做了专门的讨论。孙武对"用间"非常重视,他推崇"五间俱起,莫知其道,是谓神纪,人君之宝也"。孙武还对"用间"的范围以及难度,都做了堪称经典的论述:"故三军之事,亲莫亲于间,赏莫厚于间,事莫密于间,非圣智不能用间,非仁义不能使间,非微妙不能得间之实。微哉,微哉,无所不用间也。……故惟明君贤将,能以上智为间者,必成大功,此兵之要,三军之所恃而动也。"②应该说,对"用间"的重视程度,《孙子兵法》以专篇论述的方式,达到

---

① 《史记》卷一五《六国年表》,第685页。
② 黄朴民、赵海军编校:《孙子兵法集注》,长沙:岳麓书社,2002年,第285、291—293、297页。

了其所在的春秋时代末期的巅峰状态。但是，深入研读《用间篇》全文，却有一个感觉:《孙子兵法》所讨论的"用间"，最为重视的是了解对方阵营的情况，还没有以重金收买的方式去有意识地收买敌国高层人物为我效力的内涵，与上文所讨论的尉缭、李斯"献策"的"离间计"，还有明显的不同。

纵览"离间计"在形态上的"成熟"过程，在使用效果上的"强化"过程，应该说，不是军事理论家的著书立说，而是政治家、军事家在具体的政治和军事斗争的过程中实际操作的手段，使之日渐完善起来的。如果把秦的统一战争当作研究的核心时段，而上溯其源、下探其流，那么，把战国和楚汉战争中"离间计"的施用，加以分析，无疑会深化对这个问题讨论的意义。为此，笔者尝试就此思路展开分析如下：

(一)战国之世"离间计"在战争中的施用

在国与国之间的长期斗争中，有意识地派遣自己的心腹人物深入到敌国做"间谍"，最终实现自己的预谋，达到削弱敌国的目的——最为著名、影响最为显著的，首推战国中期的燕昭王派遣苏秦到齐国充当卧底和间谍一案。这是一个极为曲折的历史过程，简而言之：强大的齐国曾经利用燕国的内乱而出兵北侵，一度占其国都、杀其君王、掠其重器，燕国濒临亡国的边缘。在其他国家的干预之下，齐军回撤，给燕国留下了一个破烂不堪的乱摊子。回国为君的燕昭王，在极为不利的情况下，开始了他向齐国复仇的多方面努力。春秋末年的越王勾践向吴王夫差复仇的典故，是熟悉历史的人所尽知的。战国中期的燕昭王为了报复齐国，所用的心机和手段不亚于当年的越王勾践。其中，燕昭王更有超过勾践的"大手笔"——他派遣得力亲信苏秦入齐充当间谍，后来成为得以破齐而复仇的关键环节。我们甚至可以猜测，燕昭王似乎是暗中以越王勾践为其借鉴楷模的。有关"五国联合伐齐"这个惊心动魄的历史事件，在《史记》和《战国策》里面都有记载，我更感兴趣的，却是在湖南马王堆三号汉墓中出土帛书所载苏秦与燕昭王之间的君臣私信：

> 自齐献书于燕王曰：燕齐之恶也久矣。臣处于燕齐之交，固知必将不信。臣之计曰：齐必为燕大患。臣循用于齐，大者可以使齐毋谋燕，次可以恶齐勺(赵)之交，以便王之大事，是王之所与臣期

也……王谓臣曰:"鱼(吾)必不听众口与造言,鱼(吾)信若逌(犹)龀也。大,可以得用于齐;次,可以得信;下,苟毋死。若无不为也。以奴(孥)自信,可;与言去燕之齐,可;甚者,与谋燕,可。期于成事而已。"①

这篇私人通信的写作背景是:苏秦受命入齐为间之后,按照他和燕昭王之间的约定,努力做出为齐国忠心仕宦的表象以争取齐闵王的信任,可能是苏秦的"戏"演得太过于逼真了,以至于他的君主燕昭王也一度对他产生了怀疑——苏秦是为燕服务的"外派间谍"还是背燕投齐的人?燕昭王通过某种渠道向苏秦表达了质疑,苏秦为此而复信向主子表明心迹,以免除君王的疑心。上引信件最应该注意的内容是:苏秦提醒燕昭王,自己奉命入齐为间之时,与燕昭王就他的使命达成共识,力争做到诱导齐国不要图谋对燕国不利;其次则是设法破坏齐国与赵国之间的关系,以此为燕昭王向齐国复仇的大事提供便利条件。为了帮助苏秦尽快取得齐闵王的信任而爬到高位,当时的燕昭王曾同意苏秦可以使用多种特殊手段,所谓"若无不为也"。其中甚至还包括可以与齐国君主同谋收拾燕国的方略!采取特殊手段的目的则不可忘记,所谓"期于成事而已"!所以,苏秦出燕而入齐,是奉命于燕昭王而做间谍。后来,苏秦不辱使命,使得齐闵王骄横无度,四面树敌,导致公元前284年出现了秦、燕、韩、赵、魏"五国联合伐齐",燕国的上将军乐毅正是在五国伐齐的基础之上,继续指挥燕军攻伐齐国,创造了"弱燕破强齐"的历史传奇。史称"乐毅留徇齐五岁,下齐七十余城,皆为郡县以属燕,唯独莒、即墨未服"。② 燕昭王也由此而成为战国名君。但是,在燕军入齐之后,苏秦为燕昭王充当间谍的身份败露而被齐人处死。苏秦堪称我国古代史上功勋显赫的一流间谍人物!

燕昭王把苏秦"为间"的作用发挥到了极致,创造了在战国历史上使用

---

① 马王堆汉墓帛书整理小组编:《战国纵横家书》之四《苏秦自齐献书于燕王章》,北京:文物出版社,1976年,第9、11页。

② 《史记》卷八〇《乐毅列传》,第2429页。并参见《战国策》卷三〇《燕二》"昌国君乐毅为燕昭王合五国之兵而攻齐"条。

间谍而以弱胜强的范例。但是,本文前半部分所讨论的"离间计",重点不是"外派间谍"到敌国充当"卧底",而是以重金收买的方式,在敌国统治集团的核心圈子里面寻找"为我所用"的间谍——就此而言,苏秦的"为间"不论如何曲折精彩、影响巨大,却与本文的讨论主题有一定的偏移。我们要重新发掘与审视严格意义上的"收买权贵"而行使"离间计",从而来决定战争胜负的历史案例。

让我们暂且告别苏秦活动的年代,沿着历史的长河,顺流而下,置身战国后期秦赵两国征战的历史时段,就可以找到一个典型的"重金收买"而布置"离间计"的著名案例:秦昭王四十七年(前260),在秦赵"长平之战"的关键时刻,秦相范雎派人携带千金入赵,推行反间之计,目的就是破坏赵王与赵军大将廉颇的关系。结果是:赵王中计,临阵易帅,解除了廉颇的统兵之权,代之以"纸上谈兵"的赵括。请看史载文字:

> 廉颇坚壁以待秦,秦数挑战,赵兵不出。赵王数以为让。而秦相应侯又使人行千金于赵为反间,曰:"秦之所恶,独畏马服子赵括将耳。廉颇易与,且降矣。"赵王既怒廉颇军多失亡,军数败,又反坚壁不敢战,而又闻秦反间之言,因使赵括代廉颇将以击秦。秦闻马服将,乃阴使武安君白起为上将军,而王龁为尉裨将。令军中有敢泄武安君将者斩。赵括至,则出兵击秦军。秦军详败而走,张二奇兵以劫之。赵军逐胜,追造秦壁。壁坚拒不得入,而秦奇兵二万五千人绝赵军后,又一军五千骑绝赵壁间,赵军分而为二,粮道绝。而秦出轻兵击之。赵战不利,因筑壁坚守,以待救至。秦王闻赵食道绝,王自之河内,赐民爵各一级,发年十五以上悉诣长平,遮绝赵救及粮食。①

双方各自"换帅变阵"的结果是,直接导致赵军在长平之战的全军覆没,秦军取得了消灭敌军主力军队的空前胜利。这无疑是在具有战略决战意义的战场上,"离间计"的一次成功运用。

---

① 《史记》卷七三《白起列传》,第2333—2334页。

秦昭王在位时期,秦国还有另外一次运用"离间计"削弱强硬对手的记录,那就是针对魏国信陵君的行动。

信陵君,是"战国四公子"之首,以"养士"和"窃符救赵"而著称于世,一度成为山东六国联合抗秦的旗帜性人物。司马迁对信陵君的赞扬和歌颂,从来不吝使用溢美之词。如"公子率五国之兵破秦军于河外,走蒙骜。遂乘胜逐秦军至函谷关,抑秦兵,秦兵不敢出。当是时,公子威振天下"。秦人对在战场上打败信陵君并无把握,就使用"离间计"来对付这位强敌:

> 秦王患之,乃行金万斤于魏,求晋鄙客,令毁公子于魏王曰:"公子亡在外十年矣,今为魏将,诸侯将皆属,诸侯徒闻魏公子,不闻魏王。公子亦欲因此时定南面而王,诸侯畏公子之威,方欲共立之。"秦数使反间,伪贺公子得立为魏王未也。魏王日闻其毁,不能不信,后果使人代公子将。公子自知再以毁废,乃谢病不朝。与宾客为长夜饮,饮醇酒,多近妇女。日夜为乐饮者四岁,竟病酒而卒。其岁,魏安釐王亦薨。秦闻公子死,使蒙骜攻魏,拔二十城,初置东郡。①

在"离间计"奏效之后,信陵君被迫退出魏国的政治舞台。魏国的国势转衰最终走向亡国,就成为无可避免的宿命。秦国在利用"离间计"以克敌制胜方面,又有建树。

(二)"离间计"在楚汉之争中的施用

楚汉之争,历来以斗智斗勇著称。与我所关注的战阵之上使用"离间计"相关的记载,有两个案例,值得我们注意。

其一,在汉王刘邦"明修栈道,暗度陈仓",强行夺占关中之时,实际上已经拉开了与项羽争夺天下的序幕。如果雄踞彭城的项羽立即挥兵西进,以当时的双方力量对比之悬殊,刘邦会陷入很窘迫的境地。此时,身为刘邦客卿而非其臣属的张良,在楚霸王项羽和齐王田荣之间使用了"离间计",张良致项羽的信最关键的内容是:张良首先为刘邦夺占关中的行为打掩护,"汉

---

① 《史记》卷七七《魏公子列传》,第2384页。

王失职,欲得关中,如约即止,不敢东"。又以真假难辨的所谓"齐、梁反书"送达项羽,还增加了一句蛊惑人心的话,强调"齐欲与赵并灭楚"。① 使得项羽相信割据三齐之地的一时雄杰田荣是纠结齐、赵、梁三国军民共同叛楚的罪魁祸首。由此把项羽的注意力转移到齐地,导致项羽决策亲自统兵北伐田荣,由此放松了对关中刘邦集团的警惕和防范。从而让刘邦得以从容稳定了对关中之地的统治秩序,随即发兵东伐,正式拉开了楚汉之争的历史大幕。项羽正是因为中了张良的"离间计",而错过了在关中消灭刘邦的最佳时机。

其二,在楚汉双方的军队在成皋——荥阳一带对峙,一时胜负难分的关键时刻,刘邦的重要谋士陈平献上"离间计",破坏了项羽与其核心臣属范增等人的关系,导致楚军阵营离心离德,项羽不敢放手使用其部将单独统兵作战,直接造成了项羽实际上的孤身作战的被动局面。这个复杂的变局,《史记》给我们勾勒出清晰可见的发展轮廓:

> 其后,楚急攻,绝汉甬道,围汉王于荥阳城。久之,汉王患之,请割荥阳以西以和。项王不听。汉王谓陈平曰:"天下纷纷,何时定乎?"陈平曰:"……顾楚有可乱者,彼项王骨鲠之臣亚父、钟离昧、龙且、周殷之属,不过数人耳。大王诚能出捐数万斤金,行反间,间其君臣,以疑其心,项王为人意忌信谗,必内相诛。汉因举兵而攻之,破楚必矣。"汉王以为然,乃出黄金四万斤,与陈平,恣所为,不问其出入。
>
> 陈平既多以金纵反间于楚军,宣言诸将钟离昧等为项王将,功多矣,然而终不得裂地而王,欲与汉为一,以灭项氏而分王其地。项羽果意不信钟离昧等。项王既疑之,使使至汉。汉王为太牢具,举进。见楚使,即详惊曰:"吾以为亚父使,乃项王使!"复持去,更以恶草具进楚使。楚使归,具以报项王。项王果大疑亚父。亚父欲急攻下荥阳城,项王不信,不肯听。亚父闻项王疑之,乃怒曰:"天下事大定矣,君王自为之!愿请骸骨归!"归未至彭城,疽发背

---

① 《史记》卷七《项羽本纪》,第321页。

而死。①

这段绘声绘色的传奇性文字有四点引起我的注意:1、影响巨大,从人事关系上削弱了楚军的核心力量。2、陈平与刘邦的对话,从形式到内容都与当年尉缭和李斯与秦始皇的对话有内在的一致性,考虑到陈平本来就是有学养的人,后世读史者有理由猜测陈平是在袭用尉缭和李斯的故智。如果这个猜测得以成立,则当年对完成秦朝统一大有贡献的"离间计"又在楚汉之争中再度发挥了重要作用,不妨归之为历史的吊诡。3、刘邦听信陈平的建议,以黄金四万斤交付陈平使用,而且是"恣所为,不问其出入",这种"用人不疑"的作风,实在难得,不愧是开国雄主。4、陈平离间项羽与范增关系的具体做法,酒宴上的备菜与撤菜,是那样的粗略,甚至不得不说如同儿戏,但是,在项羽那里却可以起到"离间"的实效。由此可见,项羽与范增的关系的基础并不牢固,这不是项羽对范增称呼一声"亚父"就可以粉饰的。陈平分析的"项王为人意忌信谗"是那样洞若观火;而范增的倚老卖老和负气出走,也是楚方高层人物之间缺乏凝聚力的表现。所以这次"离间计"外表粗略却收获奇效,实在不是侥幸所致,而是楚汉两大阵营多方素质之间较量的合理归宿。

这就是为什么直到西汉后期,还有人把陈平离间范增看作是决定楚汉兴亡的根本大计,和长平之战过程中秦人离间廉颇有可比之处的奥妙之所在,"百万之众,不如一贤,故秦行千金以间廉颇,汉散万金以疏亚父"。② 这种历史的对比与联想,确实可以加大后世对历史反思的力度,也会使人们对"离间计"之类的谋略、智慧或贬称之为阴谋诡计的文化资源,心怀敬畏。

至此,我们可以断言:从战国直到楚汉之争的漫长历史过程中,"离间计"作为重要的政治和军事手段,曾经被多次运用于事关政权兴亡、战役成败的关键场合,大多收到了明显的效果。笔者之所以重视尉缭、李斯献策所形成的"重金收买"基础之上的"离间计",是因为它造成了赵国良将李牧被害、齐国丞相后胜被收买的严重后果,直接造成了赵国的败亡和齐国的不战

---

① 《史记》卷五六《陈丞相世家》,第2055—2056页。
② 《汉书》卷八二《傅喜传》,北京:中华书局,1962年,第3380页。

而降,也就加快了秦始皇统一六国的进程。而由此上溯战国时期的列国纷争,不论是燕昭王派出苏秦"行间"于齐,还是秦昭王施用"离间计",先后导致赵国罢黜廉颇、魏国贬黜信陵君两位柱石之臣,客观上都起到了削弱敌方国家的力量,有利于奠定秦国在战国后期独强于天下的军事优势。如果从"长时段"的历史观来加以考察,也可以理解为秦国由"兼并之战"逐渐转变为"统一之战"的有机组成部分。而楚汉之争中影响最大的陈平"离间计",很大程度上,可以视为尉缭、李斯"离间计"的翻版。所以,在研究秦朝统一问题时,展开对"离间计"的深入分析,具有多方面的意义。

(作者单位:中国人民大学历史学院)

论秦统一战争中对齐外交战略

卢 鹰

秦统一六国的战争实际上在秦昭襄王在位时期已经拉开帷幕。此时魏、韩、赵连遭打击,实力削弱;楚国丧师失地,雄风难再;燕国地处偏远,唯求自保。只有齐国作为传统大国采取近交远攻战略,拉拢韩、魏等国,南击荆楚,西抗强秦,取得了一连串胜利,在齐湣王(？—前284)在位时期成为东方威震四方的强国。而秦国在这一时期也对东方的攻势如排山倒海一般,发动了大小三十余次的战争,拓展了大片土地,接连设立了河东、黔中、南郡、南阳等郡,成为使东方国家谈虎色变的"虎狼之国"。历史进入"秦与齐争长"[①]即秦、齐争霸的时代。秦国能否完成统一六国的大业,取决于秦国能否以连横之策破合纵之谋,瓦解削弱齐国的力量与威胁,挫败齐国争霸天下的雄心,形成秦国独吞天下的态势。从秦昭襄王开始,秦国在"远交近攻"统一总方针指导之下对齐国采取了拉拢、收买、离间等外交战略,取得了预期的成就,达到了"弱齐"的目的,并使齐国成为漠视大局的近视眼、统一战争的旁观者,最终完成了横扫六合、一统天下的伟业。

一 "秦与齐争长"

已故著名史学家吕思勉曾经指出:"秦之灭六国,盖始基于魏冉,而后成于吕不韦、李斯。"[②]也就是说秦统一六国的战略部署实际上从穰侯魏冉相秦

---

① [西汉]司马迁:《史记》卷四〇《楚世家》,北京:中华书局,1982年,第1723页。
② 吕思勉:《先秦史》,上海:上海古籍出版社,1982年,第232页。

时期已经形成。魏冉从秦昭襄王元年(前306)以外戚身份辅政开始,到秦昭襄王四十一年(前266)因范雎进言被逐出秦都咸阳为止,先后五次出任秦国丞相,始终掌握军政大权,成为秦国实际上的统治者或者至少是一个主要的决策者。正是他在指挥秦军在对东方战争的实践中实际上形成了"远交近攻"的统一总方针,近攻魏、韩、楚、赵等国,远交齐、燕两国,为秦以后完成统一大业奠定了坚实的基础。① 故太史公司马迁云:"秦所以东益地,弱诸侯,尝称帝于天下,天下皆西乡稽首者,穰侯之功也。"②

穰侯魏冉开始主政秦国时期,正是齐国在东方大地上挟桂陵、马陵两大战役中大败魏国军队之余威叱咤风云、睥睨群雄的时代,其地域之广大、军队之强势、经济之富庶常为一些纵横家们津津乐道。如苏秦为赵国合纵抗秦之事入齐说齐宣王道:"齐南有泰山,东有琅邪,西有清河,北有渤海,此所谓四塞之国也。齐地方二千里,带甲数十万,粟如丘山。齐车之良,五家之兵,疾如锥矢,战如雷电,解如风雨。……临淄甚富而实,其民无不吹竽、鼓瑟、击筑、弹琴、斗鸡、走犬、六博、蹋鞠者。临淄之途,车毂击,人肩摩,连衽成帷,举袂成幕,挥汗成雨,家敦而富,志高而扬。夫以大王之贤与齐之强,天下不能当。"③

苏秦的说辞不免有溢美的成分,但当时齐国国力之强盛、经济之富庶与临淄之繁华却是天下人所共知的。

齐国最为辉煌强盛的时代,是在齐湣王任用孟尝君田文为相时期。田文采取了近交远攻的战略,拉拢实力较弱的韩、魏等国,南击强楚,西抗暴秦,大肆兼并土地,扩张势力,取得了一系列胜利。

公元前301年,齐将匡章率齐、韩、魏三国联军征讨楚国,大败楚军于沘水旁的垂沙,阵斩楚大将唐蔑(或作唐昧)。楚国不得已而屈服,派太子横入齐为人质以求和。秦国也惊惧于齐国的胜利,派泾阳君为质与齐国修好。

公元前298年,齐、韩、魏三国联军开始大规模地向秦国发动进攻,于函

---

① 关于秦国"远交近攻"的统一战略,史学界沿袭传统观点,认为是属范雎入秦后提出的,笔者对于这一观点不敢苟同,著文曾予以批驳,详见拙文《穰侯魏冉新论》,《人文杂志》1998年第3期。
② 《史记》卷七二《穰侯列传》,第2330页。
③ 缪文远:《战国策新校注》(修订本),成都:巴蜀书社,1998年,第284—285页。

谷关前耀武扬威，使秦军不得东出中原达三年之久，并最后攻进函谷关内，迫使秦国求和，归还了以前所攻取的魏国河外、封陵之地和韩国河外、武遂之地，三国联军才罢兵回国。

此后，齐国又联合韩、魏两国军队挟着败楚击秦的余威，又长驱直入燕国之境，击溃了燕的三军，擒获了燕的二将。

这一时期的齐国似乎依仗其强大的军事实力充当着为实力较弱的韩、魏两国报仇申冤、撑腰壮胆的保护人角色，但实际上是借助于韩、魏两国的力量迫使秦、楚两大强国屈服，不敢干涉其对外扩张政策，以便吞并宋国及淮河北岸的土地。苏秦曾指出："薛公相脊〈齐〉也，伐楚九岁，功（攻）秦三年。欲以残宋，取進〈淮〉北，宋不残，進〈淮〉北不得。"[①]

二 尊齐、弱齐与击齐外交策略

一个强大的齐国不但威胁秦国的东进战略，甚至直接威胁秦国的本土安全。在魏冉主政时期，秦国采取了先尊重齐国大国地位、次策动东方其他国家联合伐齐、最后再单独出兵攻打齐国的外交与军事相配合的战略，取得了巨大的成效。

秦昭襄王十九年（前288年）十月，秦昭襄王派魏冉出使齐国，与齐湣王相约，秦称西帝，齐称东帝。秦国这样做的目的主要有三个：一是承认齐国的大国地位，满足齐湣王的虚荣心。因为当时各国的国君都相继称"王"，甚至连中山国这样的小国的国君也称"王"道"寡"起来，"王"的称号已经显得不那么尊贵和显赫了。秦国与齐国相约，将传说中"三皇五帝"去"皇"称"帝"，以表示位高其他诸侯国君一等，成为两个超级大国，主宰天下命运。二是推崇齐国为"东帝"，实际上是瓦解东方合纵抗秦的一种策略，离间齐国与其他诸侯国的关系，使山东五国在猜疑畏惧中产生敌意，使齐国在妄自尊大中陶醉，从而处于孤立地位。三是遥尊齐国为"东帝"，也是连横的一种手

[①] 马王堆汉墓帛书整理小组编：《马王堆汉墓帛书·战国纵横家书》之八《苏秦谓齐王章（一）》，北京：文物出版社，1976年，第27页。

段,其主要目的是联合齐国讨伐赵国,"两帝立约伐赵"。①

虽然两个月之后,原来欣然答应并已称"东帝"的齐湣王在纵横家苏秦的劝说下取消了"帝"号,②秦昭襄王也被迫取消了"帝"号,使"东帝""西帝"之说成为一场闹剧,但秦国的三个目的除了"立约伐赵"没有付诸行动外,其他两个均告实现。一是齐湣王的虚荣心在几乎亡国之后仍然没有收敛,"湣王出亡,之卫。卫君辟宫舍之,称臣而共具。湣王不逊,卫人侵之。湣王去,走邹、鲁,有骄色,邹、鲁君弗内,遂走莒",③最后为楚将淖齿所杀。二是挫败了五国合纵攻秦的计划,在齐、秦相继取消"帝"号之后的第二年,即公元前287年,苏秦奉齐王之命游说燕、韩、赵、魏,组成五国攻秦联军,推赵国李兑为主帅,集结于成皋、荥阳,准备兵进函谷关。但由于五国貌合神离,其他四国对齐国更怀有戒心和敌意,最终无功而退,草草收场。

齐国的"超级大国"心态在秦国外交战略的驱动下,到齐湣王晚年达到了登峰造极的地步。晚年的齐湣王好大喜功,骄奢淫逸,孟尝君又穷兵黩武,连年对外发动战争,搞得国内人心涣散,官场腐败,民穷财尽,将士疲敝。诚如纵横家苏代所言:"南攻楚五年,蓄积散;西困秦三年,民憔瘁,士罢弊;北与燕战,覆三军,获二将;而又以其余兵南面而举五千乘之劲宋,而包十二诸侯。此其君之欲得也,其民力竭也,安犹取哉? 且臣闻之,数战则民老,久师则兵弊。"④齐国内部的各种矛盾已趋尖锐。

一个强大而野心勃勃的齐国引起了天下诸侯的强烈恐惧,同样,齐国内部的涣散纷乱也给列国联合击齐以可乘之机。当齐湣王在灭宋之后流露出吞并周室自为天子的野心后,当君臣二人相互猜忌孟尝君出奔魏国后,数次受制于齐的秦国首先行动起来了,开始实施蓄谋已久的打击、削弱齐国的计划,展开了频繁的外交活动,配合以直接的军事打击。首先是秦相魏冉与魏

---

① 《史记》卷四六《田敬仲完世家》,第1898页。
② 《马王堆汉墓帛书·战国纵横家书》记载劝齐湣王去"帝"号者为苏秦,而《史记·田敬仲完世家》则记为苏代。苏秦、苏代、苏厉三兄弟皆为纵横家,其事迹史书记载相互混杂,难分昆仲。此处从杨宽、林剑鸣两先生之说。见杨宽《战国史》,上海:上海人民出版社,1980年,第341页;林剑鸣《秦史稿》,上海:上海人民出版社,1981年,第253页。
③ 《史记》卷四六《田敬仲完世家》,第1900页。
④ 缪文远:《战国策新校注》(修订本),第909页。

相孟尝君合谋"劝秦王令弊邑卒攻齐之事"。① 其次是秦昭襄王亲自出马,相继与楚顷襄王相会于宛,与赵惠文王相会于中阳,与魏昭王相会于宜阳,与韩釐王相会于新城,并策动赵惠文王邀请燕昭王入赵相会,转达秦国的建议。而这些"峰会"的目的,就是策划合纵伐齐,秦国实际上充当了合纵伐齐总策划和总盟主的角色。第三是直接派遣由齐入秦的将军蒙骜率领一支劲旅穿越韩、魏之境远程奔袭齐国,一举拿下了河东九座城邑,以求"先出声于天下",②向东方国家表示骄狂自大的齐国已是泥足巨人,不堪一击。这些外交游说与军事打击相结合的行动收拢了东方国家的人心,鼓舞了东方国家的士气,形成了合纵伐齐的共识。而燕国本来就与齐国有着破都亡国的深仇大恨,在合纵伐齐行动中充当主力军和急先锋的角色。公元前284年,燕国进行全国战争总动员,以乐毅为上将军,统率燕、秦、韩、赵、魏五国联军几十万兵马浩浩荡荡地杀奔齐国,秦国派遣尉斯离率领军队参加五国联军,并派遣大夫起贾到魏国主持伐齐事务。号称拥有地方两千里、带甲之士数百万的齐国竟然组织不起像模像样的抵抗,乐毅一路势如破竹,攻克包括齐都临淄在内的七十余座城邑,只剩下即墨和莒两城尚在齐人手里,成为处于大军包围之中的两座孤岛。齐湣王仓皇出逃他国,结果为卫、邹、鲁诸小国所不容,又回到莒城,最后被名为救齐实来瓜分齐国的楚国大将淖齿杀死。五年之后虽有齐将田单用"反间计"和"火牛阵"大破燕国军队,尽行收复失地,但经此一番沉重打击,齐国已元气大伤,国力衰微,雄风难觅,失去了"超级大国"的地位,远远不是强秦的对手了。

分析齐国在齐湣王统治时期骤然衰落并遭受毁灭性打击的原因,还有一个重要因素,就是齐湣王一改齐威王、宣王时期重才如金、惜才如宝的用人政策,刚愎自用,嫉贤妒能,造成了人才上的巨大流失。汉昭帝时贤良文学在与大夫桑弘羊进行的激烈辩论中,就尖锐指出了齐湣王的这一失误造成的极其严重的后果:

文学曰:……齐威、宣之时,显贤进士,国家富强,威行敌国。

---

① 缪文远:《战国策新校注》(修订本),第138页。
② 缪文远:《战国策新校注》(修订本),第529页。

及湣王，奋二世之余烈，南举楚、淮，北并巨宋，苞十二国，西摧三晋，却强秦，五国宾从，邹、鲁之君，泗上诸侯皆入臣。矜功不休，百姓不堪。诸儒谏不从，各分散，慎到、捷子亡去，田骈如薛，而孙卿适楚。内无良臣，故诸侯合谋而伐之。①

而在同一历史时期，秦国则以博大的胸怀广纳四方宾客，以高官厚禄招揽六国人才，一时形成了东方奇才异士尽皆西向入秦的现象。所以仅以此而论，秦国的蒸蒸日上与齐国的江河日下就成为历史的必然。

在五国伐齐战役中，秦国攻取了以前齐灭宋国得到的陶邑，并赐给魏冉作为封地。陶邑为秦国所有，对于秦国后来"远交近攻"战略的实施具有重要的意义。已故著名历史地理学家史念海先生认为，陶邑在战国时代居天下之中，是当时东方经济繁荣的一大都会，而且战略位置非常重要，因而很早就成为齐、楚、韩、魏等国激烈争夺的目标，而"秦国得到陶，为它向东侵略奠定下良好的基础"。② 公元前270年，魏冉出动大军再次攻齐，夺取了刚、寿两地，"以广其陶邑"，③这是一次极有远见的军事行动。著名史学家杨宽先生认为，在魏冉伐齐以取刚、寿之役之前，秦国就三次大举出击围攻魏国都城大梁，"目的在于消灭魏国，想使秦国本土能和攻齐所得的定陶等城邑相连接，以便'绝山东从（纵）亲'之腰，把燕、赵和楚、韩隔绝开来"。④ 可见在另一个"超级大国"齐国被击垮之后，秦国取得了天下独霸的地位，已经将统一天下的伟业提上了议事日程，并确定将魏国作为第一个灭亡的目标。"而伐齐以取刚、寿之役也是这一战略总规划的重要组成部分，其目的在于从东西两面对魏国形成腹背夹击之势，并一举斩断山东六国合纵的腰脊"。⑤

---

① 王利器校注：《盐铁论校注（定本）》，北京：中华书局，1992年，第149页。
② 史念海：《河山集》，北京：三联书店，1963年，第120页。
③ 见《史记》卷七二《穰侯列传》，第2329页；马王堆汉墓帛书整理小组编《马王堆汉墓帛书·战国纵横家书》之一九《秦客卿造谓穰侯章》，第81页；缪文远：《战国策新校注（修订本）》，第778页。
④ 杨宽：《战国史》，第356页。
⑤ 卢鹰：《穰侯魏冉新论》，《人文杂志》1998年第3期。

三 远交近攻战略下的秦国对齐外交政策

公元前268年,魏国人范雎来到秦国,将秦国早已实施的"远交近攻"战略进一步理论化和明确化,形成了统一战争基本方略。这一战略从表面上看仍然是秦国推行连横策略、离间和瓦解山东国家合纵关系的方针之延续与发展,但其行动目标则更为具体,统一步骤更为明确。按照这一方略,所谓"远交",就是首先维持与距秦较远的齐、燕两国的友好关系,以争取他们对秦国在中原的军事行动中保持中立立场和不干涉态度,集中力量打击距秦最近的韩、魏二国;韩、魏解决之后,再移兵攻击赵、楚二国;最后的目标是齐、燕二国。这一兼并战争三部曲得到秦昭襄王的赞同并付诸实施,公元前270年穰侯魏冉当政之时的伐齐以取刚、寿之役就成为秦国最后一次伐齐战役,此后秦国在外交上极力维持与齐国的友好关系,基本上斩断了齐国与山东其他国家的联系,使齐国自守局外中立,不支持其他国家的抗秦斗争,不干涉秦国在东方的军事行动。如楚将淖齿杀掉了齐湣王之后,秦国当即派出两位使者一至齐国,一赴楚国,都表示要修好以联合对付敌视的一方。其实秦国的这种举动无非是向齐国表示,假如齐国不与秦国修好,秦国就要帮助楚国对付它。齐国果然中计,立即与秦修好,并把亲秦拒楚作为一项基本国策贯彻始终。

(一)"事秦谨"的齐君王后

公元前262年,秦赵拉开了长平大战的帷幕。这是战国后期爆发的一场关系全局、影响历史进程的重大战争。当时东方其他国家都以严峻忧虑的目光密切注视着战争的进展,并出现了联合抗秦救赵的动议,唯有地处东海之滨的齐国对此漠然视之,认为秦赵之战完全与己无关,乐得隔岸望火起,坐山观虎斗。当苦苦支撑的赵国在军中乏食、举国缺粮的严重时刻,派遣使者入齐借粮时,齐王建(前264－前221年在位)断然拒绝了赵国的要求,并准备把来使驱逐出境。谋臣周子见识高远,对齐王建晓以"唇亡齿寒"的道理,劝其借粮给赵国。他说:

> 不如听之以退秦兵,不听则秦兵不却,是秦之计中而齐楚之计

过也。且赵之于齐楚,扞蔽也,犹齿之有唇也,唇亡则齿寒。今日亡赵,明日患及齐楚。且救赵之务,宜若奉漏瓮沃焦釜也。夫救赵,高义也;却秦兵,显名也。义救亡国,威却强秦之兵,不务为此而务爱粟,为国计者过矣。"①

任凭周子说得如何入情入理,齐王建就是不肯借一粒粮食给赵国。甘愿做一个事不关己高高挂起的局外旁观者。结果赵国在长平之战中遭到惨重的失败,并在邯郸保卫战中饿死了数以万计的军士百姓。

其实秦国在发动长平大战之前,也是做好了攻击与退兵两手准备的,其关键取决于齐、楚两国的态度,"齐、楚救赵,亲,则将退兵;不亲,则且遂攻之"。② 结果齐国不仅没有出兵救赵,甚至拒绝借给饥饿中的赵国一粒粮食,使秦国得以倾全国之力攻赵。而齐国之所以成为政治的近视眼、战争的旁观者,与秦国成功的远交策略有着密切的关系。在齐王建十六年(前249)以前,主持齐国军政大计的并非齐王建本人,而是他的母亲君王后。关于君王后执行的外交政策及对齐国前途的影响,《史记·田敬仲完世家》是这样叙述评价的:"君王后贤,事秦谨,与诸侯信,齐亦东边海上,秦日夜攻三晋、燕、楚,五国各自救于秦,以故王建立四十余年不受兵。"③也就是说在秦国大踏步地向中原挺进,其他五国都疲于奔命地防御抵抗时,君王后当政的齐国却对秦国毕恭毕敬地侍奉,小心谨慎地周旋,使齐国四十余年之中没有受到秦军的攻击和其他国家的骚扰,成为烽火连天的战争岁月里一块静谧安宁的乐土。可见齐国成为政治的近视眼、战争的旁观者,与君王后奉行的这种苟且偷安政策密不可分。当然,这也是秦国"远交近攻"战略完全成功的得意之笔。

只注重眼前的富贵荣华,缺乏政治远见并全然忘却迫在眉睫的危险是古代妇人的通病,何况对君王后来说,这场富贵荣华来得太意外也太不容易

---

① 《史记》卷四六《田敬仲完世家》,第1902页。《战国策·齐策二》谓劝齐国借粮给赵国者为苏秦,实误,因为此时苏秦早已不在人世。周子,史失其名。
② 缪文远:《战国策新校注(修订本)》,第304页。
③ 《史记》卷四六《田敬仲完世家》,第1902页。

了，更应好好珍惜爱护，绝不能冒着自启祸端的危险而去资助受苦受难的左邻右舍。只扫自家门前雪，不管他人瓦上霜，这就是君王后主持齐国军政大计的方针与心态。

据史书记载，君王后由一位大家闺秀成为一国之母，完全出于偶然并颇具传奇性。当年齐湣王被楚将淖齿杀害之后，其子法章侥幸逃脱毒手，隐姓埋名流落民间，后来卖身为奴，来到太史敫的家中干些看门守户、洒扫庭院的仆役杂活。可怜他自幼过惯了饭来张口、衣来伸手的王孙公子生活，自然无法适应这种察言观色低声下气的勾当，过不惯这种吃了上顿没有下顿的生活，于是身上便多了些因总管殴打留下的红伤青疤，脸上便显出了饥肠辘辘的菜色。正在这时，一位美丽善良的姑娘突然出现在他的身旁，偷偷给他接济饭食，偷偷给他缝补衣裳，偷偷给他抹去脸上的泪痕。久而久之，两人便产生了感情，偷偷相爱了。

这位美丽善良的姑娘，就是太史敫的千金。当然，这位掉进爱河的姑娘根本不知道自己以身相许的奴仆下人的真实身份，只是觉得法章相貌不俗，将来肯定是一位大有出息的青年。

楚将淖齿离开莒城之后，流亡各处的齐国王室贵族和文武臣僚们相继来到莒城，开始了寻找太子的下落。一天，一位王室成员偶尔在太史敫府上碰到了奴仆打扮的法章，不禁惊喜交加，马上将法章迎入临时行宫，换了行装，在众位大臣的拥立下成为新的国君，是为齐襄王。患难之中私订终身的太史敫的女儿自然成为新王后，史称君王后。

齐襄王登基之后五年打败燕军，恢复故土，驾回都城临淄，十九年后病死，其子齐王建继位。因齐王建年幼不能亲政，君王后便以王太后的身份主持朝政，处理军国大事。君王后的出身和奇遇决定了她只能是一个循规蹈矩、守成有余的人物，虽然她在爱情上能迈出惊世骇俗的一步，但在军国大事的决断上却瞻前顾后、谨小慎微，小心侍奉秦国，对山东其他国家冷淡相交，只求战火不要烧到齐国境内。在长平大战中拒绝借给赵国一粒粮食就是在君王后主持朝政期间发生的事情。

当然，这位君王后在谨慎侍奉秦国的过程中，有时也会耍一点妇人的小聪明，以使秦国不敢小觑齐国宫廷和她本人。《战国策·齐策六》记载，秦昭襄王曾专门派遣使者给齐国送来一只玉连环，说："我们大王听说贵国多智谋之士,不知可解开此环否?"君王后让群臣和左右传看。群臣左右看着浑无缝隙的玉连环面面相觑,明明知道这是秦国的有意挑衅和刁难,却苦于无法可解。这时只见君王后微微一笑,令左右拿来一柄铜锤,亲自持在手中猛地击将下去,将玉连环击得四分五裂,碎屑乱飞,然后对来使说:"回去告诉贵国大王,老妇已将此物解开了!"秦昭襄王听后赞叹不已,也佩服君王后的机智和勇敢。

可惜,君王后的机智和勇敢只能表现在此等小事上,于军国大事却缺乏远见,对秦军在东方战场上燃起的冲天烽火视而不见,使齐国处于旁观者迷的状态。她不懂得"唇亡齿寒"的道理,她不了解秦国的虎狼心肠,她实际是一位误国误民的人物。奇怪的是,过去的和今天的史学家们都大赞特赞君王后的"贤"与"能",恰恰忽略了正是她导致齐国"不修攻战之备,不助五国攻秦",最后使齐国亡于秦。但是换一个角度来讲,君王后又是促成统一事业的功臣。正是由于她同秦国的"远交近攻"战略配合得相当默契,长期不向中原派出一兵一卒,并把这一方针作为既定国策传给了齐王建,使秦国得以放心大胆地进攻中原国家,减少了许多阻力和麻烦。

(二)"不修攻战之备,不助五国攻秦"

齐王建十六年,秦国丞相吕不韦亲自率领大军攻灭了东周。也就在这一年,齐国的君王后身染重病身亡,三十多岁的齐王建才得以主持齐国军政大局。但母后长期主持国政养成了他心无主见、怯懦软弱的性格,他实在难以想象没有母后的齐国怎样才能度过今后的艰难岁月。苟且偷安的齐国,已如处在风雨飘摇之中的一叶孤舟,正由一位昏庸软弱的舵手掌舵,一步一步驶向毁灭的彼岸。君王后虽死,但其为齐国制定的基本国策却得到了齐王建忠实的贯彻执行,这就是"不修攻战之备,不助五国攻秦"。①

秦王嬴政亲政之后,不仅完全继承了秦对齐设法羁縻拉拢,使其不干涉秦国在东方的军事行动的这一传统方针,并进一步将其发扬光大。为此,他先后采取了拉拢、收买、离间的手段,使齐国与秦国的关系愈拉愈近,与山东五国的关系越来越远。

秦王政十年(齐王建二十八年,前237),秦都咸阳举行盛大的欢迎仪式,

---

① 《史记》卷四六《田敬仲完世家》,第1903页。

欢迎齐王建前来咸阳进行友好访问。这一年正是秦王政亲政之后的第二个年头,秦王政接连铲除了嫪毐、吕不韦两个政治集团,独断朝纲,踌躇满志,心中已开始筹划以武力统一天下的计划。邀请齐王建来咸阳访问正是这一计划中的一个重要步骤,其目的仍在于羁縻拉拢齐国,使其"不修攻战之备,不助五国攻秦"。尽管秦王政已取得了齐王建不助五国攻秦的许诺,但还是不放心,于是在齐王建离去后不久又邀请赵悼襄王来到咸阳访问,目的一是消除赵国对秦国的戒备心理,增加攻击的突然性;二是说了齐国的许多坏话,以离间齐、赵两国的关系。当赵悼襄王离去后秦王政又派荆苏出使齐国,说了赵国的许多坏话,极力劝说齐王建与赵国断绝一切关系。

稳住齐王建之后,秦王政又出动了"第五纵队"进行间谍战。当时齐国的丞相名叫后胜,贪婪自私,偏偏齐王建对他言听计从,宠信有加。秦国的间谍便给后胜常送些金银财物、宝马良驹。后胜果然知恩图报,不断劝齐王建和秦、亲秦、朝秦,并不断派遣心腹宾客前往咸阳,名为通聘修好、旅游观光,实为通风报信、献媚取宠。而秦国让这些宾客在吃好玩好之余,临别之时又是大包礼品小包财物多方馈赠,并护送出境。如此一来二往,齐国朝廷稍有风吹草动,秦国早就知道得一清二楚,而那些吃了人家的嘴软、拿了人家的手软的众多宾客回到临淄之后,自然与后胜、秦国来的宾客一唱三和,共劝齐王建多多朝拜秦国,不助五国攻秦,不修攻战之备。这就是史书中所记载的:"君王后死,后胜相齐,多受秦间金,多使宾客入秦,秦又多予金,客皆为反间,劝王去从朝秦,不修攻战之备,不助五国攻秦,秦以故得灭五国。"①

就在秦国统一天下的战火照亮了东方的天空,韩、赵、魏、楚、燕五国在秦军铁蹄下呻吟并逐个灭亡的时候,远离战火的齐都临淄却是一番歌舞升平的景象,弥漫着淫秽腐朽的气息。这个昔日有着文化古都桂冠、昂扬着奋发进取精神的城市,今日如同其国家一样,苟且偷安,醉生梦死,呈现出各种病态。城中最热闹的地方再也不是曾名噪一时的"稷下学宫",而是那些喝卢呼雉、一掷千金的斗鸡、走狗、六博、蹴鞠等娱乐场所;最辉煌耀眼的人物再也不是诸如管仲、晏婴之类的贤相和司马穰苴、田忌之类的将军,而是那

---

① 《史记》卷四六《田敬仲完世家》,第 1902—1903 页。

些站在红楼绿馆门口向过往行人飞媚眼送温柔的美女娇娃和那些涂脂抹粉、寻花问柳的公侯王孙。高堂华屋的笙歌悠扬和大街小巷的乞讨卖唱混合成一支交响曲,把一个国家、一都民众的精神风貌倾诉得淋漓尽致。①

四　齐国的灭亡与秦统一大业的完成

当楚国灰飞烟灭,赵国残余势力代王嘉被秦军俘获了以后,秦国统一的利剑终于指向了"四十余年不受兵"的齐国。但统一天下的总指挥秦王嬴政打心眼里瞧不起这个早已衰朽不堪的敌手,甚至不屑于同齐国一战,只是派人给齐王建送去一封书简,说现在天下已定,海内同欢,特邀请他来咸阳一会。按照秦王政的想法,只要齐王建一入咸阳,就立即将其扣押起来,然后胁迫齐国投降,这样秦军就可以兵不血刃地开进临淄,"和平统一"齐国。

已享国四十三年的齐王建两眼昏花地看完书简,衰朽老迈的他猜不透咸阳那位威风凛凛的天下霸主的真实意图,在去与不去的问题上好生难以委决,只好下交群臣讨论。佞相后胜和满朝宾客顿时鼓噪起一片欢呼声,极力怂恿齐王建西入咸阳,朝拜秦王,并自请为臣属,说只有这样才能保住齐国江山社稷不致沦亡,才能使齐国朝野百姓免于涂炭。耳闻其他五国君主或擒或杀的命运,看着后胜和宾客们急不可耐的神色,想想自己目前的处境,齐王建此时此刻才真正感觉到了孤立无助的悲哀和末代之君的惆怅,他长叹一声,下令备车驾贡品和地图户籍,明日一早启程西行。

次日,当齐王建的车辇驶近临淄城雍门的时候,却见城门紧闭,被雍门司马挡住了车驾,问道:"所为立王者,为社稷耶? 为王(立王)耶?"王曰:"为社稷。"司马曰:"为社稷立王,王何以去社稷而入秦?"②齐王建难以出城,只好下令回驾还宫。

即墨大夫听说此事后,觉得齐王建还没有昏庸糊涂到不可挽救的地步,便星夜兼程赶到临淄,避开后胜本人和其在宫中的耳目单独见到齐王建,劝他放弃朝秦打算,整顿军队,与秦国决一死战。即墨大夫说:

---

① 见缪文远《战国策新校注(修订本)》,第285页;《史记》卷六九《苏秦列传》,第2257页。
② 缪文远:《战国策新校注(修订本)》,第404页。

> 齐地方数千里,带甲数百万。夫三晋大夫皆不便秦而在阿、鄄之间者百数,王收而与之百万之众,使收三晋之故地,即临晋之关可以入矣,鄢、郢大夫不欲为秦而在城南下者百数,王收而与之百万之师,使收楚故地,即武关可以入矣。如此,则齐威可立,秦国可亡。夫舍南面之称制,乃西面而事秦,为大王不取也。①

尽管即墨大夫说得慷慨激昂,但齐王建却根本不会产生如此的雄心壮志,他只是采纳了雍门司马、即墨大夫不西行朝秦和整顿军队的劝谏,"发兵守其西界,不通秦",②企图关门自守,实则坐以待毙。

秦王嬴政听说这一消息,只是微微一笑而已,当即命令尚驻扎在代北的青年将领王贲出兵灭齐。王贲刚刚生擒了燕王喜和代王嘉,意气风发,斗志昂扬,接到秦王的军令之后,立即下令数万兵马拔寨而起,从原燕国南境发动攻齐战役,一路上几乎没有遇到任何抵抗,直抵临淄城下,结果"秦兵卒入临淄,民莫敢格者"。③ 齐王建无奈,被迫宣布无条件投降。山东六国中的最后一个国家齐国被消灭,其时在公元前 221 年(秦王政二十六年)。

据史书记载,齐王建投降后,被秦王政流放到共邑(在今河南省辉县境内),监禁在一片松柏林中,过着饥寒交迫的生活,消息传到齐国后,齐国百姓一点都不可怜这个昏庸的亡国之君,相反憎恨他误听佞臣和宾客之计,不及早与各国合纵抗秦,落了个国破名裂的下场,并编了一首歌谣讥刺道:"松耶柏耶?住建共者客耶?"④不久,孤独年迈的齐王建即因冻饿而死。

关于齐王建入秦,《战国策》却是另外一种说法:"秦使陈驰诱齐王内之,约与五百里之地。齐王不听即墨大夫而听陈驰,遂入秦,处之共松柏之间,饿而死。"⑤这两种说法虽有投降与诱入之别,但有关齐王建被流放的地方和死亡方式的记载却是一致的。齐国的灭亡标志着秦统一大业的最后完成。

---

① 缪文远:《战国策新校注(修订本)》,第 404 页。
② 《史记》卷六《秦始皇本纪》,第 235 页。
③ 《史记》卷四六《田敬仲完世家》,第 1903 页。
④ 《史记》卷四六《田敬仲完世家》,第 1903 页。
⑤ 缪文远:《战国策新校注(修订本)》,第 404 页。

秦在统一战争中的对齐外交策略,不仅展示了其"远交近攻"战略的巨大成效,而且给后世留下了深刻的启迪意义:在两个"超级大国"并存的大格局中,以硬碰硬并非明智的选择,其结果只能是两败俱伤,最佳战略是麻痹对方,拉拢收买其内部异端分子,分化瓦解其国力军力,逐渐削弱其国际地位与影响,最后导致其分崩离析,灰飞烟灭,这就是《孙子兵法》中主张的"不战而屈人之兵",也就是美国前总统尼克松所说的"不战而胜"地缘政治策略。

(作者单位:中共陕西省委党校)

里耶秦简牍户籍文书妻从夫姓蠡测

孙兆华

刘增贵在《汉代妇女的名字》一文中认为:(对女子而言)"先秦虽有以夫之国氏冠于名前之俗,所冠并非夫姓。秦汉姓氏合一,一般妇女遂有以夫姓相称者。"① 这就指出了秦汉时期女名所反映的一个社会情形:妻从夫姓。

里耶秦简户籍文书,特别是"秦代迁陵县南阳里户版",所见的妻不书姓现象,即在书写时可能是默认妻子从户人(户主)之姓而加以省写,这或许反映了当时妻从夫姓的社会情形。户人书姓,户下其他人员不书姓,体现了秦文书简洁的特点,也体现出秦户籍管理中以户人为中心的原则。户人之妻不书姓,可能是从夫姓,一定程度上说明了出嫁从夫观念在秦边疆地带的普遍流行。

除了"秦代迁陵县南阳里户版"之外,目前尚未见到其他规范完整的秦汉时期户籍简。但是汉代西北简中的卒家属廪名籍、葆出入名籍、吏及家属符和过关简牍的相当一部分材料等明确反映了妻从夫姓的存在,这些简牍因为多涉及家庭成员,且是一种官方的行政文书,从某种角度上说与户籍简有一定的共通性,可以拿来讨论"妻从夫姓"这一问题。此外,孙吴的临湘侯国户籍简牍则与"秦代迁陵县南阳里户版"一样存在妻不书姓现象,可能也是"妻从夫姓"的反映。文书制度存在一定的延续性,反推之,汉简的文书材

---

① 刘增贵:《汉代妇女的名字》,《新史学》(台北)第 7 卷,1996 年第 4 期。又见李贞德、梁其姿主编《妇女与社会》,北京:中国大百科全书出版社,2005 年,第 50 页。汉代的妻从夫姓的例证,刘增贵多有列举,如汉高祖刘邦之母称"刘媪"等,他认为:"这种称名的出现,显示妇女'既嫁从夫'伦理之被强调。"

料、吴简的户籍简牍或许可以佐证里耶秦简户籍文书的妻从夫姓情形,即两者可能证明了里耶秦简户籍文书里就已经出现的妻从夫姓情形延及后世。

一　里耶秦简户籍文书所见妻不书姓

秦王政二十五年(前222)迁陵纳为秦县,即里耶秦简8-759所谓"今迁陵廿五年为县"。① 自此,秦的统治在原楚地的密林长河里展开。

迁陵县既然地处秦边疆地带,自然地广人稀,乡里规模不大。学者认为,目前所知秦迁陵县包括三乡六里:都乡,下辖高里、阳里;启陵乡,下辖成里;贰春乡,下辖东成里、南里、舆里。此外,还有几个里比较特殊。如渚里,原属启陵乡,其里民部分或全部在入秦的第二年(前221)迁入都乡。至于右里、贾里、南阳里,或有省并,无法明确其所归属的乡。②

里耶秦简户籍文书,主要指的是20多枚"秦代迁陵县南阳里户版",③被称为目前已见最早的户籍实物。该组简牍2005年12月出土于里耶古城护城壕中段底部凹坑(编号K11)中,有字简24枚,其中经缀合的整简10枚,残简14枚。简文第一栏通常作"南阳户人荆不更某某"。④

---

① 陈伟主编:《里耶秦简牍校释》(第1卷),武汉:武汉大学出版社,2012年,第217页。

② 参见晏昌贵、郭涛《里耶秦简牍所见秦迁陵县乡里考》,武汉大学简帛研究中心主办:《简帛》(第10辑),上海:上海古籍出版社,2015年,第145-154页。关于渚里自启陵乡迁入都乡,即简16-9所谓"廿六年五月辛巳朔庚子启陵乡论文隼敢言之都乡守嘉言渚里不【更】劾等十七户徙都乡……"见里耶秦简博物馆、出土文献与中国古代文明研究协同创新中心中国人民大学中心编著《里耶秦简博物馆藏秦简》,上海:中西书局,2016年,图版第70页。"【更】"字释文,参考了以上晏昌贵、郭涛文章。

③ 这批户籍文书的命名从张荣强看法,"南阳"为里名,亦从之。参见张荣强《湖南里耶所出"秦代迁陵县南阳里户版"研究》,《北京师范大学学报(社会科学版)》2008年第4期。关于秦汉三国户籍的研究,还可参见汪小烜《走马楼吴简户籍初论》,北京吴简研讨班编《吴简研究》(第1辑),武汉:崇文书局,2004年,第143-159页;张荣强《孙吴简中的户籍文书》,《历史研究》2006年第4期;张燕蕊《从走马楼吴简户籍书式看孙吴对秦汉户籍制度的继承和发展》,《中国人民大学学报》2011年第1期;沈刚《吴简户籍文书的编制方式与格式复原新解》,《人文杂志》2012年第2期;杨际平《秦汉户籍管理制度研究》,《中华文史论丛》2007年第1辑(总第85期);蒋波《简牍与秦汉民法研究》,北京:中国社会科学出版社,2015年,第19-59页;里耶秦简博物馆、出土文献与中国古代文明研究协同创新中心中国人民大学中心编著《里耶秦简博物馆藏秦简》,第229-243页。

④ 湖南省文物考古研究所编著:《里耶发掘报告》,长沙:岳麓书社,2007年,第203页。

张荣强推断该组户籍文书是乡户籍,登记的是南阳里的全部民户,其上一简一户,计24户。对于各简上第一栏爵位之前注明"荆"字且每户有爵位人数众多,他认为这些爵位"是秦政府在特定时间段授予原楚地民众的,与秦管理下的其他地区至少是与'故秦'的爵位有别"。因为南阳里户版无一人标明年龄、身高等信息,他据秦置县迁陵次年曾推行"书年"制度,推断这批户版是过渡阶段的产物,也就是说,其年代为秦占领楚地后不久之物。据其分析,24户南阳里民之中,"家庭结构完整的10例,核心家庭5例(K27、K1/25/50、K28/29、K17、K4)、主干家庭3例(K42/46、K30/45、K13/48)外,还有两例已婚成年兄弟同居的联合家庭(K43、K2/23)。"①

南阳里户版只书写户人(即户主)完整姓名,其他人员则只书名。笔者关注的是其中妻不书姓这一现象。

(一)核心家庭5例(K27、K1/25/50、K28/29、K17、K4)

简(1) 南阳户人荆不更蛮强(第一栏)
　　　 妻曰嗛(第二栏)
　　　 子小上造□(第三栏)
　　　 子小女子驼(第四栏)
　　　 臣曰聚
　　　 伍长(第五栏)　　　　　　　　　　　　　　(K27,完整)②

---

① 张荣强:《湖南里耶所出"秦代迁陵县南阳里户版"研究》,《北京师范大学学报(社会科学版)》2008年第4期。

② "秦代迁陵县南阳里户版"诸简释文和相关数据,主要从湖南省文物考古研究所编著《里耶发掘报告》,第203—208页,也参考了张荣强的释文,张荣强还分析:"从形制上看,这些户籍简实际上是一种比较特殊的木版,版的完整长度均为46厘米,即秦代的二尺。版的宽度视各户口情况有很大不同,有一栏登录一、两行(即一、二名同种课役身份的家庭成员),也有登录三、四行者,实际宽度0.9到3厘米不等。"参见张荣强《湖南里耶所出"秦代迁陵县南阳里户版"研究》,《北京师范大学学报(社会科学版)》2008年第4期。此外,部分释文还参考了里耶秦简博物馆、出土文献与中国古代文明研究协同创新中心中国人民大学中心编著《里耶秦简博物馆藏秦简》,图版第73—74页。释文有分歧,另出注。简(1)—(10)的"□"断简符号从张荣强《湖南里耶所出"秦代迁陵县南阳里户版"研究》。K27的"驼"字,中国人民大学国学院李肖老师怀疑其释文准确性,笔者猜测"驼"字或许为"驰"字,有待图版出版加以辨析。

简(2) 南阳户人荆不更<u>黄得</u>(第一栏)

 <u>妻曰嗛</u>(第二栏)

 子小上造台

 子小上造宁

 子小上造定(第三栏)

 子小女摩

 子小女移

 子小女平(第四栏)

 五长(第五栏)   (K1/25/50,完整)①

简(3) 南阳户人荆不更<u>黄</u>□(第一栏)

 <u>妻曰负刍</u>(第二栏)

 子小上造□(第三栏)

 子小女子女 祠　毋室(第四栏)   (K28/29,完整)

简(4) 南阳户人荆不更<u>黄</u>□

 子不更昌(第一栏)

 <u>妻曰不实</u>(第二栏)

 子小上造悍

 子小上造□(第三栏)

 子小女规

 子小女移(第四栏)   (K17,完整)②

简(5) 南阳户人荆不更<u>戀喜</u>

 子不更衍(第一栏)

 <u>妻大女子媸</u>

 <u>隶大女子华</u>(第二栏)

 子小上造章

---

① K1/25/50 释文,参见湖南省文物考古研究所编著《里耶发掘报告》,第 204 页;里耶秦简博物馆、出土文献与中国古代文明研究协同创新中心中国人民大学中心编著《里耶秦简博物馆藏秦简》,图版第 73 页。该简释文"黄"字从前书,"宁""定""平"字从后书。

② K17 第三栏的"□"可从张荣强《湖南里耶所出"秦代迁陵县南阳里户版"研究》而补出。

子小上造㹬(第三栏)

子小女子赵☐

子小女子见☐(第四栏)　　　　　　　　(K4,残长32.4厘米)①

以上简(1)-(5),户人姓名完整,其他人员只书写名。简(1)户人"蛮强""妻曰嗛",简(2)户人"黄得""妻曰嗛",简(3)户人"黄☐""妻曰负㠯",简(4)户人"黄☐""妻曰不实",简(5)户人"繈喜""妻大女子媸",②均是户人姓名俱全,妻则不书姓。因这些简中户人的子女当从户人之姓,均不书姓,所以笔者推测户人的妻子在此不书姓是省写,其实是从夫姓。简(1)"臣曰聚",可能户下奴婢也是从户人之姓,在此不展开讨论。

(二)主干家庭3例(K42/46、K30/45、K13/48)

简(6)南阳户人荆不更☐☐(第一栏)

　　妻曰义(第二栏)

　　……(第三栏)

　　母睢(第四栏)

　　伍长(第五栏)　　　　　　　　(K42/46,完整)

简(7)南阳户人荆不更彭奄

　　弟不更说(第一栏)

　　母曰错

　　妾曰☐(第二栏)

　　子小上造状☐(第三栏)　　　　(K30/45,残长32厘米)

简(8)南阳户人荆不更郑不实(第一栏)

　　妻曰有(第二栏)

---

① 湖南省文物考古研究所编著《里耶发掘报告》该简编号作K4,第205页。里耶秦简博物馆、出土文献与中国古代文明研究协同创新中心中国人民大学中心编著《里耶秦简博物馆藏秦简》该简编号作K49,第74页。该简编号从前书。"㹬"字释文从后书。"华""㹬"字,在中国人民大学出土文献研读班上首都师范大学历史学院的刘大雄认为应分别改释作"秦""獀"。

② 学者认为,该简所见"隶大女子华","可能是女奴隶充当妾室"。湖南省文物考古研究所编著《里耶发掘报告》,第208页。目前尚且存疑。

子小上造虎(第三栏)

母☐(第四栏)　　　　　　　　　　　(K13/48,残长32.8厘米)①

以上简(6)—(8),户人姓名完整,其他人员只书写名。简(6)户人"☐☐""妻曰义",简(7)户人"彭奄""妾曰☐",简(8)户人"郑不实""妻曰有",均是户人姓名俱全,妻妾则不书姓。推测这三户的户人妻妾在此不书姓是省写,其实是从夫姓。简(6)"母睢",简(7)"母曰错",简(8)母某,不书姓,亦是省写,从夫姓即从户人父亲之姓,也当是同各简户人的姓相同。

(三)联合家庭(K43、K2/23)

简(9) 南阳户人荆不更大☐

　　弟不更庆(第一栏)

　　妻曰媛

　　庆妻规(第二栏)

　　子小上造视

　　子小上造☐(第三栏)　　　　　　　　　　(K43,完整)②

简(10)南阳户人荆不更宋午

　　弟不更熊

　　弟不更卫(第一栏)

　　<已削去>

　　熊妻曰☐☐

　　卫妻曰有(第二栏)

　　子小上造传

---

① K13/48 从发掘报告看为三小段所拼接成(湖南省文物考古研究所编著《里耶发掘报告》,彩版三十六至三十九),里耶秦简博物馆、出土文献与中国古代文明研究协同创新中心中国人民大学中心编著《里耶秦简博物馆藏秦简》图版第74页有一简编号K48,仅是K13/48的最上面一段,结合两书释文和图版,笔者对释文有所修正。

② K43 的"子小上造☐",湖南省文物考古研究所编著《里耶发掘报告》漏释"上"字,今从张荣强《湖南里耶所出"秦代迁陵县南阳里户版"研究》。

　　　　子小上造逐

　　　　子小上造☐

　　　　熊子小上造勮(第三栏)

　　　　熊子小女子阿(第四栏)

　　　　臣曰襦(第五栏)

　　　　　　(K2/23,完整,第二栏首行应是宋午妻名,原有文字削去)①

以上简(9)－(10),户人姓名完整,其他人员只书名。简(9)户人"大☐""妻曰媛",妻不书姓,应是从夫姓"大"。"弟不更庆","庆妻规","规"从"庆"之姓,"庆"又与其兄"大☐"同姓,故也省写。简(10)户人"宋午",妻名已经削去,可能已亡故,可不讨论。"弟不更熊","熊妻曰☐☐","弟不更卫","卫妻曰有":"熊"妻名暂未释读出,不论;"卫"妻"有","有"从"卫"之姓,"卫"又与其兄"宋午"同姓,故也省写。

其他 14 户(K8/9/11/47、K36、K3、K5、K38/39、K15、K18、K6、K7、K26、K31/37、K33、K35、K51),因简牍字迹漫漶,这里不做讨论。

迁陵县其他里也散见关于户人的材料,如贰春乡东成里户人简牍:

简(11)东成户人大夫寡晏　　☐
　　　子小女子女巳　　　　☐
　　　子小女子不唯　　　　☐　　　　　　(9－566)②
简(12)东成户人士五夫　　　☐
　　　妻大女子沙　　　　　☐

---

① K2/23 释文,参见湖南省文物考古研究所编著《里耶发掘报告》,第 205 页;里耶秦简博物馆、出土文献与中国古代文明研究协同创新中心中国人民大学中心编著《里耶秦简博物馆藏秦简》,图版第 74 页。释文"有"、第三栏的"熊"和"勮"、第四栏的"熊"和"阿"字从后书。第三栏"子小上造☐",从图版看,此行字似乎是补写在左右两行之间,与其他字体相比较小,对此,在中国人民大学出土文献研读班上历史学院的刘自稳认为,"子小上造☐"释文不应作"☐子小上造",图版此处难以辨认,结合发掘报告"第二栏首行应是宋午妻名,原有文字削去"的注解,宋午之妻可能是难产而死,"子小上造☐"应是宋午之子,是当时的新生儿,所以在户版上一削一补。今从之。

② 晏昌贵、郭涛:《里耶简牍所见秦迁陵县乡里考》,武汉大学简帛研究中心主办:《简帛》(第10辑),第 145－154 页。

子小女子泽若　　　　　☒
　　　子小女子份　　　　　　☒　　　　　　　　　　　　　　（9-2064）①

都乡阳里户人简牍，如：

简（13）阳里户人□☒
　　　小妾无蒙☒　　　　　　　　　　　　　　　　　　　　（8-126）②

启陵乡成里户人简牍，如：

简（14）成里户人司寇宜☒
　　　下妻卤☒　　　　　　　　　　　　　　　　　　　　（8-1027）③

以上简（11）-（14）散见户人简牍，情况比较特殊，户人不书姓。具体到简（12），学者以为与南阳里户版不同："本简内容与格式疑似户籍简，但内容的书写位置与里耶古城壕沟出土的户籍简略有区别：壕沟户籍简分栏书写，本简写于同一栏，由于下部残断，无法确定该简是否有其他内容。目前所见人口登记至'子小女子'而止，除非残断处登记'母'及'臣'，否则该户应无其他人口，是由夫、妻、两位未成年女儿共四人组成的核心家庭。"④

此外，还有女子为户主的情况，无从判断是从夫姓还是父姓。如："高里户人大女子杜衡"（9-43）⑤。

---

① 里耶秦简博物馆、出土文献与中国古代文明研究协同创新中心中国人民大学中心编著：《里耶秦简博物馆藏秦简》，图版第47页。
② 陈伟主编：《里耶秦简牍校释》（第1卷），第67页。
③ 陈伟主编：《里耶秦简牍校释》（第1卷），第264页。
④ 游逸飞、陈弘音：《里耶秦简博物馆藏第九层简牍释文校释》，注109，简帛网 http://www.bsm.org.cn/show_article.php?id=1968，2013年12月22日。
⑤ 里耶秦简博物馆、出土文献与中国古代文明研究协同创新中心中国人民大学中心编著：《里耶秦简博物馆藏秦简》，图版第39页。在中国人民大学出土文献研读班上历史学院的刘自稳认为，简（11）据"大夫寡"可知，也是女子为户人。

二　汉简所见妻从夫姓

由于秦史料的不足,笔者借助后代类似的材料来做阐释。西北汉简中居延汉简、居延新简、额济纳汉简、肩水金关汉简是汉代西北边塞重要的文书资料,年代多为西汉中晚期,其中的卒家属廪名籍、葆出入名籍、吏及家属符、过关简牍等都涉及家属姓名,提供了妻从夫姓的众多例证。西北汉简向来被认为琐碎,幸有许多学者对之做过分类研究,①这为进一步的探讨提供了极大便利。

秦南阳里户版体现了以户人为中心的原则,户人书写完整姓名,而汉代的卒家属廪名籍、葆出入名籍、吏及家属符则体现了以边塞吏卒为中心的文书原则。

居延汉简、居延新简中的卒家属廪名籍是供给卒家属粮食的名册。这类名籍中卒的姓名俱全,其家属特别是妻都省写姓氏。

简(15)　　　　妻大女弟年卅四用谷二石一斗六升大
制虏隧卒<u>张孝</u>　子未使女解事年六用谷一石一斗六升大　凡用谷三石
　　　　　　　　三斗三升少

　　　　　　　　　　　　　　　　　　　　　　　　　　(55·25)②

简(16)　　　　父大男偃年五十二
第六隧卒<u>宁盖邑</u>　母大女请卿年卅九　见署用谷七石一斗八升大
　　　　　　　　妻大女女足年廿一

　　　　　　　　　　　　　　　　　　　　　　　　　　(203·12)

---

①　卒家属廪名籍的归类研究,参见李均明《秦汉简牍文书分类辑解》,北京:文物出版社,2009年,第359—361页;李天虹:《居延汉简分类簿籍研究》,北京:科学出版社,2003年,第66—70页。

②　简号形式如55·20,参见谢桂华、李均明、朱国炤《居延汉简释文合校》,北京:文物出版社,1987年;简号形式如EPT65·119,参见马怡、张荣强主编《居延新简释校》,天津:天津古籍出版社,2013年。并参考新出释文,如简牍整理小组编《居延汉简》(壹)、(贰)、(叁),台北:中研院史语所,2014年、2015年、2016年;张德芳主编《居延新简集释》(一)—(七),兰州:甘肃文化出版社,2016年。下同。

简(15)隧卒"张孝"廪名籍中,妻"弟"、女"解事"均省写"张"姓,妻"弟"当从夫姓。简(16)隧卒"宁盖邑"廪名籍中,似乎显示这是一个主干家庭,父"偃"与子"宁盖邑"同姓,母"请卿"从夫姓,也与子"宁盖邑"同姓,妻"女足"从夫"宁盖邑"姓,父、母、妻三者均省写姓氏。

同类例子中,还有:203·13 的"王井"与妻"严"、254·11 的"丁仁"与母"存"、194·20 的"虞护"与妻"胥"等。①

居延汉简、居延新简特别是肩水金关汉简所见出入关凭证中的葆出入名籍、吏及家属出入符涉及家属情况,与秦南阳里户版、卒家属廪名籍书姓方式略有不同,两种材料都明确体现了妻从夫姓:两种文书除了以边塞戍吏为中心而书姓之外,其他附属成员也书姓,异姓的相关成员自然书写出异姓,同姓的则第一位书姓,妻若列在附属成员首位则书夫姓。

肩水金关汉简葆出入名籍有这样一条材料:

简(17)　　　　　　　妻屋兰宜春里大女吾阿年卅　□☒
　　橐他隧长吾惠葆　阿父昭武万岁里大男胡良年六十九 ☒
　　　　　　　　　　　　　　　　　　　　　(73EJT37:1463)②

该简显示,隧长"吾惠"姓"吾",妻"吾阿"从夫姓,书"吾"姓,妻"吾阿"父"胡良",书姓"胡"。该简最能体现妻从夫姓现象。

另外的两条"葆"出入名籍材料也显示妻子从夫姓。

简(18)　　　　　　　葆妻䵼得长寿里赵吴年廿七
　　橐他野马隧长赵何　子小女佳年十三
　　　　　　　　　　　子小男章年十一　　(73EJT37:846)

---

① 更多例子:55·20、95·16、95·17、95·18、95·20、161·1、203·3、203·7、203·16、203·19、231·25、317·2、EPT65·119、EPT65·411 等。

② 简号形式如 73EJT37:1463,参见甘肃简牍博物馆、甘肃省文物考古研究所、甘肃省博物馆、中国文化遗产研究院古文献研究室、中国社会科学院简帛研究中心编《肩水金关汉简(贰)(叁)(肆)(伍)》,上海:中西书局,2012 年、2013 年、2015 年、2016 年。下同。

简(19)

右大尉书吏耿昌葆　妻昭武久长里耿经年二十八月十六日北嗇夫博出

(73EJF3:245+497)

吏及家属符又有:

简(20)永光四年正月己酉　　妻大女昭武万岁里孙弟卿年廿一

　　　　　　　　　　　　子小女王女年三岁

　橐佗延寿隧长孙晦符　弟小女耳年九岁　　皆黑色 (29·1)

简(21)　　　　　　　　　母昭武平都里虞俭年五十

　橐他南部候史虞宪　　妻大女丑年廿五　　大车一两

　建平四年正月家属出入尽十二月符　子小女孙子年七岁　用牛二头

　　　　　　　　　　　　子小男冯子年四岁　用马一匹

(73EJT37:758)

简(20)隧长"孙晦"家属符中,"孙晦"的家属成员第一位妻"孙弟卿"从夫姓,女"王女"、弟女"耳"省写"孙"姓。简(21)候史"虞宪"家属符中,"虞宪"的家属成员第一位母"虞俭"从夫姓,与"虞宪"同姓,妻"丑"、女"孙子"、子"冯子"省写"虞"姓。

这样的材料还有很多,如 73EJT37:175、73EJT37:754、73EJT37:756、73EJT37:758、73EJT37:762、73EJT37:1007[①]等。

吏及家属符多有刻齿,由此可判断以下简(22)也属家属符,隧长"孙道得"妻"孙可梟"亦从夫姓。

简(22)▨博望隧长孙道得妻居延平里　子男□□年四岁　▨

　　　▨孙可梟年廿七岁长七尺黑色　子小男璜□年二岁▨

(73EJT29:33)

---

① 73EJT37:175 到 73EJT37:1007,分见甘肃简牍博物馆、甘肃省文物考古研究所、甘肃省博物馆、中国文化遗产研究院古文献研究室、中国社会科学院简帛研究中心编《肩水金关汉简(肆)》中册,第56、115、117、158页。

金关简还有一枚家属符简(23)记有一名隧长名"奉",未书姓,其下家属成员第一位妻名"叶中孙",子、女、弟、弟妇均未书姓。由文书省写以及妻从夫姓的情况推测,这名隧长应姓"叶"。

简(23)　　　　　　　　隧长奉妻觻得常乐里大女叶中孙年廿五岁
　　初元四年正月癸酉　　子小女悳年五岁　　　·皆黑色
　　橐佗珍虏隧长符　　　子小男忠年一岁
　　　　　　　　　　　　奉弟辅年十七岁
　　　　　　　　　　　　奉弟妇婢年十六岁　　　(73EJT30:62)

另一枚家属符也较特殊:

简(24)　　　　　　　　母居延屏庭里徐都君年五十
橐他候史氏池千金里张彭　男弟觻得当富里张恽年廿　车二两
建平四年正月家属符　　　男弟临年十八　　　　　用牛四头
　　　　　　　　　　　　女弟来侯年廿五　　　　马三匹
　　　　　　　　　　　　女弟骄年十五
　　　　　　　　　　　　彭妻大女阳年廿五

(73EJT37:1058)

该简显示,候史"张彭"家属成员第一位母名"徐都君"。"徐都君"本应从"张彭"父的"张"姓,为何姓"徐"? 有学者认为,"徐都君"可能改嫁了"徐"姓丈夫,或已离异而以父姓"徐"相别,又或为"张彭"继母而以父姓"徐"相别。二人籍贯亦不同,一为居延屏庭里,一为氏池千金里。① 家属符不同于户籍,"徐都君"也可能不存在以上可能,只是从父姓而书名。"张彭"家属第一位同姓成员弟名"张恽",弟"临"、女弟"来侯"、女弟"骄"、妻"阳"则省写了"张"姓。妻"阳"当确是从夫姓的。

金关简其他类过关记录多见妻从夫姓:

---

① 此意见由重庆师范大学历史与社会学院钟良灿提出。

简(25)　　　　　　　子小男贺年三岁
广地受延隧长<u>徐</u>寿光妻氏池富昌里<u>徐</u>公君年廿八黑色　　　牛车一两
　　　　　　　　　　　　　　　　　　　　　　　　　　　(73EJT23:977)

简(26)　　　　　妻<u>觻</u>得长寿里大女<u>觻</u>服君年卅五　牛车一两　正月戊寅出
府守属<u>觻</u>护　子小男宪年十四尸　　　　　用牛二　二月癸卯入
　　　　　　　　　　　　　　　　　　　　　　　　　　　(73EJT37:1150)

此外,汉简之中有两简需稍做辨析。

简(27)　　　　妻大女止耳年廿六用谷二石一斗六升大
制虏隧卒<u>周</u>贤　子使女捐之年八用谷一石六斗六升大
　　　　　　　子使男并年七用谷二石一斗六升大　凡用谷六石
　　　　　　　　　　　　　　　　　　　　　　　　　　　(27·4)
简(28)　　　广地關都亭长<u>苏</u>安世妻居延鉼庭里<u>薛</u>存年廿九长☐
　　　　　　　　　　　　　　　　　　　　　　　　　　　(73EJH1:25)

简(27)中的妻"止耳"虽然未写姓,但是按照上述省写规律,当是从夫姓"周"。简(28)中的妻"薛存"的"薛"字似乎是姓,但是对照简(25),可发现这里"薛"非姓,"薛存"当是妻的双名,所从夫姓"苏"有所省写。

三　吴简所见妻从夫姓

有学者曾对《长沙走马楼吴简·竹简[壹]》所见女子名字进行过探讨,他们根据该书的"人名索引"认为:"女子姓名显示,大多只书名,不书姓,或说只书'名字',不书'姓字'。通常以'母'、'妻'、'小妻'、'子女'、'户下婢'出现时,都不书'姓字'。"进而提出:"这一'妇人无姓'的情形,或许与'妇人无名'同样,也反映了其社会地位'贱于丈夫'的事实。"[①]这是一种角

---

① 王子今、王心一:《走马楼竹简女子名字分析》,北京吴简研讨班编:《吴简研究》(第1辑),第263页;又见王子今《古史性别研究丛稿》,北京:社会科学文献出版社,2004年,第286页。

度、一种看法,而笔者更看重完整一户里妻从夫姓而省写的情形。

学者曾复原孙吴临湘侯国户籍简牍:南乡"嘉禾四年(235)吏民户数口食人名年纪簿"、小武陵乡"嘉禾四年(235)吏民人名妻子年纪簿"、广成乡"嘉禾六年(237)吏民人名年纪口食簿"。① 对于这些户籍文书,学者认为是"县级户籍"。②

南乡的户籍简牍,例如简(29),"厥妻大女瞻"当省写夫姓"张"。

简(29)　宜阳里户人公乘<u>张</u>厥年廿九　　　　　(壹·9322/14)
　　　　　<u>厥妻大女瞻</u>年廿一　　　　　　　　　(壹·9408/14)
　　　　　厥男弟世年十一踵两足　　　　　　　(壹·9374/14)
　　　　　世男弟易年七岁　　　　　　　　　　(壹·9459/14)
　　　　　易男弟闻年四岁　　　　　　　　　　(壹·9375/14)
　　　　　右厥家口食五人　中訾　五　十　　(壹·9366/14)③

该乡一组女户简,也值得关注:

简(30)　平乐里户人大女番<u>妾</u>年卅八　　　　　(壹·9006/14)
　　　　　妾子男成年五十一苦腹心病　　　　　(壹·9294/14)
　　　　　<u>成妻大女汝</u>年卅三　　　　　　　　(壹·9285/14)
　　　　　右妾家口食三人　中訾　五　十　　(壹·9286/14)④

---

① 凌文超:《走马楼吴简采集簿书整理与研究》,桂林:广西师范大学出版社,2015年,第12-153页。侯旭东:《长沙走马楼吴简<竹简(贰)>"吏民人名年纪口食簿"复原的初步研究》,《中华文史论丛》2009年第1辑,收入《近观中古史:侯旭东自选集》,上海:中西书局,2015年,第81-107页。侯旭东:《长沙走马楼吴简"嘉禾六年(广成乡)弦里吏民人名年纪口食簿"集成研究:三世纪初江南乡里管理一瞥》,《近观中古史:侯旭东自选集》,第108-142页。释文还可参见长沙市文物考古研究所、中国文物研究所、北京大学历史学系、走马楼简牍整理组编著《长沙走马楼三国吴简·竹简(壹)》下册、《长沙走马楼三国吴简·竹简(贰)》下册,北京:文物出版社,2003年、2007年。

② 张荣强:《湖南里耶所出"秦代迁陵县南阳里户版"研究》,《北京师范大学学报(社会科学版)》2008年第4期。

③ 凌文超:《走马楼吴简采集簿书整理与研究》,第50页。

④ 凌文超:《走马楼吴简采集簿书整理与研究》,第73页。

简(30)显示,户人"番妾""年卅八",年龄明显比"子男成""年五十一"要小,当排除"成"父为赘婿的可能,"番妾"很可能是"成"的继母,是"成"父续娶之妻。户人"番妾"书写完整姓名,从夫姓"番";户下"子男成"与父同"番"姓,省写;"成妻大女汝"从夫"番"姓,省写。

小武陵乡的户籍简牍,例如简(31),"叙妻大女妾"当省写夫姓"殷"。

简(31)　　吉阳里户人公乘殷叙年八十一　　　（壹·10094）
　　　　　　叙妻大女妾年七十一　　　　　　　（壹·10093）
　　　　　　凡口二事一　訾　五　十　　　　　（壹·10092）①

该乡有一户家庭值得注意:

简(32)　　高迁里户人公乘张像年卅筭一刑右足　（壹·10289·47）
　　　　　　像妻大女亭年廿五筭一　　　　　　　（壹·10284·42）
　　　　　　像妻男弟狗年五岁　　　　　　　　　（壹·10278·35）②

简(32)中的户人"张像",可推测"妻大女亭"从夫姓"张",那么"像妻男弟狗"既然不书姓,列在此户下,也姓"张"吗?答案可能是肯定的。

三国时期多有改姓的例子。

有过继为他人嗣子而改姓者。《三国志·吴书·朱然传》:"朱然字义封,(朱)治姊子也,本姓施氏。初治未有子,然年十三,乃启策乞以为嗣。"③

有躲避战乱而改姓者。《三国志·吴书·程秉传》裴注引《吴录》曰:"(征)崇字子和,治《易》《春秋左氏传》,兼善内术。本姓李,遭乱更姓,遂隐于会稽,躬耕以求其志。"④

---

① 凌文超:《走马楼吴简采集簿书整理与研究》,第110页。
② 凌文超:《走马楼吴简采集簿书整理与研究》,第112页。
③ 《三国志》卷五六《吴书·朱然传》,北京:中华书局,1959年,第1305页。
④ 《三国志》卷五三《吴书·程秉传》,第1248页。

有因姓有歧义而改者。《三国志·吴书·是仪传》："是仪字子羽,北海营陵人也。本姓氏,初为县吏,后仕郡,郡相孔融嘲仪,言'氏'字'民'无上,可改为'是',乃遂改焉。"①

具体到简(32),"狗"随其姊"亭"依附"张像",可能改姓为"张",所以不书姓。

又有广成乡户籍简牍,如简(33),"兒妻大女智(?)"当省写夫姓"李"。

简(33)

民男子李兒年卅一　　兒妻大女智(?)卅八算䇳　　(贰·1707)

兒子女小年七岁　　▼　　　　　　　　　　　　　(贰·1695)

·右兒家口食三人　　▼　　　　　　　　　　　　(贰·1709)②

以上列举的临湘侯国南乡、小武陵乡、广成乡孙吴户籍简牍,多显示妻不书姓,可能即是妻从夫姓的体现。

四　结语

"秦代迁陵县南阳里户版"中户人之妻不书姓,可能是从夫姓。联系汉承秦制,再观察汉代的西北汉简中的卒家属廪名籍妻不书姓,可能是从夫姓。特别是葆出入名籍、吏及家属符,明确显示妻从夫姓。孙吴的户籍制度又对汉制有所继承和发展。③ 临湘侯国户籍简牍妻不书姓,可能也是从夫姓。由汉代、孙吴的简牍文书来反观秦代的户籍文书,或许说明在户人或者相关文书主体人姓名俱全的情况下,附属成员在遵从文书简洁的原则下,省写姓,只书名,其中多见的妻不书姓当是妻从夫姓的一种体现。妻从夫姓的

---

① 《三国志》卷六二《吴书·是仪传》,第1411页。
② 侯旭东:《长沙走马楼吴简<竹简(贰)>"吏民人名年纪口食簿"复原的初步研究》,《中华文史论丛》2009年第1辑,收入《近观中古史:侯旭东自选集》,第81-107页。
③ 参见张燕蕊《从走马楼吴简户籍书式看孙吴对秦汉户籍制度的继承和发展》,《中国人民大学学报》2011年第1期。

社会情形即便在秦边陲的迁陵县也较为普遍。

本文推测秦代在户籍文书中已有妻从夫姓存在,并非否定妻从父姓,正史中的妇女出嫁后的称谓大多还是以父姓某氏的形式存在。但学者认为,妻"冠夫姓""是从元代开始流行起来的",①似乎将其推断过晚。

对于妻从夫姓或从父姓,滋贺秀三的观点值得重视,他认为这体现出了女子在宗的所属方面的双重性:"从自然性的意义上看,女性仍属父亲的宗并且这种关系从出生直到死亡终生不变。由女性结婚后即使冠以夫姓也决不改变自己生身之家的姓这种习惯中,大概可以说象征着这种情况。另一方面,在社会性的意义上来看,女性由于婚姻应该说变成了夫所属之宗的人。而且,与其说她从父宗向夫宗的地位转移,不如说由于婚姻才取得了夫宗之中的地位。换言之,女性的社会意义上的宗的所属关系,应当看作不是由出生而是由婚姻所产生的。像这种在自然性上视为父宗,在社会性上视为夫宗等,由于观察的角度而将宗的所属截然分为两面是女性命中注定的。"②

(作者单位:首都师范大学历史学院。本文原刊于《中国人民大学学报》2018年第3期,收录时略有删改)

---

① 阿风:《明清时代妇女的地位与权利:以明清契约文书、诉讼档案为中心》,北京:社会科学文献出版社,2009年,第266页。
② [日]滋贺秀三著,张建国、李力译:《中国家族法原理》,北京:法律出版社,2003年,第16页。

里耶秦简所见秦迁陵一带的农作物

李兰芳

2002年6月,湖南省文物考古工作者在湘西土家族苗族自治州龙山县里耶古城遗址一号井中发掘出简牍36000余枚,其中有文字的约17000枚。这批简牍大多是迁陵县与上级洞庭郡、下属司空、仓官、田官诸署以及都乡、启陵、贰春三乡的往来文书和各种簿籍。由于重要的史料价值,里耶秦简一经公布,立即引起了学者们的高度关注。关于郡县与官署设置、赋税徭役、官吏考课、邮传等方面的成果十分丰富。不过,这批简牍也包含不少当地物产的信息,不为学界重视。笔者拟对简牍所见迁陵一带的农作物资源加以梳理、总结,以期管窥秦代迁陵百姓对自然资源的开发、利用。

按照人们的利用情况,可将其分为粮食作物、瓜果蔬菜、竹木类经济作物、麻及其他草木植物。

一 粮食作物

粮食作物主要有粟、稻、秫、粱粟、菽荅、芋等。我们一般认为秦汉时期南方以稻为主,兼种粟。但就里耶秦简所见,粟在百姓饮食生活中的重要性不亚于稻。粟频繁地出现在当地发放口粮的记录中。如:

粟米六十四石。 卅五年七月戊子朔丙辰,囗囗(8-257+8-937)

粟米四石。 卅囗(8-511)

粟米一石二斗半斗。卅一年三月丙寅,仓武、佐敬、廪人援出禀

大隶妾。☒Ⅰ
　　令史尚监。Ⅱ(8-760)①

而且,目前所见秦迁陵县的粮仓有径廥、乙廥、丙廥、西廥等名目,廥中存储粮食多为粟米,只有一例为贮稻。② 贮粟者如:

径廥粟米二石。　　　☒Ⅰ
卅一年十月乙酉,仓守妃、佐富、稟人援出稟屯☒Ⅱ(8-56)
丙廥粟米四石五斗。　　·卅一年十月甲寅,仓守妃☒(8-821)
卅年六月辛亥,司空守兹、史☒☒☒☒Ⅰ
乙廥粟米三斗少半斗。☒Ⅱ(8-1647)③

贮稻者为:

【廿六】年十二月癸丑朔己卯,仓守敬敢言之:出西廥稻五十Ⅰ☒石六斗少半斗输;粱粟二石以稟乘城卒夷陵士五(伍)阳☒Ⅱ☒☒☒。今上出中辨券廿九。敢言之。　☒手。Ⅲ(8-1452)
☒申水十一刻刻下三,令走屈行。　　操手。(8-1452背)④

此外,简文还可见粟、稻的两种特殊品种——秫、需(糯)米:

秫厄秫求请得以卮求(8-200+8-296)
聿聿建安(8-200背+8-296背)⑤

---

① 陈伟主编:《里耶秦简牍校释》(第1卷)(下简称《校释》),武汉:武汉大学出版社,2012年,第123、172、218页。
② 《校释》作者亦指出了这点(第42页)。
③ 陈伟主编:《里耶秦简牍校释》(第1卷),第42、232、373页。
④ 陈伟主编:《里耶秦简牍校释》(第1卷),第330页。
⑤ 陈伟主编:《里耶秦简牍校释》(第1卷),第111页。

《说文》曰:"秫,稷之粘者。"段玉裁注:"《九谷考》曰:稷,北方谓之高粱,或谓之红粱。其粘者黄白二种,所谓秫也。秫为粘稷,而不粘者亦通评为秫秫。而他谷之黏者亦叚借通称之曰秫。陶渊明使公田二顷,五十亩种秫,稻之黏者也。崔豹《古今注》所谓秫为黏稻是也。"①

……需米百卅六。 瘳手。(8-1361)②

《校释》作者认为,需米,疑即糯米。《尔雅·释草》:"稌,稻。"邢疏:"《说文》云:沛国谓稻为糯。秔,稻属也。《字林》云:糯,黏稻也。"③可从。

除了谷物,菽荅、芋也是当时重要的粮食作物。菽、荅都属豆类。豆的种植始于何时,已无法考证。《诗三家义集疏》言:"'菽'者,众豆之总名,后以小豆名'荅',遂专名'菽'为大豆。"④《说文》曰:"荅,小尗也。"段玉裁注:"《礼》注有麻荅。《广雅》云:小豆,尗也。叚借为酬荅。"⑤这里的"菽荅"当泛指豆类作物:

☐【叔】荅叶有☐ Ⅰ
☐实焦☐☐ Ⅱ
☐☐畏害所☐☐ Ⅲ
☐☐☐☐☐Ⅳ(5-19)⑥

豆类是当时南北皆种的重要粮食作物,云梦睡虎地秦简《秦律十八种·仓律》中有关于种豆时用种数量以及去壳前后比率的规定,为我们了解秦汉

---

① [汉]许慎撰,[清]段玉裁注:《说文解字注》,上海:上海古籍出版社影印本,1988年,第322页。不过,简8-1361也不排除习字简的可能。
② 陈伟主编:《里耶秦简牍校释》(第1卷),第315页。
③ 陈伟主编:《里耶秦简牍校释》(第1卷),第315-316页。
④ [清]王先谦撰:《诗三家义集疏》卷一七《小宛》,北京:中华书局,1987年,第694页。
⑤ [汉]许慎撰,[清]段玉裁注:《说文解字注》,第23页。
⑥ 陈伟主编:《里耶秦简牍校释》(第1卷),第12页。

时期的农业提供了珍贵的资料:

> 种:稻、麻亩用二斗大半斗,禾、麦亩一斗,黍、荅亩大半斗,叔
> (菽)亩半斗。利田畤,其有不尽此数者,可殹(也)。其有本者,称
> 议种之。(38-39)
>
> 为粟廿斗,舂为米十斗;十斗粲,毁(毇)米六斗大半斗。麦十
> 斗,为𪎭三斗。叔(菽)、荅、麻十五斗为一石。·稟毁(毇)稗者,以
> 十斗为石。　仓(43)①

芋,现又名芋芀、芋头,特指天南星科的一种植物。但古代所说的"芋"范围更广,"我国古代对一些植物的根或地下茎储藏大量淀粉作为无性繁殖器官,这种地下块根块茎之类通称为芋"。② 今天,由于粮食作物的丰富,我们多将芋头作为蔬菜食用,但由于它储藏了大量淀粉,曾长期是古人的粮食作物,饥荒年份尤被珍视。《史记·货殖列传》载赵人卓氏入蜀后,要求定居偏远的临邛,"吾闻汶山之下,沃野,下有蹲鸱,至死不饥"。唐张守节《正义》:"蹲鸱,芋也。言邛州临邛县其地肥又沃,平野有大芋等也。《华阳国志》云汶山郡都安县有大芋如蹲鸱也。"③芋属于亚热带和热带植物,适宜在温湿环境中生长。广西贵县罗泊湾1号汉墓的椁室淤泥内出土大批植物种实,其中便有芋,且芋茎和芋头外壳得以保存。④ 迁陵县属湘西地区,为亚热带季风性湿润气候,正适合芋的生长:

☐买蓐(藞)芋☐(8-395)
☐AⅠ
☐AⅡ
芋AⅢ

---

① 睡虎地秦墓竹简整理小组编:《睡虎地秦墓竹简》,北京:文物出版社,1990年,第29、30页。
② 李璠编著:《中国栽培植物发展史》,北京:科学出版社,1984年,第124页。
③ 《史记》卷一二九《货殖列传》,北京:中华书局,1982年,第3278页。
④ 广西壮族自治区博物馆编:《广西贵县罗泊湾汉墓》,北京:文物出版社,1988年,第87页。

芹 BⅠ
韭 CⅠ
□CⅡ
芋 CⅢ
季 DⅠ
析 DⅡ
梅 DⅢ
乔 DⅣ(8-1664)
☑妾一人蓐芋。☑Ⅱ(8-1861)①

《校释》作者认为蓐，读为"耨"，除草。或可从。而简 8-1861 载女子"蓐芋"恰可与四川彭州市画像砖描绘的采芋场面相印证。"正面是靠近水塘的芋地，远处有游鱼、野鸭。荷花含苞待放，当是盛夏季节。芋田近处布满了芋头，四个农夫俯身伸臂在采芋。田间鸡鸭成群觅食。"(图1)②彭卫先生认为"其中一人身材矮小，胸部突起，系女性形象"。③ 或可据此推断，芋的栽培、管理、收获是当时女性田间劳作的内容之一。

二 蔬菜瓜果

蔬菜有巴葵、芹、韭、冬瓜、菌，瓜果有枝(枳)枸、栗、梅、橘等。葵早在春秋战国时期，已经被驯化为蔬菜作物，种类很多。居延汉简中有不少关于葵的记载，如：

青黍三石　梁粟一石五斗☑月□日□□邑中夏君壮多问
曲四斗　葵二斗 ☑……湌食如常长□□□ 起 居 得 毋 有

---

① 陈伟主编：《里耶秦简牍校释》(第1卷)，第142、375、401页。
② 刘志远、余德章、刘文杰编著：《四川汉代画像砖与汉代社会》，北京：文物出版社，1983年，第45页。
③ 彭卫：《汉代女性的工作》，《史学月刊》2009年第7期。

鱼百廿头　　☐它今遣崔尉史执物如牒十五日寄书万侠游付
（E. P. T44.8A）①

里耶秦简中唯见巴葵，可能指来自巴地的品种：

☐☐佐居将徒捕爰Ⅰ
☐☐二、黑爰一Ⅱ
☐百五十人。··皆食巴葵。Ⅲ(8-207)
☐☐年(8-207背)②

葵在现代分类学上称为"冬葵"，属锦葵科，又称冬寒菜、滑肠菜等。《校释》作者认为，"《诗·豳风·七月》：'七月亨葵及菽。'也是一种菊科草本植物名，有绵葵、蜀葵、秋葵、向日葵等。"③意指此处的"葵"系菊科植物，与今日所称"向日葵"混为一谈，不当。④

芹、韭较为常见，前引简8-1861可见。芹有两种，即水芹和旱芹，同属伞形科，不同属。"水芹属植物分布于旧大陆温暖地，我国有十种，产西南部至中部，其中水芹在我国自古广泛被利用，供蔬食。"⑤《诗经·小雅》："言采其芹。"《疏》引《笺》曰："芹，菜也，可以为菹，亦所用待君子也。我使采其水中芹者，尚絜清也。"⑥《诗经》之"芹"与里耶秦简之"芹"应为一物。韭属百合科葱属，早在四千年前我国已经开始栽培。在干冷的河西地区，韭菜亦可生长：

---

① 马怡、张荣强主编：《居延新简释校》，天津：天津古籍出版社，2013年，第189页。
② 陈伟主编：《里耶秦简牍校释》（第1卷），第113页。
③ 陈伟主编：《里耶秦简牍校释》（第1卷），第113页。《校释》作者说此条校释参考《本草纲目·草五·葵》，但查诸《本草纲目》，并无"绵葵"，当为"锦葵"之误。
④ 安忠义、强生斌在论述河西汉简所见蔬菜时亦指出了将"葵"与"向日葵"混淆的问题，见《河西汉简中的蔬菜考释》，《鲁东大学学报》（哲学社会科学版）2008年第6期。
⑤ 李璠编著：《中国栽培植物发展史》，第138页。
⑥ ［清］王先谦撰：《诗三家义集疏》卷二〇《采菽》，第791页。

☐卒宗取韭十六束其三束为中舍二束掾舍十一束卒史车父复来

☐二石唯掾分别知有余不足者园不得水出☐多恐乏今有（E.P.T51:325A）①

冬瓜属葫芦科冬瓜属。其中有一种老熟时皮上有白粉，所以又叫白冬瓜，是我国南部原产。里耶秦简仅一例：

献冬瓜　干鲐鱼（8-1022）②

笔者推测，简文所言"冬瓜"可能即是白冬瓜，当时仍主要分布于南方，北方少见，所以与干鲐鱼被作为贡物奉献给皇帝。另外，前引广西贵县罗泊湾1号汉墓亦曾出土冬瓜籽。③里耶秦简还有数条"求菌"的记载，当指采集野生食用菌的活动：

☐死敢告赣即与☐Ⅰ
☐求菌叚（假）仓赣【敢】☐Ⅱ（8-459）④
求菌日久☐☐（8-1689）⑤
☐求菌叚（假）仓赣敢言之☐（8-2371）⑥
女九十人求菌 EⅡ（10-1170）⑦

《校释》作者以为"疑'菌'读为'囷'，'求菌'是一处粮仓"，或不当。"菌"当

---

① 马怡、张荣强主编：《居延新简释校》，第309页。
② 陈伟主编：《里耶秦简牍校释》（第1卷），第263页。
③ 广西壮族自治区博物馆编：《广西贵县罗泊湾汉墓》，第87页。
④ 陈伟主编：《里耶秦简牍校释》（第1卷），第155页。
⑤ 此处释文参考杨先云《里耶秦简识字三则》，简帛网 http://www.bsm.org.cn/show_article.php?id=1993，2014年2月27日。《里耶秦简牍校释》（第1卷）释为"求菌内久☐☐"（第378页）。
⑥ 陈伟主编：《里耶秦简牍校释》（第1卷），第462页。
⑦ 里耶秦简牍校释小组：《新见里耶秦简牍资料选校（一）》，简帛网 http://www.bsm.org.cn/show_article.php?id=2068，2014年9月1日。

指野生食用菌,"求菌"指这种采集活动。关于这一问题,谢坤先生有较详细的论述。① 从简 10-1170 来看,这也是当时女性的工作之一。

迁陵一带的瓜果以枝(枳)枸最有特色:

贰春乡枝(枳)枸志。AⅠ

枝(枳)枸三木。AⅡ☐下广一亩,AⅢ格广半亩,高丈二尺。BⅠ去乡七里。BⅡ卅四年不实。BⅢ(8-455)

下临沅请定献枳枸程,程　　已(8-855)

卅四年八月癸巳朔丙申,贰春乡守平敢言之:Ⅰ贰春乡树枝(枳)枸卅四年不实。敢言之。Ⅱ(8-1527)

平手。(8-1527背)②

枝(枳)枸,现称为枳椇,又称拐枣、鸡爪子、万字果,是鼠李科枳椇属高大乔木,花期5—7月,果期8—10月。多生于阳光充足,海拔200—1500米的山坡、山谷。《诗经·小雅》"南山有枸",毛《传》:"枸,枳枸。"③李时珍曰:"枳椇木高三四丈,叶圆大如桑柘,夏月开花。枝头结实,如鸡爪形,长寸许,纽曲,开作二三歧,俨若鸡之足距。嫩时青色,经霜乃黄。嚼之味甘如蜜。每开歧尽处,结一二小子,状如蔓荆子,内有扁核赤色,如酸枣仁形。飞鸟喜巢其上,故宋玉赋云:'枳枸来巢'。《曲礼》云:'妇人之贽,椇、榛、脯脩。'即此也。盐藏荷裹,可以备冬储。"又指出枳椇主治"头风,小腹拘急。(唐本)止渴除烦,去膈上热,润五脏,利大小便,功用同蜂蜜。枝、叶煎膏亦同。(藏器)止呕逆,解酒毒,辟虫毒。(时珍)"④现代医学研究表明,枳椇确实具有

---

① 谢坤:《读〈里耶秦简(壹)〉札记(一)》,简帛网 http://www.bsm.org.cn/show_article.php?id=2266,2015年6月29日。
② 陈伟主编:《里耶秦简牍校释》(第1卷),第153、237、350页。
③ [清]马瑞辰撰:《毛诗传笺通释》卷一八《小雅·南山有台》,北京:中华书局,1989年,第533页。
④ [明]李时珍著,王育杰整理:《本草纲目》卷三一《果部》,北京:人民卫生出版社,1999年,第1514页。

这样的药用价值,且解酒尤其有效。① 里耶秦简"贰春乡枝(枳)枸志"详细记录了枝(枳)枸的数量、大小、位置、结实情况,可见其重要性。简 8-1527 显示,贰春乡守平呈报当年枝(枳)枸不结果的时间为"八月癸巳朔丙申",可见按照往年的农事经验,此时刚刚过了结果期。而这一时间也与现代农业科学的认识一致。另外,现代农业科学还认为,枳椇属深根性,萌芽力强,性喜光,耐旱,耐寒,抗贫瘠,生长快,适应性强。对土壤要求不严,低山、丘陵、平原地区均可种植,但以土层深厚,排水良好的地区生长最佳。病害较少,抗逆性强。② 而在秦始皇三十四年(前213),迁陵一带可能出现了严重的气候异常或水旱灾害,以致三株枳椇都不结实。

栗,落叶乔木,属壳斗科栗属,果实为坚果,可食用,可入药。里耶秦简载:

  课上金布副。AⅠ

  秶课。AⅡ

  作务。AⅢ

  畴竹。AⅣ

  池课。AⅤ

  园栗。BⅠ

  采铁。BⅡ

  市课。BⅢ

  作务徒死亡。BⅣ

  所不能自给而求输。BⅤ

  县官有买用钱。/铸段(锻)。CⅠ

  竹箭。CⅡ

  水火所败亡。/园课。采金。CⅢ

---

① 郑刚、姜俊:《枳椇属植物及其药用的研究进展》,《实用医药杂志》2004 年第 8 期;胡鹏、詹珂、张利、罗文、高原菊:《天然解酒药物及食物的研究》,《长春中医药大学学报》2011 年第 1 期。

② 程忠跃:《乡土树种枳椇的培育技术与园林应用》,《防护林科技》2015 年第 7 期。

貣、贖、责(债)毋不收课。CⅣ(8-454)①

栗实是一种具有较高营养价值的干果,可用于备战备荒。《史记》载苏秦说燕国形势:"南有碣石、雁门之饶,北有枣栗之利,民虽不佃作而足于枣栗矣。"②《韩非子》载:"秦大饥,应侯请曰:'五苑之草著蔬菜橡果枣栗,足以活民,请发之。'"③陕西西安半坡新石器时代遗址中出土很多炭化的栗壳,表明先民当时已经采集野生栗实充饥。④ 湖北江陵望山二号楚墓、凤凰山一六七号汉墓、光化五座坟三号汉墓都曾出土板栗果实。⑤ 其中,江陵凤凰山一六七号汉墓出土栗实装在竹笼里,内有签牌"茜笞一枚"。⑥ 可见,当地将栗称为"茜"。

梅、橘都是南方较常见的水果,先秦典籍中常见记载。里耶秦简仅一例:

　　□ AⅠ

　　□ AⅡ

　　芋 AⅢ

　　芹 BⅠ

　　韭 CⅠ

　　□ CⅡ

　　芋 CⅢ

　　季 DⅠ

　　析 DⅡ

---

① 陈伟主编:《里耶秦简牍校释》(第1卷),第152-153页。
② 《史记》卷六九《苏秦列传》,第2243页。
③ [清]王先慎撰:《韩非子集解》卷一四《外储说右下》,北京:中华书局,2013年,第367页。
④ 刘全玉、鹿化煜、李小强、王志俊、石兴邦:《利用孢粉和有机质碳同位素重建半坡人时期古环境再探》,《考古与文物》2007年第1期。
⑤ 湖北省文化局文物工作队:《湖北江陵三座楚墓出土大批重要文物》,《文物》1966年第5期;湖北省博物馆:《光化五座坟西汉墓》,《考古学报》1976年第2期;凤凰山一六七号汉墓发掘整理小组:《江陵凤凰山一六七号汉墓发掘简报》,《文物》1976年第10期。
⑥ 湖北省文物考古研究所编:《江陵凤凰山西汉简牍》,北京:中华书局,2012年,第177页。

梅 DⅢ
喬 DⅣ(8-1664)①

湖北江陵望山二号楚墓、凤凰山一六七号汉墓、里耶古城壕第七层(年代属两汉之间)亦出土梅的果核。② 湖南长沙马王堆一号墓出土签牌上有"脯梅(梅)(42)"。③ 湖南长沙马王堆三号墓出土的竹简上有"橘一笥(180)"的记载,④广西贵县罗泊湾西汉墓出土有橘子的种核。⑤ 此外,里耶古城壕第七层出土的植物标本还有薤头、桃核、酸枣、缠绕植物、葫芦。⑥ 虽然年代属于两汉之间,但可以推想,秦朝迁陵百姓也可能已开始食用这些蔬果。

三 竹木类经济作物

竹、漆是当地最重要的经济作物,此外还有檀木。⑦ 关于竹的记载较多,除前引8-454,又如:

二人伐竹。BⅣ(8-162)
☐日   史☐Ⅰ
☐以竹☐Ⅱ(8-292)
畴竹。AⅣ

---

① 陈伟主编:《里耶秦简牍校释》(第1卷),第375页。
② 湖北省文化局文物工作队:《湖北江陵三座楚墓出土大批重要文物》,《文物》1966年第5期;凤凰山一六七号汉墓发掘整理小组:《江陵凤凰山一六七号汉墓发掘简报》,《文物》1976年第10期;湖南省文物考古研究所编著:《里耶发掘报告》,长沙:岳麓书社,2007年,彩版十二。
③ 裘锡圭主编,湖南省博物馆、复旦大学出土文献与古文字研究中心编纂:《长沙马王堆汉墓简帛集成(陆)》,北京:中华书局,2014年,第223页。
④ 裘锡圭主编,湖南省博物馆、复旦大学出土文献与古文字研究中心编纂:《长沙马王堆汉墓简帛集成(陆)》,第242页。
⑤ 广西壮族自治区博物馆编:《广西贵县罗泊湾汉墓》,第87页。
⑥ 湖南省文物考古研究所编著:《里耶发掘报告》,彩版十二。
⑦ 有学者认为还有柏树,但里耶秦简中有多人名"柏",不能确定简文所说是人名还是木名,故不列。

竹箭。CⅡ(8-454)①

一人取箫:厥。BⅫ

七人取箫:□、林、娆、粲、鲜、夜、丧。EⅧ(8-145+9-2294)②

整理者以为"箫"应读为"篠",指小竹。《文选》卷一八载马融《长笛赋》:"林箫蔓荆,森槮柞朴。"李善注:"《说文》曰:篠,小竹也。箫与篠通。"③可从。关于"竹箭",《礼记·礼器》载:"其在人也,如竹箭之有筠也,如松柏之有心也。"清人王懋竑曰:"竹箭中虚,故以筠言。"④《尔雅·释地》:"东南之美者,有会稽之竹箭焉。"郭璞注:"竹箭,篠也。"⑤竹的种类很多,里耶秦简中唯有"箫"或"竹箭",可能这是当地特有的品种。另外,简中还出现了各种竹制品,如笥、筥、匧等。可见,竹在当地百姓生活中的重要作用:

一人为笥:齐。EⅡ(8-145)

卅四年Ⅰ迁陵课Ⅱ笥。Ⅲ(8-906)

竹笥三合。卅四年十一月丁卯朔庚寅,少内守□☑(8-1220)

筥九合。 卅五年八月丁巳朔庚申,田官壬☑(8-900)

二人为匧。BⅡ(8-244)⑥

其中,笥指盛衣物或饭食等的方形竹器,筥为圆形的盛物竹器,匧同"簣",意为盛土的竹筐。

漆树属漆树科漆树属,生长于高山地带,是我国最古老的经济树种。漆

---

① 陈伟主编:《里耶秦简牍校释》(第1卷),第98、129、152-153页。
② 里耶秦简牍校释小组:《新见里耶秦简牍资料选校(二)》,简帛网 http://www.bsm.org.cn/show_article.php?id=2069,2014年9月3日。
③ [梁]萧统编,[唐]李善注:《文选》卷一八《长笛赋》,北京:中华书局,1977年,第250页。
④ [清]朱彬撰:《礼记训纂》卷一〇《礼器》,北京:中华书局,1996年,第357页。
⑤ [晋]郭璞注,[宋]邢昺疏,王世伟整理:《尔雅注疏》,上海:上海古籍出版社,2010年,第329页。
⑥ 陈伟主编:《里耶秦简牍校释》(第1卷),第85、246、293、245、121页。

树品种众多,现在我国有大红袍、酉阳小木漆等 14 个主要品种。湖南省龙山、四川酉阳的竹叶小木漆就是其中一种。这种漆有开割早,漆质好,产漆多,耐割漆的特点,单株年产量 1 千克,远高于其他大部分品种。① 秦代迁陵一带的漆树可能即以竹叶小木漆为主。里耶秦简的记载表明,当时这里有大面积的漆园,产漆、用漆量也颇为可观:

田课志。AⅠ
鬃园课。AⅡ
·凡一课。BⅠ(8-383+8-484)
贰春乡主鬃发。(8-1548)②
卅七年迁陵库工用计,受其贰春乡鬃□Ⅰ
桼(漆)三升,升歠(饮)水十一升,干重八。□Ⅱ(9-1138)③
女卅人与库佐午取桼,FⅣ(10-1170)④
用和桼(漆)六斗八升六籥(龠),□□□□Ⅰ
水桼(漆)九斗九升。□Ⅱ
凡十六斗七升六籥(龠)。□Ⅲ(8-1900)⑤

根据以上记载可知,贰春乡应是迁陵县漆的重要产地,为此设有专人看管漆树。漆又有和漆、水漆等品种。而取漆与蓐芋一样,也是女性的工作。她们割取的漆存放于迁陵县库,由库佐管理。对于上交的漆,库工们会用专门的方法检验其成色。⑥ 而从漆、枳椇的生活习性以及贰春乡特产这两种树

---

① 张鹏、廖声熙、崔凯、桂俊明、赵薪程:《中国漆树资源与品种现状及产业发展前景》,《世界林业研究》2013 年第 2 期。
② 陈伟主编:《里耶秦简牍校释》(第 1 卷),第 141、355 页。
③ 里耶秦简牍校释小组:《新见里耶秦简牍资料选校(二)》。
④ 里耶秦简牍校释小组:《新见里耶秦简牍资料选校(一)》。
⑤ 陈伟主编:《里耶秦简牍校释》(第 1 卷),第 405 页。
⑥ 关于"饮水""饮漆",可参考[日]大川俊隆、田村诚:《张家山汉简〈算数书〉"饮漆"考》,《文物》2007 年第 4 期。

木推测,贰春乡当属山区丘陵地区。这也与湘西一带的整个地理环境一致。①

关于檀木,里耶秦简中仅一例:

☐用檀木。(8-581)②

檀木是对蝶形花科和檀香科两科三属树木的统称。它们都有质地紧密坚硬、色彩绚丽、气味芬芳的特点,因此历来受到人们的珍视。

四 麻及其他草本植物

里耶秦简所载草本植物主要有枲、蒲、蔺、莞、营。枲即大麻的雄株,桑科大麻属,一年生。大麻对土壤、气候要求不高,适应性较强。《说文》曰:"布,枲织也。"段玉裁注:"其艸曰枲,曰萉。析其皮曰林,曰朮。屋下治之曰麻。"③里耶秦简中的麻都为"枲":

三人治枲:梜、兹、缘。E Ⅳ(8-145)
竹少筒一合。参绚枲緘一☐(8-1188)
枲参绚緘袤三丈☐☐(8-1086)
大枲☐(8-2538)④
大枲卅六石廿四斤二两廿二朱(铢),度给县用不足百五十五石。(9-2296)⑤

---

① 晏昌贵、郭涛亦据贰春乡产"枝(枳)枸"推断其地在山区丘陵地带(晏昌贵、郭涛:《里耶简牍所见秦迁陵县乡里考》,武汉大学简帛研究中心主办:《简帛》第10辑,上海:上海古籍出版社,2015年,第145-154页)。
② 陈伟主编:《里耶秦简牍校释》(第1卷),第182页。
③ [汉]许慎撰,[清]段玉裁注:《说文解字注》,第362页。
④ 陈伟主编:《里耶秦简牍校释》(第1卷),第85、289、275、478页。
⑤ 里耶秦简牍校释小组:《新见里耶秦简牍资料选校(二)》。

其中,大枲亦为大麻,"枲参絇缄裛"指用三股麻丝搓成的绳索。① 里耶秦简中有不少类似的记载,搓麻绳当是重要的劳作内容。

蒲指蒲草,正名为水烛,香蒲科香蒲属,水生或沼生多年草本植物,可用于编织、造纸等。莞指水葱一类的植物,亦指用它编的席。关于莞席,张家山汉墓竹简《奏谳书》载:"臣有(又)诊视媚卧,莞席敝而经绝,其莞淬(碎),媚衣裒(袖)有敝而絮出,淬(碎)莞席丽其絮,长半寸者六枚。"②长沙马王堆三号墓竹简遣册有"莞席二,其一缋掾(缘),一锦掾(缘)","坐莞席二,锦掾(缘)"的内容。③ 可见蒲席、莞席都是日常必需之物:

【蒲】席一。　　枲参絇缄裛三丈四。☒(8-913)
☒☒、蒲席各一。平自席☒券。Ⅰ
☒沈手。Ⅱ(8-1346)
☒言之☒Ⅰ
☒【隶妾】☒Ⅱ(8-2429)
☒☒赀责七☒Ⅰ
☒☒人为蒲席☒Ⅱ
☒☒人与令史☒☒Ⅲ
☒☒人捕爰☒Ⅳ(8-2429背)
出莞席十。卅五年八月丁巳☒☒Ⅰ
其赀责(债)计☒Ⅱ(8-1686)④

关于蔺、芒、菅,有:

二人求蔺:受、款。ⅤB(8-1531)

---

① 陈伟主编:《里耶秦简牍校释》(第1卷),第248页。
② 张家山二四七号汉墓竹简整理小组编著:《张家山汉墓竹简〔二四七号墓〕》(释文修订本),北京:文物出版社,2006年,第106页。
③ 裘锡圭主编,湖南省博物馆、复旦大学出土文献与古文字研究中心编纂:《长沙马王堆汉墓简帛集成(陆)》,第262页。
④ 陈伟主编:《里耶秦简牍校释》(第1卷),第248、313、467、378页。

二人取芒：阮、道。DⅠ（8－145）
　　一人取菅：宛。BⅡ（8－1017）
　　一人取菅：乙。☐BⅠ（8－1472）
　　☐人取菅☐☐☐（8－2148）①

《尔雅·释草》："蔄,芦。"郭璞注："蔄,作履苴草。"②芒,多年生草本植物,叶细长有尖,可以编织草鞋。菅,禾本科菅属,《说文》曰："菅,茅也。"③多生长于山坡草地,叶子坚韧,可以编绳织履。简文虽未言"求蔄""取芒""取菅"作何用,但可以猜想制作草鞋当为用途之一。

里耶秦简所见秦迁陵一带的农作物,既有南北皆宜者,如栗、苔、韭,又有仅见于南方者,如梅、橘等。有几种还可能是迁陵一带的特产,如枝(枳)枸、冬瓜、漆。其中,枝(枳)枸、冬瓜更是供奉皇帝的献物。对于漆,虽不言"献",但它作为经济作物,重要性当不亚于枝(枳)枸和冬瓜。这些对于我们了解湘西迁陵一带的农业发展史、物质文化史、区域环境史都有重要意义。当然,当地的农作物资源远不止这些。我们期待更多里耶秦简的公布,提供更丰富的历史信息。

（作者单位：首都博物馆。2017年1月7日在"'秦的崛起与秦的统一'学术论坛"上宣读论文后得到王子今教授、晋文教授的指点,谨致谢忱! 后发表于《中国农史》2017年第2期,收入文集时略有改动）

---

① 陈伟主编：《里耶秦简牍校释》（第1卷）,第351、85、262、335、437页。
② ［晋］郭璞注,［宋］邢昺疏,王世伟整理：《尔雅注疏》,第415页。
③ ［汉］许慎撰,［清］段玉裁注：《说文解字注》,第27页。

秦二世直道行迹与望夷宫"祠泾"故事

王子今

秦始皇出巡途中去世,车队在"秘之,不发丧"的情况下继续行进。秦二世胡亥与载运秦始皇尸身的辒凉车经行直道回到咸阳。秦二世胡亥即位之后,曾效法"先帝巡行郡县,以示强,威服海内",以扩张行政权势为目的东巡,至辽东,还至咸阳,很可能再次经历直道。导致望夷宫之变发生的"二世梦白虎啮其左骖马,杀之,心不乐",占梦卜曰"泾水为祟",于是"乃斋于望夷宫,欲祠泾,沈四白马"事,可能也与直道交通有某种关系。秦二世直道行迹对于秦帝国行政史以及秦帝国交通史研究,都有值得关注的意义。

一 沙丘阴谋与"行从直道至咸阳"

按照司马迁的记述,秦始皇最后一次出巡,途中病重去世。赵高与胡亥、李斯密谋策动沙丘政变,安排胡亥即位。《史记》卷六《秦始皇本纪》:

> 至平原津而病。始皇恶言死,群臣莫敢言死事。上病益甚,乃为玺书赐公子扶苏曰:"与丧会咸阳而葬。"书已封,在中车府令赵高行符玺事所,未授使者。七月丙寅,始皇崩于沙丘平台。丞相斯为上崩在外,恐诸公子及天下有变,乃秘之,不发丧。棺载辒凉车中,故幸宦者参乘,所至上食。百官奏事如故,宦者辄从辒凉车中可其奏事。独子胡亥、赵高及所幸宦者五六人知上死。赵高故尝教胡亥书及狱律令法事,胡亥私幸之。高乃与公子胡亥、丞相斯阴谋破去始皇所封书赐公子扶苏者,而更诈为丞相斯受始皇遗诏沙

丘,立子胡亥为太子。更为书赐公子扶苏、蒙恬,数以罪,赐死。语具在《李斯传》中。行,遂从井陉抵九原。会暑,上辒车臭,乃诏从官令车载一石鲍鱼,以乱其臭。①

随后就有直道之行。随后又有秦二世即位,秦始皇入葬事:

行从直道至咸阳,发丧。太子胡亥袭位,为二世皇帝。九月,葬始皇郦山。②

司马迁的记叙非常简略,然而却描述了一个时代的庄严落幕,一个新的历史转变的冷酷开启。

自秦王朝开始,许多代王朝都在第一代执政者与第二代执政者权力交递时发生政治危机。秦代如此,西汉王朝刘邦拟废太子刘盈立赵王刘如意引起上层朝臣恐慌也是如此,此后隋代、唐代都复演了同样的节目,明清史也可以看到相似的情节。这种历史活剧的第一幕的演出,秦直道作为重要的布景,是值得我们注意的。

秦始皇设计规划,并指派"名为忠信",③最为信任亲近的名将蒙恬主持修筑了这条直道。这一交通史的杰作,却没有能够迎来秦始皇本人的踏行。他只是在已"崩"之后,以"会暑,上辒车臭","车载一石鲍鱼,以乱其臭"的特殊的尴尬方式经行了这条道路。

秦二世胡亥可以说是第一位行经这一世界交通史上规模最宏伟的道路的权位最高的执政者。

---

① 基金项目:中国人民大学科学研究基金(中央高校基本科研业务费专项资金资助)项目"中国古代交通史研究"(项目编号:10XNL001),国家社会科学基金重大项目"秦统一及其历史意义再研究"(项目编号:14ZDB028)《史记》,北京:中华书局,1959年,第264页。

② 《史记》,第265页。

③ 《史记》卷八八《蒙恬列传》:"始皇二十六年,蒙恬因家世得为秦将,攻齐,大破之,拜为内史。秦已并天下,乃使蒙恬将三十万众北逐戎狄,收河南。筑长城,因地形,用制险塞,起临洮,至辽东,延袤万余里。于是渡河,据阳山,逶蛇而北。暴师于外十余年,居上郡。是时蒙恬威振匈奴。始皇甚尊宠蒙氏,信任贤之。而亲近蒙毅,位至上卿,出则参乘,入则御前。恬任外事而毅常为内谋,名为忠信,故虽诸将相莫敢与之争焉。"第2565—2566页。

二 《秦始皇本纪》载秦二世元年东巡事

据司马迁在《史记》卷六《秦始皇本纪》中的记载,秦二世元年(前209),李斯、冯去疾等随从新主往东方巡行。这次出行,时间虽然颇为短暂,行程却甚为辽远。《史记》卷一五《六国年表》止于秦二世三年(前207),然而不记此事。由于秦二世是所谓"以六合为家,崤函为宫,一夫作难而七庙隳,身死人手,为天下笑"①的亡国之君,后世史家对秦二世东巡也很少予以注意。可是从交通史研究的角度考察,其实是应当肯定这一以强化政治统治为目的的行旅过程的历史意义的。从文化史研究的角度分析,也可以由此深化对秦文化某些重要特质的认识。

《史记》卷六《秦始皇本纪》记载,"二世皇帝元年,年二十一。"即位初,就刻意维护专制的基础,炫耀皇权的尊贵,于是有巡行东方郡县之议:

> 二世与赵高谋曰:"朕年少,初即位,黔首未集附。先帝巡行郡县,以示强,威服海内。今晏然不巡行,即见弱,毋以臣畜天下。"春,二世东行郡县,李斯从。到碣石,并海,南至会稽,而尽刻始皇所立刻石,石旁著大臣从者名,以章先帝成功盛德焉。皇帝曰:"金石刻尽始皇帝所为也。今袭号而金石刻辞不称始皇帝,其于久远也如后嗣为之者,不称成功盛德。"丞相臣斯、臣去疾、御史大夫臣德昧死言:"臣请具刻诏书刻石,因明白矣。臣昧死请。"制曰:"可。"遂至辽东而还。
>
> ……
>
> 四月,二世还至咸阳。②

根据这一记述,秦二世及其随从由咸阳东北行,"到碣石,并海,南至会稽",又再次北上至辽东,然后回归咸阳。

---

① 贾谊:《过秦论》,《史记》卷六《秦始皇本纪》,第282页。
② 《史记》,第267—268页。

所谓"东行郡县","到碣石,并海,南至会稽,而尽刻始皇所立刻石",《史记》卷二八《封禅书》则记述说:"二世元年,东巡碣石,并海南,历泰山,至会稽,皆礼祠之,而刻勒始皇所立石书旁,以章始皇之功德。"①可见,秦二世此次出巡,大致曾行经碣石(秦始皇三十二年东行刻石)、邹峄山(秦始皇二十八年东行刻石)、泰山(秦始皇二十八年东行刻石)、梁父山(秦始皇二十八年东行刻石)、之罘(秦始皇二十八年东行立石,二十九年东行刻石)、琅邪(秦始皇二十八年东行刻石)、朐(秦始皇三十五年立石)、会稽(秦始皇三十七年东行刻石)等地。可以看到,秦二世此行所至,似乎在重复秦始皇十年内四次重大出巡活动的轨迹。

通过与《史记》卷六《秦始皇本纪》记载秦始皇三十七年(前210)出巡情形的比较,也可以认识秦二世东巡的行进速度:

> 三十七年十月癸丑,始皇出游……十一月,行至云梦,望祀虞舜于九疑山。浮江下,观籍柯,渡海渚。过丹阳,至钱唐。临浙江,水波恶,乃西百二十里从狭中渡。上会稽,祭大禹,望于南海,而立石刻颂秦德……还过吴,从江乘渡。并海上,北至琅邪……自琅邪北至荣成山……至之罘……遂并海西。至平原津而病……七月丙寅,始皇崩于沙丘平台……棺载辒凉车中……行,遂从井陉抵九原……行从直道至咸阳,发丧。……九月,葬始皇郦山。②

秦始皇此次出行,总行程很可能不及秦二世元年东巡行程遥远,然而包括"棺载辒凉车中"自沙丘平台回归咸阳(由于李斯等"为上崩在外,恐诸公子及天下有变,乃秘之,不发丧",甚至"百官奏事如故,宦者辄从辒凉车中可其奏事",行经这段路途的情形当一如秦始皇生前),历时竟然将近一年。从咸阳启程行至云梦以及从沙丘平台返回咸阳,有较为具体的时间记录。秦始皇仅行历这两段路程使用的时间,已经与秦二世元年(前209)东巡历时大致相当。

---

① 《史记》,第1370页。
② 《史记》,第260—265页。

秦二世四月回到咸阳,七月就爆发了陈胜起义。不久,秦王朝的统治就迅速归于崩溃。可以说,秦二世"巡行郡县,以示强,威服海内"的政治目的并没有实现,沿途山海之神"皆礼祠之"的虔敬也没有得到预想的回报。从政治史的视角考察,秦二世东巡不过是一次徒劳无功的迂拙表演。然而从交通史的视角看,却应当充分肯定这一行旅过程虽然作为帝王出巡必然侍从浩荡仪礼繁缛,却仍然表现出较高效率的重要意义。

三 秦二世东巡的历史真实性

秦二世元年东巡有各地刻石遗存,可知历史记载基本可信。《史记会注考证》于《史记》卷六《秦始皇本纪》有关秦二世刻石的记载之后引卢文弨曰:"今石刻犹有可见者,信与此合。前后皆称'二世',此称'皇帝',其非别发端可见。"陈直指出:

> 秦权后段,有补刻秦二世元年诏书者,文云:"元年制诏丞相斯、去疾,法度量,尽秦始皇为之,皆有刻辞焉。今袭号而刻辞不称始皇帝,其于久远也,如后嗣为之者,不称成功盛德,刻此诏,故刻左,使毋疑。"与本文前段相同,而峄山、琅邪两石刻,后段与本文完全相同(之罘刻石今所摹存者为二世补刻之诏书,泰山刻石,今所摹存者,亦有二世补刻之诏书)。知太史公所记,本于秦纪,完全正确。①

马非百也曾经指出:

> 至二世时,始皇原刻石后面皆加刻有二世诏书及大臣从者名。今传峄山、泰山、琅邪台、之罘、碣石刻石拓本皆有"皇帝曰"与大臣从者名,即其明证。②

---

① 陈直:《史记新证》,天津:天津人民出版社,1979年,第26页。
② 马非百:《秦集史》,北京:中华书局,1982年,下册第768页。

以文物遗存证史籍记录，可以得到正确无疑的历史认识。

《史记》卷六《秦始皇本纪》："三十七年十月癸丑，始皇出游。左丞相斯从，右丞相去疾守。少子胡亥爱慕请从，上许之。"于是才有"（赵）高乃与公子胡亥、丞相（李）斯阴谋破去始皇所封书赐公子扶苏者，而更诈为丞相斯受始皇遗诏沙丘，立子胡亥为太子，更为书赐公子扶苏、蒙恬，数以罪，赐死"的政变。① 可以说，秦二世的地位是随从秦始皇出巡方得以确立的。而秦二世即位之后，东巡也成为他最重要的政治活动之一。由于有随从秦始皇出巡的经历，秦二世元年东巡于是有轻车熟路的便利。而李斯曾经多次随秦始皇出巡，当然也可以使秦二世东巡路线的选择更为合理，日程安排和行旅组织也表现出更高的效率。②

对秦二世出巡历史真实性的怀疑，在于对秦汉交通事业的发达程度缺乏了解。宋人孔平仲曾批评汉武帝巡行的交通效率："《郊祀志》：汉武三月出，行封禅礼，并海上，北至碣石，巡自辽西，历北边至九原。五月复归于甘泉。百日之间周万八千里，呜呼！其荒唐甚矣。"③这当然也透露出宋代文士与秦汉时人交通理念存在明显的差异。

四 秦二世"遵述旧绩"说

史念海很早以前论述秦汉交通路线时就曾经指出："东北诸郡濒海之处，地势平衍，修筑道路易于施工，故东出之途此为最便。始皇、二世以及武帝皆尝游于碣石，碣石临大海，为东北诸郡之门户，且有驰道可达，自碣石循海东行，以至辽西、辽东二郡。"④秦二世元年东巡，往复两次循行并海道路，⑤

---

① 《史记》，第260、264页。
② 参看王子今《秦二世元年东巡史事考略》，《秦文化论丛》第3辑，西安：西北大学出版社，1994年。
③ ［宋］孔平仲：《孔氏杂说》卷一，民国景明《宝颜堂秘籍本》。
④ 史念海：《秦汉时期国内之交通路线》，《文史杂志》第3卷第1、2期，收入史念海：《河山集》四集，西安：陕西师范大学出版社，1991年，第573页。
⑤ 王子今：《秦汉时代的并海道》，《中国历史地理论丛》1988年第2期。

三次抵临碣石。辽宁绥中发现分布较为密集的秦汉建筑遗址,其中占地达15万平方米的石碑地遗址,有人认为"很可能就是秦始皇当年东巡时的行宫",即所谓"碣石宫"。① 对于这样的认识虽然有不同的意见,②但是与陕西临潼秦始皇陵园出土物相类似的所谓"高浮雕夔纹巨型瓦当"的发现,说明这处建筑遗址的性质很可能确实与作为天下之尊,"意得欲从,以为自古莫及己"③的秦始皇的活动有关。

秦二世的辽东之行,是其东巡何以行程如此遥远的关键。史念海曾经说:"始皇崩后,二世继立,亦尝遵述旧绩,东行郡县,上会稽,游辽东。然其所行,率为故道,无足称者。"④其实,秦二世"游辽东",并不曾循行始皇"故道"。然而秦始皇三十七年(前210)出巡,"至平原津而病",后来在沙丘平台逝世,乘舆车队驶向往咸阳的归途。可是这位志于"览省远方""观望广丽"⑤的帝王,在"至平原津"之前,是不是已经有巡察辽东的计划呢?此后帝车"遂从井陉抵九原","行从直道至咸阳",只不过行历了北疆长城防线,即所谓"北边"的西段,要知道如果巡视整个"北边",显然应当从其东端辽东起始。或许在秦始皇最后一次出巡时曾追随左右的秦二世胡亥对"先帝"的这一计划有所了解,于是有自会稽北折,辗转至于辽东的行旅实践。倘若如此,秦二世"游辽东"的行程,自然有"遵述旧绩"的意义。

五 秦二世"至辽东而还""还至咸阳"
经行直道的可能性

秦二世东巡,"到碣石,并海,南至会稽","遂至辽东而还","四月,还至

---

① 辽宁省文物考古研究所:《辽宁绥中县"姜女坟"秦汉建筑遗址发掘简报》,《文物》1986年第8期。
② 参看董宝瑞《"碣石宫"质疑》,《河北大学学报》1987年第4期;《"碣石宫"质疑:兼与苏秉琦先生商榷》,《河北学刊》1987年第6期。
③ 《史记》卷六《秦始皇本纪》,第258页。
④ 史念海:《秦汉时期国内之交通路线》,《文史杂志》第3卷第1、2期,收入史念海:《河山集》四集,第546页。
⑤ 《史记》卷六《秦始皇本纪》,第250页。

咸阳。"这一路线"至辽东而还","还至咸阳",不能排除经行直道的可能性。

《史记》卷六《秦始皇本纪》:"始皇巡北边,从上郡入。"①秦史涉及"北边"的记录,又有《汉书》卷二七下之上《五行志下之上》:"秦大用民力转输,起负海至北边。"②秦二世欲效法"先帝巡行郡县,以示强,威服海内",表示:"今晏然不巡行,即见弱,毋以臣畜天下。"要"示强"而不"见弱",方可以"威服海内","臣畜天下"。从这一理念出发,最重要的巡行方向,应当是传播"亡秦者胡也"谶语所暗示的北边。

理解秦二世"至辽东而还","还至咸阳",很可能经行直道,首先要注意的,是秦帝国对"胡"形成严重威胁的方向即北边的特别关注。这是秦帝国实现统一之后集结重兵的地方,也是秦始皇委派最信任的名将蒙恬主持军事事务的地方。

其次,应当注意秦始皇三十二年(前215)"巡北边"事:"三十二年,始皇之碣石,使燕人卢生求羡门、高誓。刻碣石门。坏城郭,决通堤防……因使韩终、侯公、石生求仙人不死之药。始皇巡北边,从上郡入。燕人卢生使入海还,以鬼神事,因奏录图书,曰'亡秦者胡也'。始皇乃使将军蒙恬发兵三十万人北击胡,略取河南地。"③此次"巡北边",自"碣石"至"上郡","碣石"东至"辽东"方面未曾巡行。

再次,应当注意秦始皇最后一次东巡回程,"棺载辒凉车中……行,遂从井陉抵九原……行从直道至咸阳",以一种象征方式实现了对北边局部重要区段的视察。秦始皇车队"从井陉抵九原",可能性较大的经行路线,是太原郡—雁门郡—云中郡—九原郡。秦二世"至辽东而还","还至咸阳",有必要巡视自辽东至九原这一可能在秦始皇三十七年(前210)虽列入巡行计划之中却未能实际完成的北边区段。

最后,秦二世"至辽东而还","还至咸阳",最便捷的路线是沿北边道西行然后沿直道南下。④

---

① 《史记》,第252页。
② 《汉书》,北京:中华书局,1962年,第1447页。
③ 《史记》卷六《秦始皇本纪》,第251—252页。
④ 参看王子今《秦汉长城与北边交通》,《历史研究》1988年第6期。

无论从抗击匈奴之战略形势的需要出发,还是从继承"先帝"事业的志向出发,或是遵行最方便捷近通行条件较好的道路选择出发,秦二世巡行北边之后经直道南下"还至咸阳",都是合理的路线择定。

六 秦二世"梦白虎啮其左骖马"的数术文化考察

战国秦汉时期,秦人对于出行,怀有浓重的神秘主义意识。前引《秦始皇本纪》"三十七年十月癸丑,始皇出游",是秦始皇诸多出行实践记录中有关启程时间的唯一信息。《史记》保留这一日期或有深意。这是秦始皇最后一次出巡。十月癸丑,睡虎地秦简《日书》中属于秦人建除系统的"秦除"和"稷辰"中皆未见与"行"有关的文字,而在可能属于楚人建除系统的"除"中则正当"交日"。而"交日,利以实事。凿井,吉。以祭门行、行水,吉"(甲种四正贰)。"祭门行"仪式的意义,或即"告将行也",①"行水"则是水路交通形式。秦始皇此次出行先抵江汉地区,"十一月,行至云梦",很可能因此而据楚数术书择日。另一方面,"秦除""稷辰"虽未言"行吉",但"十月癸丑"亦不值行忌日。可见,事实确如李学勤所说,"楚、秦的建除虽有差别",但"又有一定的渊源关系"。② 现在分析,属于秦人建除系统的"秦除"和"稷辰"中,均未见"行吉"日。据此或许可以推想,秦人有可能是将"不可行"日之外的其他的日子都作为"利以行""行有得"或"行吉"之日看待的。③

秦二世言行也体现出对于出行的重视。《史记》卷六《秦始皇本纪》记载:"诸侯咸率其众西乡。沛公将数万人已屠武关,使人私于高,高恐二世怒,诛及其身,乃谢病不朝见。"于是发生了导致其人生悲剧结局的值得注意的情节:

> 二世梦白虎啮其左骖马,杀之,心不乐,怪问占梦。卜曰:"泾水为祟。"二世乃斋于望夷宫,欲祠泾,沈四白马。

---

① 《仪礼·聘礼》郑玄注,[清]阮元校刻:《十三经注疏》,北京:中华书局,1980年,第1047页。
② 李学勤:《睡虎地秦简〈日书〉与楚、秦社会》,《江汉考古》1985年第4期。
③ 这样说来,秦人建除中虽不著明"行吉"之日,而事实上的"行吉"日则远较楚人建除为多。

正是在望夷宫,秦二世与赵高矛盾的激化,致使赵高令阎乐率吏卒入宫,逼迫胡亥自杀。①

望夷宫之变,标志秦帝国政治生命的完结。《史记》卷六《秦始皇本纪》:"阎乐归报赵高,赵高乃悉召诸大臣公子,告以诛二世之状。曰:'秦故王国,始皇君天下,故称帝。今六国复自立,秦地益小,乃以空名为帝,不可。宜为王如故,便。'立二世之兄子公子婴为秦王。以黔首葬二世杜南宜春苑中。令子婴斋,当庙见,受王玺。"②望夷宫之变后,秦放弃帝号,恢复"王国"名义。望夷宫,作为空间坐标,同时也是时间坐标,可以看作秦帝国史的终止符。

七 望夷宫与直道

"梦白虎啮其左骖马,杀之",是体现交通危难的凶兆。于是秦二世"心不乐,怪",是自然的。所谓"二世乃斋于望夷宫,欲祠泾,沈四白马",似具有某种特别的含义。裴骃《集解》:"张晏曰:'望夷宫在长陵西北长平观道东故亭处是也。临泾水作之,以望北夷。'"张守节《正义》:"《括地志》云:'秦望夷宫在雍州咸阳县东南八里。张晏云临泾水作之,望北夷。'"③"望夷宫"名义,即"望北夷",具有联系北边,面向边疆"夷"族的空间形势。这自然会使人联想到直道的方向。"望夷宫在长陵西北长平观道东故亭处是也",可知

---

① 《史记》卷六《秦始皇本纪》:"(二世)使使责让高以盗贼事。高惧,乃阴与其婿咸阳令阎乐、其弟赵成谋曰:'上不听谏,今事急,欲归祸于吾宗。吾欲易置上,更立公子婴。子婴仁俭,百姓皆载其言。'使郎中令为内应,诈为有大贼,令乐召吏发卒,追劫乐母置高舍。遣乐将吏卒千余人至望夷宫殿门,缚卫令仆射,曰:'贼入此,何不止?'令曰:'周庐设卒甚谨,安得贼敢入宫?'乐遂斩卫令,直将吏入,行射,郎宦者大惊,或走或格,格者辄死,死者数十人。郎中令与乐俱入,射上幄坐帏。二世怒,召左右,左右皆惶扰不斗。旁有宦者一人,侍不敢去。二世入内,谓曰:'公何不蚤告我?乃至于此!'宦者曰:'臣不敢言,故得全。使臣蚤言,皆已诛,安得至今?'阎乐前即二世数曰:'足下骄恣,诛杀无道,天下共畔足下,足下其自为计。'二世曰:'丞相可得见否?'乐曰:'不可。'二世曰:'吾愿得一郡为王。'弗许。又曰:'愿为万户侯。'弗许。曰:'愿与妻子为黔首,比诸公子。'阎乐曰:'臣受命于丞相,为天下诛足下,足下虽多言,臣不敢报。'麾其兵进。二世自杀。"第273—274页。

② 《史记》,第275页。

③ 《史记》,第274页。

正当直道起点云阳甘泉通往咸阳的交通要道上。

"白虎"在方位象征秩序中通常对应西方,然而如果在从直道南行往咸阳的路线上,"左骖"对应的正是东方,即"关东群盗并起"体现的政治危局。①

《太平御览》卷六九七引《拾遗录》曰:"秦王子婴寝于望夷宫,夜梦有人长文须,鬓绝青,纳王鸟而乘丹车。告云:天下当乱,王乃杀赵高。所梦则始皇之灵,所着鸟则安期所遗者。"②这是另一则关于"望夷宫"的故事。秦王子婴梦中的"始皇之灵",其交通能力借助"纳王鸟而乘丹车"得以表现。"望夷宫"在秦代交通系统中的地位亦得昭显。明代诗人王圻《望夷宫》诗:"泾原筑望夷,欲觇边尘起。讵知亡国胡,生长祈年里。"③可知通常人们的理解,"望夷"可以观察"边尘""胡""夷"动向。清人杨鸾《长城》诗:"嗟乎亡秦者胡,北胡何能啮骖者?虎祟乃非径,望夷宫中忽有兵。"④也强调"望夷宫"面对"北胡"即"望北夷"的作用。

裴骃《集解》引张晏曰:"望夷宫在长陵西北长平观道东故亭处是也。临泾水作之,以望北夷。"⑤所言临近"长平观道",可参考有关呼韩邪单于入关中路线。《汉书》卷九四下《匈奴传下》:"呼韩邪单于款五原塞,愿朝三年正月。汉遣车骑都尉韩昌迎,发过所七郡郡二千骑,为陈道上。单于正月朝天子于甘泉宫,汉宠以殊礼,位在诸侯王上……使使者道单于先行,宿长平。上自甘泉宿池阳宫。上登长平,诏单于毋谒,其左右当户之群臣皆得列观,及诸蛮夷君长王侯数万,咸迎于渭桥下,夹道陈。上登渭桥,咸称万岁。"⑥

---

① 将军冯劫谏言。《史记》卷六《秦始皇本纪》,第 271 页;赵高称关东暴动民众为"关东盗"。《史记》卷六《秦始皇本纪》,第 273 页;又言"关东群盗多"(《史记》卷八七《李斯列传》,第 2558 页)。参看王子今《秦王朝关东政策的失败与秦的覆亡》,《史林》1986 年第 2 期。

② 《四部丛刊》三编景宋本。《太平广记》卷七一《道术一·赵高》:"秦王子婴常寝于望夷宫。夜梦有人身长十丈,鬓发绝伟,纳玉鸟而乘丹车,驾朱马,至宫门云:'欲见秦王婴。'阍者许进焉。子婴乃与之言。谓婴曰:'予是天使也,从沙丘来。天下将乱,当有欲诛暴者。'翌日乃起,子婴既疑赵高,因囚高于咸阳。"民国景明嘉靖谈恺刻本。

③ [明]王圻:《王侍御类稿》卷一四,明万历刻本。

④ [清]杨鸾:《邈云楼集六种·邈云三编》,清乾隆道光间刻本。

⑤ 《史记》,第 274 页。

⑥ 《汉书》,第 3798 页。

《汉书》卷八《宣帝纪》:"使有司道单于先行就邸长安,宿长平。上自甘泉宿池阳宫。上登长平阪,诏单于毋谒。其左右当户之群皆列观,蛮夷君长王侯迎者数万人,夹道陈。上登渭桥,咸称万岁。单于就邸。置酒建章宫,飨赐单于,观以珍宝。"呼韩邪单于经直道至甘泉宫,又南下往长安,途中"宿长平"。可知所谓"长平观"正当"甘泉宫"往咸阳—长安地方的重要通道。关于"长平阪",颜师古注:"如淳曰:'阪名也,在池阳南。上原之阪有长平观,去长安五十里。'师古曰:'泾水之南原,即今所谓眭城阪也。'"①

张荫麟《中国史纲》记述"为谋北边的一劳永逸,始皇于三十三四年间"经营的"宏大的工程",即"从河套外的九原郡治,筑了一条'直道'达到关内的云阳(今陕西淳化县西北。从此至咸阳,有泾渭可通),长一千八百里。"②从云阳"至咸阳,有泾渭可通"的说法值得我们注意。韩复智等编著《秦汉史》也写道:"修筑直道:从九原郡(内蒙古包头市西)直到咸阳西北百余里的云阳,长一千八百里,从云阳到咸阳有泾水可通。"③也强调了"泾水"在直道延长线云阳至咸阳段的意义。所谓"有泾渭可通"以及"有泾水可通",似考虑到水运因素。④通过自甘泉宫南下的呼韩邪单于在"渭桥"受到欢迎,"咸迎于渭桥下,夹道陈。上登渭桥,咸称万岁"可知,就秦汉时期更为方便的交通方式陆路而言,"泾渭"是需要克服的交通险阻。当然,自云阳甘泉南下咸阳,不必渡渭,只需要经过泾河。由此或有助于理解秦二世"斋于望夷宫,欲祠泾"与自云阳起始的秦直道交通的神秘关系。

秦二世"欲祠泾,沈四白马"的做法很可能与交通有关。这一推想也许可以通过秦始皇相关事迹得到旁证。《史记》卷六《秦始皇本纪》记载:"(三十六年)秋,使者从关东夜过华阴平舒道,有人持璧遮使者曰:'为吾遗滈池

---

① 《汉书》,第271页。
② 张荫麟撰:《中国史纲》,上海:上海古籍出版社,1999年,第149—150页。
③ 韩复智、叶达雄、邵台新、陈文豪编著:《秦汉史》(增订本),台北:里仁书局,2007年,第49页。
④ 杜笃《论都赋》中,说到"造舟于渭,北航泾流",说明泾河某些区段当时也可以通航。黄盛璋在《历史上的渭河水运》一文中指出,"关中河流能用于水运的只有渭河","此外泾河、洛河虽也是关中大河之一,但古今都无舟楫之利。"收入黄盛璋《历史地理论集》,北京:人民出版社,1982年,第148页。"古今"概言,不免绝对。但是秦时泾水通航记录,确实未见于史籍。

君。'因言曰:'今年祖龙死。'使者问其故,因忽不见,置其璧去。使者奉璧具以闻。始皇默然良久,曰:'山鬼固不过知一岁事也。'退言曰:'祖龙者,人之先也。'使御府视璧,乃二十八年行渡江所沈璧也。"①"渡江""沈璧"应用以祈祝平安顺利,或与"祠泾,沈四白马"意义接近。而出行途中渡江河遇到艰难险阻的著名史例,有秦始皇三十七年(前210)出巡,"临浙江,水波恶,乃西百二十里从狭中渡。"而此行"少子胡亥爱慕请从,上许之",②也就是说,秦二世当时与秦始皇同行,曾经亲历"临浙江,水波恶"的情形。

还有一则历史记载值得注意,《穆天子传》卷一记述周穆王与河宗柏夭相会的情形,曾经举行祭祀活动,其中有"沈马"的情节:"天子授河宗璧。河宗柏夭受璧,西向沈璧于河,再拜稽首。祝沈马牛豕羊。"③周穆王在河宗柏夭配合下"沈璧于河"又"沈马牛豕羊"的地点,在今内蒙古包头地方,即秦始皇直道的起点。而秦二世"欲祠泾,沈四白马"之所在,在直道终点与咸阳的交通道路上。一北一南两相比照,也是耐人寻味的。

(作者单位:中国人民大学国学院,出土文献与中国古代文明研究协同创新中心。原载《史学集刊》2018 年第 1 期,收入本书时有所改动)

---

① 《秦始皇本纪》接着记述了又一例神秘主义意识导致的交通行为:"于是始皇卜之,卦得游徙吉。迁北河榆中三万家。拜爵一级。"张守节《正义》:"谓北河胜州也。榆中即今胜州榆林县也。言徙三万家以应卜卦游徙吉也。"《史记》,第 259—260 页。
② 《史记》卷六《秦始皇本纪》,第 260 页。
③ 文渊阁《四库全书》本。

三十年来秦始皇陵及兵马俑研究述评

田 静

秦始皇陵的布局规模、埋藏,秦兵马俑的艺术科学价值,让秦始皇陵及兵马俑具备了列入世界文化遗产名录的资格。1987年12月,秦始皇陵及兵马俑被联合国教科文组织列入世界文化遗产名录。之后,考古工作者从全面调查勘探入手,积累了基础数据并及时公布,使秦始皇陵考古成为秦汉考古学乃至中国考古学研究体系的重要内容。

本文所言30年,是指自1987年至2017年。30年来,秦陵、秦俑考古发掘与保护研究同步,并随着新遗址文物的发现、新保护技术的应用而不断深入,研究秦始皇陵、秦始皇帝、秦俑学的著作出版54部、科普图录180部、论文千余篇。秦陵、秦俑研究从微观的名物考释到宏观的史学探索,从保护研究到陈列展示,从教育推广到遗产的综合管理,均取得新的成果。

一 秦陵、秦俑丰富了秦文化研究的内涵

(一)秦陵、秦俑为秦文化研究提供资料

秦兵马俑出土后,秦始皇陵再次受到关注。秦俑与秦陵出土文物,涉及秦史研究的政治、经济、军事、科技、文化、思想、艺术等方面。

30年来,秦陵秦俑研究的范围不仅包括历史、文化、科技、考古学、博物馆学、旅游学、新闻学、区域文化等方面,而且还包括文学艺术中的诗歌、小说、散文、特写、报告文学、戏剧、电影、电视、专题片等,主要集中在秦始皇陵布局、秦陵陪葬坑的性质、秦俑属性、秦俑军阵、秦俑艺术、秦陵文物研究及

遗址保护六个专题,其中有些问题已取得共识,有些仍在争论。① 有关秦俑学研究的研讨会召开了八届,出版《秦兵马俑的考古发现与研究》和《秦俑学》等有分量的专著,形成了独具魅力的"秦俑学"。②

1975 年至 1979 年,秦俑一、二、三号坑发掘简报陆续发表。③ 同时,在秦陵周围发现上焦村墓、马厩坑、珍禽坑、饮官遗址、铜车马坑、修陵人墓地,发掘简报、考古报告等迅速公布相关资料。④《秦始皇陵兵马俑坑一号坑发掘报告(1974—1984)》,公布已发掘陶俑陶马的资料并提出编者的研究结论。⑤ 1998 年至 2000 年,秦陵陪葬坑 K9801、K9901、K0006、K0007 相继发现并进行局部清理,《秦始皇帝陵园考古报告(1999)》《秦始皇帝陵园考古报告 2000》《秦始皇帝陵园考古报告 2001~2003》《秦始皇帝陵园考古报告 2009~2010》《秦始皇陵二号兵马俑坑发掘报告(第一分册)》提供了权威资讯和

---

① 张文立:《二十五年秦俑研究综述》,《秦俑秦文化研究——秦俑学第五届学术研讨会论文集》,西安:陕西人民出版社,2000 年,第 6 - 20 页;张文立:《世纪初秦陵秦俑研究趋向》,《秦文化论丛》(第十二辑),西安:三秦出版社,2005 年,第 635 - 653 页;田静:《秦陵考古与秦文化研究述评》,《秦文化论丛》(第十四辑),西安:三秦出版社,2007 年,第 489 - 498 页;张文立:《近年秦陵秦俑研究平议》,《秦俑博物馆开馆三十周年秦俑学第七届年会国际学术研讨会论文集》,西安:三秦出版社,2010 年,第 1 - 8 页。

② 张文立:《秦俑学》,西安:陕西人民教育出版社,1999 年。

③ 始皇陵秦俑坑考古发掘队:《临潼县秦俑坑试掘第一号简报》,《文物》1975 年第 11 期;始皇陵秦俑坑考古发掘队:《秦始皇陵东侧第二号兵马俑坑钻探试掘简报》,《文物》1978 年第 5 期;秦俑坑考古队:《秦始皇陵东侧第三号兵马俑坑清理简报》,《文物》1979 年第 12 期。

④ 陕西省文物管理委员会:《秦始皇陵园调查简报》,《考古》1962 年第 8 期;陕西省考古研究所、秦始皇兵马俑博物馆:《秦始皇陵园考古报告(1999)》,北京:科学出版社,2000 年,第 3—8 页;陕西省考古研究所、秦始皇兵马俑博物馆:《秦始皇陵园考古报告(2000)》,北京:文物出版社,2006 年,第 48—104 页;关于秦陵秦俑研究论著目录,参见张文立《秦俑学》之附录,西安:陕西人民教育出版社,1999 年,第 277—382 页。

⑤ 始皇陵秦俑坑考古发掘队:《秦始皇陵兵马俑坑一号坑发掘报告(1974 - 1984)》,北京:文物出版社,1988 年。

初步研究成果。①

1980年,在秦陵封土西侧出土两乘铜车马。1998年,《秦始皇陵铜车马发掘报告》和《秦始皇陵铜车马修复报告》出版,公布了铜车马发掘修复和保护研究的成果。② 2003年,田静用通俗语言表达专业内容的科普著作《秦铜车马》出版。党士学专题研究铜车马的系列论文于《秦文化论丛》和《秦始皇帝陵博物院》(总壹辑)至(总柒辑)。史党社先生在《秦始皇帝陵博物院》(总柒辑)上发表专题研究秦陵铜车马的论文。2012年和2015年,《秦始皇帝陵出土一号青铜马车》《秦始皇帝陵出土二号青铜马车》出版。两书从梳理古代车马文化的发展脉络出发,以宏观和微观兼顾的视野,审视秦陵铜马车的历史定位。③

(二)秦陵、秦俑丰富了秦文化研究内涵

30年来,学者充分利用秦陵、秦俑发掘资料,探索秦陵布局、秦陵各个遗址的文化内涵及其相互关系,秦史研究与秦文化研究,不断取得新成果。

袁仲一先生毕生从事秦陵、秦俑考古发掘和研究工作,他的著作《秦始皇陵兵马俑研究》和《秦始皇陵考古发现与研究》《秦兵马俑的考古发现与研究》,对秦兵马俑与秦始皇陵各个遗址,进行了系统的综合研究。④《秦始皇陵考古发现与研究》从秦始皇陵园的地理环境及修建沿革、始皇陵的封土、地宫及城垣、陵园的礼制建筑及附属建筑、陪葬坑、陵域内的墓葬、陵域内的其他遗址、秦始皇陵的布局及相关问题的探讨、秦始皇陵园出土的文物八个

---

① 陕西省考古研究所、秦始皇兵马俑博物馆:《秦始皇帝陵园考古报告(1999)》,北京:科学出版社,2000年;陕西省考古研究所、秦始皇兵马俑博物馆:《秦始皇帝陵园考古报告2000》,北京:文物出版社,2006年;陕西省考古研究院、秦始皇兵马俑博物馆:《秦始皇帝陵园考古报告2001~2003》,北京:文物出版社,2007年;秦始皇帝陵博物院:《秦始皇陵园考古报告2009~2010》,北京:科学出版社,2012年;秦始皇兵马俑博物馆:《秦始皇陵二号兵马俑坑发掘报告(第一分册)》,北京:科学出版社,2009年。

② 秦始皇兵马俑博物馆、陕西省考古研究所:《秦始皇陵铜车马发掘报告》,北京:文物出版社,1998年;秦始皇兵马俑博物馆:《秦始皇陵铜车马修复报告》,北京:文物出版社,1998年。

③ 秦始皇帝陵博物院:《秦始皇帝陵出土一号青铜马车》,北京:文物出版社,2012年;秦始皇帝陵博物院:《秦始皇帝陵出土二号青铜马车》,北京:文物出版社,2015年。

④ 袁仲一:《秦始皇陵兵马俑研究》,北京:文物出版社,1990年;袁仲一:《秦始皇陵考古发现与研究》,西安:陕西人民出版社,2002年;袁仲一:《秦兵马俑的考古发现与研究》,北京:文物出版社,2014年。

方面,总结2002年之前秦陵考古的收获并对已出土文物进行分类研究。《秦兵马俑的考古发现与研究》为《秦始皇陵兵马俑研究》一书的修订本,但较原书已有较大变化,原书第一章有关始皇陵园的建制部分已删去,其余有许多章节做了重写,补充新的内容和新的认识。

张文立先生数十年致力于秦陵秦俑研究,他的专著《秦始皇帝陵》对秦始皇陵的建筑、布局、秦兵马俑、铜车马等出土文物与文献资料进行梳理研究,提出了极有见地的观点。《秦史人物论》《秦始皇帝评传》《秦帝国史》《秦俑学》《秦始皇及其周围的人》,利用秦陵秦俑资料,对秦兵马俑、秦帝国、秦史人物、秦始皇进行专题研究,深化了秦史秦文化研究。①

王学理先生的系列著作《秦始皇陵研究》《秦俑专题研究》和《轻车锐骑带甲兵——秦始皇帝陵兵马俑发现与研究》,内容涉及秦俑坑作用和性质的争论,兵马俑所反映的军事装备,秦俑坑的建筑空间等,对秦陵与秦俑的学术问题进行了综合研究。②

秦俑面世后,马非百先生《秦集史》,③林剑鸣先生《秦国发展史》《秦史稿》《秦史》《秦汉史》,④黄留珠先生《秦汉历史文化论稿》,⑤都充分利用秦陵、秦俑的出土资料,对秦的历史或专题史,进行了探索和研究,许多新观点丰富和深化了秦史研究。

从1993年开始,秦始皇兵马俑博物馆组织的《秦俑秦文化丛书》已出版《秦文字类编》《秦史人物论》《秦刑法概述》《秦陵传说轶事》《秦陵铜车马与

---

① 武伯纶、张文立:《秦始皇帝陵》,上海:上海人民出版社,1990年;张文立:《秦史人物论》,西安:陕西人民教育出版社,1993年;张文立:《秦始皇帝评传》,西安:陕西人民教育出版社,1996年;王云度、张文立:《秦帝国史》,西安:陕西人民教育出版社,1997年;张文立、张敏:《秦始皇》,西安:西安出版社,2005年;张文立:《秦始皇帝和他周围的人》,北京:科学出版社,2009年。

② 王学理:《秦始皇陵研究》,上海:上海人民出版社,1994年;王学理:《秦俑专题研究》,西安:三秦出版社,1994年;王学理:《轻车锐骑带甲兵——秦始皇帝陵兵马俑发现与研究》,天津:百花文艺出版社,2002年。

③ 马非百:《秦集史》,北京:中华书局,1982年。

④ 林剑鸣:《秦史稿》,上海:上海人民出版社,1982年;林剑鸣:《秦国发展史》,西安:陕西人民出版社,1981年;林剑鸣:《秦史》,台北:台湾五南出版公司,1998年;林剑鸣:《秦汉史》(中国断代史系列),上海:上海人民出版社,2003年。

⑤ 黄留珠:《秦汉历史文化论稿》,西安:三秦出版社,2002年。

车马文化》《秦建筑文化》《咏秦诗》《秦政治思想述略》《秦成语典故》《秦始皇帝评传》《秦帝国史》《秦始皇陵兵马俑文物保护研究》《秦宫廷文化》《秦史研究论著目录》《秦文字通假集释》《秦俑学》《秦都城研究》《秦军事史》《秦学术史探赜》《秦始皇帝和他周围的人》《秦文学探述》20部。这些著作利用秦陵秦俑资料,对秦的历史、政治、经济、思想、文化等进行专题研究,拓宽了秦史的研究领域。

1993年,秦俑博物馆组织编辑学术年刊《秦文化论丛》,第一辑收录1993年前已发表的秦文化研究论文39篇。第二辑编选1993年秦文化研究的最新成果,并收有书评文章和研究论著目录。2004年,《秦文化论丛》编委会从已出版的10辑《秦文化论丛》中,选出40篇代表性论文汇编了《秦文化论丛选辑》。《秦文化论丛》集学术研究、学术评论和学术资讯于一体,到2009年,已连续出版15辑,发文300余篇。

二 秦陵秦俑研究促成"秦俑学"诞生

秦陵兵马俑的发现和研究引发了一门学问的诞生,这就是独具魅力的"秦俑学"。秦俑学研究引发了秦史研究的空前活跃。秦俑学为秦史研究拓宽了道路,秦俑的史学价值不可估量。①

秦俑学的产生源自秦陵兵马俑的出土。1974年,秦兵马俑展露雄姿,从那时起,关于秦俑的研究已经开始。"这是什么?为什么埋在这里?怎样科学发掘?如何保护?"等问题接踵而来,促使人们思考和研究。

为了推动秦俑学研究,秦俑博物馆组织了八届学术研讨会,召开了三次秦俑彩绘文物保护学术研讨会。1984年"秦俑研究第一届学术讨论会"的主题是秦俑的军事内容、艺术特征以及科技、陶文、服饰方面的问题。1986年,"秦俑研究第二届学术讨论会"召开。与会者建议将秦俑作为一个学科来研究,并提出"秦俑学"的概念,认为秦俑学是关于探索、研究秦俑及秦陵的学科。会上成立了秦俑学研究会,标志着秦俑学研究开始进入有组织、有序化

---

① 田静、史党社:《秦俑的史学价值》,《陕西历史博物馆馆刊》(七),西安:三秦出版社,2000年,第40页。

阶段。同年,秦俑学研究会会刊《秦陵秦俑研究动态》创刊。该刊1988年之前为半年刊,1989年出版3期,1990年后为季刊,迄今已出版120期,发表各类文章600余篇。

1990年,"秦俑研究第三届学术讨论会"召开,会议主题是"秦俑与秦文化",1994年、1999年、2004年、2009年、2016年,秦俑学第四、五、六、七、八届学术讨论会召开。每次均编辑出版会议论文集。① 2016年"秦俑学第八届学术研讨会"从秦汉时期的中西文化探索、秦俑研究评述、秦俑艺术深入探讨、秦始皇陵考古发现及保护研究、秦代对先秦学术思想的继承与发展五个方面探讨秦陵秦俑及秦代历史、考古等方面的学术问题,集中展示了近年相关研究领域的最新成果。

1996年,秦俑博物馆编辑出版《秦俑学研究》。该书分综论篇、秦陵篇、军事篇、艺术篇、科技篇、建筑编、保护篇、附编八个部分,收录秦俑及秦陵研究论文198篇。1999年,张文立先生的《秦俑学》出版。② 该书从理论上对"秦俑学"的研究对象、方法、目的及其与其他学科的关系、在现代社会生活中的文化价值和意义等问题予以精辟论述。该书"从理论高度阐述了'秦俑学'的概念、社会功能,并对秦俑学现状作了客观的评价,不失为一本客观、全面的研究著作"。③ 2004年,在"秦俑学第六届学术研讨会"上,台湾嘉义大学傅荣珂教授通报了自己在该校开设"秦俑学"专业选修课的信息。2005年,西北大学文博学院黄留珠教授和徐卫民教授在西北大学开设"秦俑学"

---

① 秦俑研究第三届学术讨论会论文刊于《文博》1990年第5期,该刊以《秦俑秦文化研究特刊》出版,收文51篇;秦俑研究第四届学术讨论会论文110篇收录在《文博》1994年第6期和《秦文化论丛》(第三辑),西安:三秦出版社,1994年;秦俑学第五届学术讨论会论文96篇收入《秦俑秦文化研究——秦俑学第五届学术研讨会论文集》,西安:陕西人民出版社,2000年;秦俑学第六届学术讨论会论文70篇收入《秦文化论丛》(第十二辑),西安:三秦出版社,2005年;秦俑学第七届学术讨论会论文61篇收入《秦俑博物馆开馆三十周年秦俑学第七届年会国际学术研讨会论文集》,西安:三秦出版社,2010年。秦俑学第八届学术论文40篇收入《秦始皇帝陆军博物院》(总第柒辑),西安:三秦出版社,2017年。
② 张文立:《秦俑与秦俑学》,《文博》1995年第5期。该文在《新华文摘》1995年第12期全文转载;张文立:《秦俑学》,西安:陕西人民教育出版社,1999年。
③ 王学理:《轻车锐骑带甲兵——秦始皇帝陵兵马俑发现与研究》,天津:百花文艺出版社,2002年,第359页。

专业选修课。之后,台湾学者吴福助、陈文豪、陈昭容多次参加秦俑学研讨会,台湾大学教授韩复智增订《秦汉史》一书时,不仅专题介绍秦俑研究成果,而且还将秦俑研究著作收入参考书目中。① 日本学者曾布川宽、鹤间和幸,韩国学者金烨等,多次以参加秦俑学术研讨会、带学生参观实习、到访秦俑博物馆的形式参与秦俑学的学术活动,还有学者多次在中外学术会上以"秦俑学"为题演讲,引起学界的关注。

三十年来,秦陵秦俑研究由考古学、历史学逐渐向外辐射,涉及文化史、科技史等学科;秦俑学研究人员由参与俑坑发掘的考古人员、文物保护人员和秦俑博物馆业务人员,逐渐扩展到了海内外,队伍日益扩大,学科越分越细,逐渐形成了一支强大的研究群体。

三 秦俑秦陵的研究与论争

关于世界文化遗产秦始皇陵及秦兵马俑的学术研究,主要涉及秦兵马俑的属性、秦兵马俑的军事内容、秦兵马俑的艺术渊源三方面的问题。

(一)秦兵马俑的属性

秦俑研究的首要问题就是要清楚秦俑坑建造的意图,即秦俑的属性问题。秦兵马俑是为何而作的? 多数学者认为,秦兵马俑是秦始皇帝的陪葬坑,是中国古代人观念中"事死如事生,礼也"思想的体现。秦兵马俑是"始皇帝给自己在冥国安排的冥军"。② 黄展岳先生认为,兵马俑是"送葬的俑群",③同样是将秦俑看作是为秦陵陪葬的。林剑鸣先生认为,秦俑是记功碑性的,与秦陵无关,兵马俑是为纪念战功而立的"封"。④ 白建钢先生认为"秦

---

① 韩复智、叶达新、邵台新、陈文豪编:《秦汉史》(大学教科书),台北:里仁书局,2007年。

② 张文立:《二十五年秦俑研究综述》,《秦俑秦文化研究——秦俑学第五届学术研讨会论文集》,西安:陕西人民出版社,2000年,第19页;张文立曾写道:"冥军也是明器之一种。冥军的提法是1989年我在日本的一次讲座中首先提出的,以后在国内报刊中也这样写。其他同志虽未这样提,但都认为它(兵马俑)是秦陵的陪葬品,则多无异议。"参见张文立《秦俑学》,西安:陕西人民教育出版社,1999年,第78页注〔42〕。

③ 黄展岳:《中国西安洛阳汉唐墓的调查与发掘》,《考古》1982年第6期。

④ 林剑鸣:《秦俑之谜》,《文博》1985年第5期。

俑是表彰武功的记功建筑"。① 秦鸣先生指出"秦俑在一定程度上可以说,它是秦始皇东巡卫队的象征"。② 袁仲一先生指出,秦俑"象征着秦始皇生前驻扎在京城外的军队,可称之为宿卫军"。③ 高景明先生认为秦俑"可能是骊山刑徒管理部门进行的一项别有用意的工程"。④ 日本学者曾布川宽先生认为,秦俑保卫灵魂和防备灵魂,"起着对敌人设防的机能"。⑤

(二)秦兵马俑的军事内容

从秦俑出土后,学者们最早研究的是关于秦俑坑的军事内容,集中在军阵、兵器、装备、兵种、衔级、爵级等方面。

关于秦俑军阵问题,秦俑一号坑的方阵说已无争议。⑥ 二号坑结构复杂,对其阵法有两种不同认识,袁仲一先生认为是"四个小阵,有机地结合,组成了一个大型的曲尺形军阵,也就是兵书上所说的方、圆、曲、直、锐五种阵形中的曲形阵";⑦周士琦先生认为是"四兽阵,即由朱鸟阵、玄武阵、青龙阵、白虎阵组成"。⑧ 三号坑是指挥部或曰军幕、统帅部的观点也得到了普遍认可。对于秦俑三坑总体的军阵内容,袁仲一先生认为一号坑是右军,二号坑是左军,三号坑是指挥部,四号坑是中军,三军拱卫京师。⑨ 李铨先生认为,兵马俑三坑是"《尉缭子》中所说的常阵"。⑩ 王学理先生认为是陈兵,表现秦的兵强马壮。关于秦俑军阵的性质,实际是秦俑性质问题讨论的继

---

① 白建钢:《秦俑军阵初探》,《西北大学学报》1981 年第 3 期。
② 秦鸣:《秦俑坑兵马俑军事内容及兵器试探》,《文物》1975 年第 11 期。
③ 袁仲一:《秦俑艺术》,《艺术论丛》第 3 辑,北京:人民美术出版社,1984 年。
④ 高景明:《秦兵马俑与秦的统治思想》,《文博》1990 年第 5 期。
⑤ 曾布川宽:《秦始皇陵和兵马俑的关系试论》,原载《东方学报》58 册,节选译文《陵墓制度和灵魂观》,刊《秦陵秦俑研究动态》1989 年第 2 期。
⑥ 庞齐:《观秦俑谈方阵》,《文博》1985 年第 1 期。
⑦ 袁仲一:《秦始皇陵东侧二、三号俑坑军阵内容试探》,《中国考古学会第一届年会论文集》,北京:文物出版社,1979 年。
⑧ 周士琦:《秦俑二号坑中的四兽阵》,《光明日报》1994 年 11 月 8 日,第 7 版。
⑨ 袁仲一:《秦始皇陵东侧二、三号俑坑军阵内容试探》,《中国考古学会第一届年会论文集》,北京:文物出版社 1979 年。
⑩ 李铨:《秦陵布局与兵马俑坑》,《文博》1986 年第 5 期。

续。① 黄今言先生认为,三坑反映秦代中央军的三个组成部分,即"宫廷侍从、宫城卫士及京师屯戍兵三种武装力量"。② 白建钢先生认为"一号坑属于整个军阵中的主军配置,采取的是春秋时代和战车相应的鱼丽之阵",二号坑属于整个军阵中的佐军配置,属于一号主军的偏师,可称为"佐奇之兵"。四号坑可能是计划要修的后勤部队。③ 刘德增先生认为"秦俑坑是一项未竟工程,全部建成后应有五个兵马俑坑。这个庞大的军阵按前、后、中、左、右配置兵力"。④ 关于秦俑坑反映的秦代军制问题,主要集中在兵役制度和军队组织编制、武器装备的铸造管理等方面。袁仲一先生认为,秦国实行以郡县为单位的征兵制,未实行募兵制,秦代军队的组织平时有宿卫军、边防兵和郡县兵三种,不存在野战性的常备兵。⑤

关于秦俑坑究竟是三个还是四个? 这个问题迄今没有解决。这影响到对秦陵布局和秦俑坑性质的研究。关于四号坑的性质,党士学先生、刘占成先生均发表卓有见地的论文。⑥

关于秦俑中军士的爵级和衔级,陈孟东、卢桂兰、春材等先生进行过专门研究,认为高级军吏俑(将军俑)的衔级分为三种,即校尉或弩兵校尉、郡尉或都尉、司马,中级军吏俑的衔级为军侯,下级军吏俑的衔级为卒长或乘长;军吏的爵级是由一级公士到八级公乘;士兵俑中甲士高于步兵俑,步兵俑高于徒。二号坑属常备兵,一号坑属郡县兵。⑦ 王学理先生将秦俑军吏俑

---

① 王学理:《一幅秦代的陈兵图——论秦俑坑的性质及其编成》,《文博》1990 年第 5 期;黄今言:《秦代中央军的组成和优势地位——兼说秦兵马俑所反映的军制内涵》,《文博》1994 年第 6 期。

② 黄今言:《秦代中央军的组成和优势地位——兼说秦兵马俑所反映的军制内涵》,《文博》1994 年第 6 期。

③ 白建钢:《秦俑军阵初探》,《西北大学学报》1981 年第 3 期。

④ 刘德增:《秦始皇陵兵马俑军阵揭谜》,《走向世界》1991 年第 3 期;刘德增:《秦始皇陵兵马俑军阵初探》,《孙子学刊》1992 年第 4 期;刘德增:《秦始皇陵兵马俑军阵实即八阵中的方阵》,《文博》1994 年第 6 期。

⑤ 袁仲一:《秦始皇陵兵马俑研究》,北京:文物出版社,1990 年,第 211 页。

⑥ 党士学:《秦俑四号坑是未建成之俑坑说质疑》,《文博》1989 年第 5 期;刘占成:《秦兵马俑"四号坑"质疑》,《秦文化论丛》(第十三辑),西安:三秦出版社,2006 年。

⑦ 陈孟东:《秦陵兵俑衔级试解》,《文博》1984 年第 1 期;陈孟东、卢桂兰:《秦陵兵俑衔级考》,《文博》1985 年第 1 期;春材:《跪射俑考》,《文博》1986 年第 4 期;陈孟东、卢桂兰:《跪射俑、立射俑新说》,《文博》1987 年第 2 期。

分为三种:高级军吏俑、中级军吏俑和初级军吏俑。高级军吏俑分为校尉、都尉(郡尉),中级军吏俑分为司马和军侯,初级军吏俑分为卒长、发弩啬夫,并进一步认为"军吏们的爵级是由一级公士到八级公乘"。①

(三)秦兵马俑的艺术渊源

秦兵马俑展示了秦人超强的写实艺术。王子云、王朝闻、刘开渠、张仃、傅天仇等专家,率先论述秦俑雕塑艺术的特点及其在中国古代雕塑史上的地位和意义。②

关于秦俑的艺术主题,袁仲一先生认为是宣扬国威,显示政权强大无比,人物则表现为刚毅勇猛、欢快愉悦的风貌。③ 张文立、吴晓丛先生认为俑坑显示出"低沉的哀怨和忿忿的情绪",表现的是逆反心理。④ 林剑鸣先生认为,秦俑坑的主题思想是大统一的反映。⑤ 聂新民先生认为,秦俑表现了臣下对秦始皇帝的竭忠尽诚、对秦始皇帝功业的追思和诵念。⑥ 王关成先生指出,秦俑主题的多元性,说明了它内涵的丰富和对当时社会生活反映的深刻。⑦

此外,学者还对秦兵马俑在中国雕塑史上的地位以及雕塑风格、雕塑特点、雕塑方法、绘彩、图案及东西文化对比等方面,予以宏观或微观的研究。这些论文可参见《中国历代雕塑·秦始皇陵俑塑群》《秦俑研究文集》《秦俑

---

① 王学理:《轻车锐骑带甲兵——秦始皇帝陵兵马俑发现与研究》,第118页。
② 关于秦俑艺术的笔谈,发表在《中国历代雕塑·秦始皇陵俑塑群》,西安:陕西人民美术出版社,1983年,第1—15页;袁仲一:《秦始皇陵兵马俑研究》,北京:文物出版社,1990年,第303—375页;武伯纶、张文立:《秦始皇陵》,上海:上海人民出版社,1990年,第58—79页;田静:《秦俑艺术论集》,西安:陕西人民教育出版社,1995年,第448—479页。
③ 袁仲一:《秦俑艺术初探》,《西北大学学报》1980年第3期。
④ 张文立、吴晓丛:《秦俑主题思想试探》,《主题·意志·逆反心理——再论秦俑的主题思想》,《文博》1987年第1期。
⑤ 林剑鸣:《秦俑主题何处觅——秦俑之谜》,《文博》1986年第4期。
⑥ 聂新民:《也谈秦兵马俑的主题》,《文博》1986年第5期。
⑦ 王关成:《论秦俑主题的多义性》,《秦文化论丛》(第二辑),西安:西北大学出版社,1993年,第363—371页。

艺术论集》及《秦俑学研究·艺术编》①等书。

2004年,上海博物馆与陕西省文物局合办"周秦汉唐文明"展览,并组织同名学术研讨会,因十余件秦兵马俑和复制品铜车马参展,故在本次学术会上,秦陵秦俑文物研究也是会议主题之一,有多篇论文涉及秦俑艺术、秦陵文物等。②

四 秦陵秦俑文物及遗址保护

30年来,在秦陵秦俑文物研究和遗址保护、文物库房的温湿度监测、防霉保护等方面,探索出有效的方法并付诸实施。这些成果集中体现在《秦俑学研究·秦陵编》《秦俑学研究·保护编》《秦始皇陵文物保护研究》《出土彩绘文物关键技术研究》等书中。这些论著既是工作经验的总结梳理,也为秦陵秦俑保护研究提供了技术参考。③

秦兵马俑出土时,只有极少数陶俑保存着少量色彩,而在发掘时有的彩绘脱离俑体与土块粘连在一起,如果保护不好与俑体连为一体的彩绘,瞬间会出现卷起、龟裂、起泡、脱落等现象。研究得知,彩绘损坏的原因是颜料颗粒之间及彩绘层次之间黏附力很微弱,特别是底层(生漆)对失水非常敏感,在干燥过程中底层剧烈收缩,引起底层起翘卷曲,造成整个彩绘层脱离陶体。因此,彩绘保护的关键是稳定漆层,保护方法必须包含防皱缩和加固两个方面,最有效的彩绘保护方法是:一为PEG200和聚氨酯乳液联合处理法,一是单体材料渗透、电子束固化的保护方法。单体材料的分子量小,容易渗入陶体表面,且没有黏性,但用电子束照射聚合后,形成高分子材料,其保护效果最好。利用PEG200和聚氨酯乳液联合处理法,能防止生漆层收缩,并

---

① 《中国历代雕塑》编委会编:《中国历代雕塑·秦始皇陵俑塑群》,西安:陕西人民美术出版社,1983年,第1—15页;袁仲一、张占民:《秦俑研究文集》,西安:陕西人民美术出版社,1990年,第95—182页;田静:《秦俑艺术论集》,西安:陕西人民教育出版社,1995年,第448—479页。

② 上海博物馆编:《周秦汉唐文明研究论集》,上海:上海古籍出版社,2008年。

③ 秦始皇兵马俑博物馆编:《秦俑学研究·保护编》,西安:陕西人民教育出版社,1996年;张志军:《秦始皇陵文物保护研究》(秦俑秦文化丛书),西安:陕西人民教育出版社,1998年;秦始皇帝陵博物院等:《出土陶质彩绘文物保护关键技术研究》,北京:科学出版社,2014年。

改善生漆层的性能,如同甘油一般,对俑的"皮肤"起到柔化作用,并减慢其干燥速度,使陶俑彩绘易于保护。

1990年,秦俑博物馆与德国巴伐利亚州文物局合作,成立"秦俑彩绘文物保护科研课题组"。中德合办了三次"秦俑及彩绘文物保护与研究国际学术研讨会"。[①] 2004年,"秦俑彩绘保护研究项目"获得国家科技进步二等奖。该项目"技术资料齐全,数据翔实可靠,科技含量高。其成果易于推广应用,社会效益和经济效益显著,达到了国际领先水平"。[②]

2006年,陶质彩绘文物保护国家文物局重点科研基地设在秦俑博物馆。到2016年,秦陵博物院承担的《考古发掘现场出土脆弱遗迹临时固型材料研究》获国家"十二五"文物保护和技术创新奖一等奖。该项目来源于"十二五"国家科技支撑计划重点课题《出土陶质彩绘文物保护关键技术研究》及国家重点基础研究发展计划课题《脆弱性硅酸盐质文化遗产保护关键科学与技术基础研究》,由秦陵博物院等8家单位承担,主要针对临时加固和可控去除技术对提取材料的有效性、安全性及可控去除性的要求以及被提取脆弱文物的特点,聚焦薄荷醇及其衍生物作为目标材料进行研究。该项目对提高我国考古发掘现场脆弱遗迹提取的技术与装备水平具有重要意义。

秦陵博物院承担的《遗址博物馆环境监测与调控关键技术研究》项目针对遗址博物馆保护形式单一、缺少科学的预防性保护手段等问题,研制出国内唯一的开放式和封闭式多场耦合实验舱,为遗址博物馆文物的预防性保护提供了系统解决方案。

2006年以来,秦陵博物院与英国伦敦大学考古学院合作,对秦陵出土文物,主要是陶俑和青铜兵器,进行多学科的综合研究,借助硅橡胶翻模、电子扫描显微镜、XRF分析仪、能谱分析、拉曼光谱和岩相分析等手段,利用计算机软件的强大数据处理功能,提取遗迹及相关陶制、金属制品背后所蕴含的有关秦代社会及手工业生产信息,探讨在修建秦陵过程中,其手工业生产的原材料来源、生产加工技术、作坊管理、库存、运输及俑坑布局过程中的管理

---

① 郭宝发、赵昆:《秦俑及彩绘文物保护与研究国际研讨会会议纪要》,《秦陵秦俑研究动态》1999年第2期。

② 《秦俑彩绘研究鉴定意见》,《秦陵秦俑研究动态》2002年第1期。

模式,进而探讨当时的专业化、标准化程度及相关的劳动力组织。2011年,秦陵博物院与英国伦敦大学考古学院等联合组织"秦时期的冶金及相关社会考古学含义国际学术研讨会",对秦时期的金、银、铜、铁等各类金属制品从考古学和科技分析角度进行探讨,为秦陵秦俑文物保护、秦代史学研究的深入开展打开了新视角。①

2009年以来,为配合秦俑一号坑第三次考古发掘工作,针对考古现场脆弱文物与遗迹众多的现状,提出将其完整、安全、有效地提取到实验室进行永久保护的思路。秦陵博物院等单位承担"十二五"国家科技支撑计划以及国家重点基础研究发展计划(973计划)课题,探索出应用左旋薄荷醇作为临时固型材料对考古发掘现场脆弱遗迹提取的技术路径。②

近年来,物探遥感方法应用于秦始皇帝陵勘探、调查工作中。③ 秦陵博物院与德国巴伐利亚州文物局、比利时杨森公司、美国强生公司、美国沙漠研究所、伦敦大学、牛津大学、西北大学、陕西师范大学等单位合作,在文物保护、修复、土遗址加固、遗迹防霉、小气候环境研究以及秦考古、历史等方面做了大量探索性工作,为文物遗址的科学保护提供了保障。

五 秦陵陪葬坑及相关文物研究

在秦陵陪葬坑与秦陵文物研究方面,还有段清波、张卫星等先生的专题研究。段清波先生深入研究了秦始皇帝陵园排阻水工程、建造时间、封土高度、外藏系统等,依据勘探秦陵地宫东、西、南三面的地下阻排水工程遗迹,结合文献中关于秦始皇陵"穿三泉""下锢三泉"的记载,提出了新观点。他认为文献记载秦始皇陵封土高"五十丈"是基本可信的。秦始皇陵封土高度

---

① 王亮、李季珍、夏寅:《秦冶金制造及相关社会考古学研究进展报告》,《中国文物报》2011年4月29日,第3版。
② 田静:《荒滩上建起的奇迹——秦陵博物院院史》,《遗产地讲解培训研究》,西安:陕西人民出版社,2017年,第37—49页。
③ 田静:《863计划介入考古学——遥感物理与考古钻探结合探索秦始皇陵》,《中国文物报》2004年1月30日,第5版;刘士毅主编:《秦始皇陵地宫地球物理探测成果与技术》,北京:地质出版社,2005年。

与文献记载相距较大的原因,是因秦始皇陵未建成所致。他指出秦始皇陵始建于李斯任丞相以后,建设时间只是数年,而非传统观点所说的38年。①张卫星从考古学意义上对秦陵的概念予以界定,重点研究秦始皇帝陵的设计理念、礼仪结构的象征意义、始皇陵的信仰体系与生死观念等。②

在秦陵秦俑的微观文物研究方面,学者用考据的方法,对文物求名责实,予以实证研究。袁仲一、王关成、刘占成、党士学、申茂盛等先生对"王负剑"、秦陵铜车马零部件、秦殳等的考证,丰富了秦陵文物的研究内容。③

秦陵秦俑的研究与其他学科一样,需要的是科学的态度和方法,即"大胆假设,小心求证"。目前秦陵秦俑研究中,微观研究尚不到位,对秦陵秦俑坑出土文物的释义还有不少方面涉及不够或没有解决,如秦俑坑究竟有几个坑,三个？四个？迄今没有解决,这影响到对秦陵布局及秦俑坑性质的研究,是中央军,是屯聚列陈,是野战军？关于俑坑出土的高、中、低级军吏俑或将军俑、军吏俑的爵级、衔级问题等等,再如关于 K9901 陪葬坑出土百戏俑中每尊俑是百戏中的哪一种,是俳优、寻幢、扛鼎？K0006 陪葬坑出土文吏俑是哪一类文官,是廷尉？是太仆？K0007 陪葬坑出土乐舞俑,奏的什么乐？乐者所持是何种乐器？等等问题,必须认真考证和实验,只有解决了这些名实问题,才能在此基础上进行宏观研究。④

(一) K9801 陪葬坑

1998年在秦始皇帝陵东侧内外城垣之间,发现了 K9801 陪葬坑。《秦始皇帝陵考古报告(1999)》《秦始皇帝陵 K9801 陪葬坑第一次试掘简报》等报告公布了第一手资讯,撰写者有认为该坑是秦陵的石铠甲陪葬坑。有指出,

---

① 段清波:《秦始皇帝陵园考古研究》,北京:北京大学出版社,2011年。
② 张卫星:《礼仪与秩序:秦始皇帝陵研究》,北京:科学出版社,2016年。
③ 王关成:《秦史、秦俑研究五题辨析》,《秦文化论丛》(第十四辑),西安:三秦出版社,2007年,第327-341页;袁仲一:《释"王负剑"》,《早期秦文化研究》,西安:三秦出版社,2006年,第121-125页;申茂盛:《秦殳质疑》,《秦文化论丛》(第十二辑),西安:三秦出版社,2005年,第863-870页。
④ 张文立:《近年秦陵秦俑研究平议》,《秦俑博物馆开馆三十周年秦俑学第七届年会国际学术研讨会论文集》,西安:三秦出版社,2010年,第1-8页。

该坑发掘面积较小,其性质还不能完全确定。①

(二) K9901 陪葬坑

K9901 陪葬坑位于秦陵内外城垣之间的东南部。该坑出土陶俑均为半裸,着短裤,面部表情生动,与秦汉时代的角抵百戏相似,在棚木上面还出土有一件大型青铜鼎。②

(三) K0006 陪葬坑

K0006 陪葬坑位于秦陵封土西南角。③ 袁仲一、刘占成认为该坑是马厩坑。④ 段清波认为,秦陵的每一个陪葬坑可能对应着一个中央机构,秦始皇其实是想把中央集权的政治机构也带入地下,以实现权力的延续。⑤ 张仲立认为,六号坑是关于秦始皇帝近身侍臣的一组陪葬,具体应该属于秦始皇时期侍奉皇帝左右的侍御史、谒者或侍中一类近官。⑥《秦始皇帝陵园考古报告(2000)》编者认为,六号坑反映的是秦帝国的一个官府机构,该机构的主要工作人员由文官组成,而且这个机构是构成中央政府三公九卿的官府之一,可能是九卿中主管监狱与司法的廷尉。⑦ 陈治国认为该坑不是御史的官署,而只是待命的场所。⑧

(四) K0007 陪葬坑

---

① 陕西省考古研究所、秦始皇兵马俑博物馆:《秦始皇陵园考古报告(1999)》,北京:科学出版社,2000 年,第 48 - 104 页;张占民:《秦陵铠甲坑发现记》,《文博》1999 年第 5 期;王望生:《秦始皇陵园青石铠甲坑的考古试掘》,《文博》1999 年第 6 期;始皇陵考古队:《秦始皇陵园 K9801 陪葬坑第一次试掘简报》,《考古与文物》2001 年第 1 期。

② 陕西省考古研究所、秦始皇兵马俑博物馆:《秦始皇陵园考古报告(1999)》,北京:科学出版社,2000 年,第 166 - 199 页;始皇陵考古队:《秦始皇陵园 K9901 试掘简报》,《考古》2001 年第 1 期。

③ 始皇陵考古队:《秦始皇陵园 K0006 陪葬坑第一次发掘简报》,《考古与文物》2002 年第 3 期;始皇陵考古队:《对秦始皇陵园 K0006 号陪葬坑出土马骨的几点认识》,《中国文物报》2001 年 9 月 21 日,第 7 版;始皇陵考古队:《文官俑亮相秦始皇陵园》,《中国文物报》2001 年 10 月 12 日,第 7 版。

④ 袁仲一:《秦始皇陵考古发现与研究》,西安:陕西人民出版社,2002 年,第 134 页;刘占成:《秦陵新发现陪葬坑性质刍议》,《文博》2001 年第 4 期;刘占成:《秦陵"六号坑"性质商榷》,《秦文化论丛》(第十一辑),西安:三秦出版社,2003 年,第 386 - 399 页。

⑤ 段清波:《秦始皇陵园 K0006 陪葬坑性质刍议》,《中国文物世界》2002 年第 2 期。

⑥ 张仲立:《秦始皇陵六号坑属性管窥》,秦俑学第六届学术研讨会论文,西安,2004 年 7 月。

⑦ 陕西省考古研究所、秦始皇兵马俑博物馆:《秦始皇陵园考古报告(2000)》,第 260 - 265 页。

⑧ 陈治国:《秦始皇帝陵园 K0006 陪葬坑性质试探》,《文博》2014 年第 5 期。

2000年,在秦陵外城东北发现了 K0007 陪葬坑。2005 年,发掘简报公布。① 段清波认为该坑"是秦始皇陵园外藏系统中兼具园囿和乐府性质的机构,是为秦始皇提供娱乐的官署"。② 焦南峰提出"秦始皇陵园东北侧的'动物府藏坑'、七号坑和鱼池等遗迹和遗物,则应是以'上林'为代表的秦园林苑囿在陵区的具体体现"。③ 刘瑞指出,K0007 陪葬坑很可能就是秦位于上林苑中的属少府管辖的"外乐"。④ 张敏、张文立认为是苑囿中的池沼,其功能是以乐舞祈福求仙。⑤ 袁仲一认为,七号坑未见家禽类的鹅、鸭,所出仙鹤、天鹅、鸿雁均为观赏性、祥瑞性的珍禽。这说明饲养的目的不是为食用,而是为观赏。因此,将该坑定名为禽牢或禽圈、禽园均符合秦代的称谓。今人对"禽园"一名比较通俗易懂,故暂名之为禽园类陪葬坑,或简称铜禽坑。⑥ 刘占成⑦、刘钊⑧、张卫星⑨等发表论文,陈四海对该坑出土的义甲进行了研究,⑩丰富了对秦始皇陵的认识。

(五)绿面俑

---

① 陕西省考古研究所、秦始皇兵马俑博物馆:《秦始皇陵园 K0007 陪葬坑发掘简报》,《文物》2005 年第 6 期。

② 陕西省考古研究所、秦始皇兵马俑博物馆:《秦始皇陵园考古报告(2000)》,北京:文物出版社,2006 年;段清波:《秦始皇帝陵园考古研究》,北京:北京大学出版社,2011 年。

③ 陕西省考古研究所、秦始皇兵马俑博物馆:《秦始皇陵园考古报告(2000)》,北京:文物出版社,2006 年;段清波:《秦始皇帝陵园考古研究》,北京:北京大学出版社,2011 年。

④ 刘瑞:《秦始皇陵 K0007 陪葬坑性质新议》,《秦文化论丛》(第十四辑),西安:三秦出版社,2007 年,第 349-372 页。

⑤ 张敏、张文立:《秦始皇帝陵》,西安:三秦出版社,2003 年,第 91 页;张文立:《秦始皇陵 7 号坑蠡测》,《考古与文物》2004 年增刊。

⑥ 袁仲一:《关于秦始皇陵铜禽坑出土遗迹、遗物的初步认识》,《秦文化论丛》(第十二辑),西安:三秦出版社,2005 年,第 722-731 页。

⑦ 刘占成:《秦陵"七号坑"性质和意义刍议》,《文博》2002 年第 2 期。

⑧ 刘钊:《论秦始皇陵园 K0007 陪葬坑的性质》,《中国文物报》2005 年 8 月 9 日,第 7 版。

⑨ 张卫星:《先秦至两汉时期的非立姿俑试探——兼论秦始皇陵 K0007 陶俑姿势定名》,《秦文化论丛》(第十四辑),第 386-397 页。

⑩ 陈四海:《秦始皇陵出土银质义甲考》,《中国音乐学》2005 年第 2 期;陈四海:《秦始皇陵出土银质义甲考——兼论秦声中的特色乐器"筝"与"缶"》,《秦文化论丛》(第十二辑),西安:三秦出版社,2005 年,第 829-839 页。

对秦兵马俑二号坑中出土的绿面俑,研究者提出很多观点。① 袁仲一说浅绿色是人面的一种近似色,是性格剽悍、刚毅型人物的面孔。② 钱莆说"绿脸俑"是秦军中的"傩人"。③ 朱思红认为"绿面(脸)俑",应称其为"青面俑",绿面俑是创作者艺术表现手法灵活多样的反映。④ 张铭洽认为分析秦代"巫"的社会群体、社会功能、秦代巫术的种种表现及其影响,对全面认识秦文化有重大意义。⑤

秦兵马俑是历史的产物,是历史信息的载体,它对于史学有理论与实证的双重意义。⑥ 张文立指出:"对秦俑的研究应该进一步提高理论水平,在微观研究的基础上,进行宏观研究,探索中国古代文化整合的规律,并充分论证它在现实生活中的历史价值和作用,即观古知今中的社会教育、文化传承的价值和作用。"⑦

回望秦陵秦俑研究30年,已取得三项成果:一是建立了秦俑学研究会,团结和联络了一批各学科研究秦陵秦俑秦文化的学者。二是按时编印学术季刊《秦陵秦俑研究动态》,编辑收文百余篇的大型文集《秦俑学研究》,专著《秦俑学》出版,以年度报告的形式及时公布秦始皇陵考古资料。三是定期召开学术研讨会,以秦俑学研究和秦俑文物保护研究为主题,推动秦陵秦俑研究深入开展。

展望秦陵秦俑研究未来,我们还应重视基础研究工作,认真开展秦陵文物的微观研究,结合文献资料审慎考据,给秦俑及秦陵文物以科学定名。秦

---

① 秦文:《绿脸秦俑的八大猜想》,《科技日报》2009年4月3日,第5版。
② 袁仲一:《秦俑二号坑出土的绿面俑》,《秦陵秦俑研究动态》2000年第3期。
③ 钱莆:《"绿面俑"应为军中"傩人"》,《秦陵秦俑研究动态》2002年第3期。
④ 朱思红、张亚娜:《"绿面俑"应称"青面俑"——试解"绿面俑"之谜》,《秦文化论丛》(第十二辑),西安:三秦出版社,2005年,第761－769页。
⑤ 张铭洽:《秦代"巫现象"杂谈——兼谈秦代的"日者"》,《秦文化论丛》(第十二辑),第430－450页。
⑥ 田静、史党社:《秦俑的史学价值》,《陕西历史博物馆馆刊》(七),西安:三秦出版社,2000年,第42页。
⑦ 张文立:《世纪初秦陵秦俑研究趋向》,《秦文化论丛》(第十二辑),第635－653页;张文立:《近年秦陵秦俑研究平议》,《秦俑博物馆开馆三十周年秦俑学第七届年会国际学术研讨会论文集》,第1－8页。

陵秦俑的研究和保护工作,将随着考古发掘的进展、新出土文物的面世和科技的进步而深入开展,将来还会出现新的课题。这些都需要我们随时关注并认真研究,需要我们去除浮躁,潜心研究,大胆设想,认真求证,需要积极开展学术争鸣和批评商榷,以求得出多数学者认可的观点。

(作者单位:秦陵博物院)

我们在秦汉史研究中相识相知

——忆林剑鸣并侧记秦汉史学会

熊铁基

我和剑鸣初次见面是在 1972 年,我校一行三人赴河南、陕西访古,到西北大学时剑鸣接待了我们,并有所交谈。当时,我虽然系统读过《史记》《汉书》,但尚未开始学习和研究秦汉史,剑鸣大约已经师从陈直先生开始了秦汉史的研究。1979 年四川的史学规划会上,成立了秦汉史学会筹备组,筹备组由五人组成(陈直先生和林甘泉、朱绍侯、祝瑞开、林剑鸣四位同志),后来五人小组会议感到需要扩大代表性,发了一封公开信,邀请山东师大安作璋、中山大学张荣芳、华中师大熊铁基等参加筹备组,其中如安作璋先生 50 年代就有秦汉史著作出版,而且一直在从事秦汉史研究。我之所以被邀请,是因为从研究云梦秦简开始,到 1979、1980 年就集中地发表了四五篇文章,加上报刊的转载、介绍,显得较为突出。有一次剑鸣对我说:"你这两年大约发了一二十篇文章。"我说:"没有那么多。"

和剑鸣等同志第一次较长时期的相处,是 1980 年十院校教材编写组的烟台会议,剑鸣是十院校成员并且是秦汉史部分执笔人之一,我是第一次被邀请参加会议(从那以后我就成了经常参加的"第十一院校"的成员了),我们几位秦汉史研究者有了较多的交流。我爱发言(邀请你去,也就是要你发言),剑鸣在闲谈时戏说:"我们国家多有一些像你这样的副教授就好了(大意)。"这里应该略做说明,这话当然是对我的夸奖、过誉,但反映了一个事实,当时国家刚刚开始恢复职称评定工作,十院校会议的参加者,连副教授也没有几个,我和他当时都是讲师(最近一次十院校教材修订会议主编朱绍侯先生说起这事,感慨万分,现在的参加者全部都是教授、副教授)。

烟台会议结束以后,我和安作璋先生结伴到济南,火车上安先生约我一起合写一部秦汉史。我说不行,因为我在1978年上海的第一次农战史讨论会上就得知,剑鸣已经有了一部12万字的秦史(后来扩充成为30多万字)在上海人民出版社准备出版,我1978年也曾想写秦史并拟了提纲,因此而作罢,避免重复,安先生也同意。当时,我已开始写了10多万字的秦代官制,而安先生也有一个20多万字的汉代官制稿子,这样我们就决定合作写秦汉官制史。我将二稿合而为一,作第一遍,安先生修订,把关,最后完成,这就是后来出版的《秦汉官制史稿》。我们还曾打算继续合作,安先生提出写兵刑制度,我认为兵、刑要分开,安先生拟定了刑法制度史的提纲,打算分工完成,后来各人都忙,未能继续合作下去。记得我当时已开始写了一点,后来承蒙北京法学所的俞鹿年先生好意(我们神交、通信、互赠书籍多年,至今一直未能谋面),在他主编的论文集上发表了一篇。再以后我写《秦汉军事制度史》,安先生从事官吏法等研究,就没有再合作了。其原因,除了各自都忙之外,不在一地也颇不方便。但我们的友谊是继续下来了,我们仍有其他方面的联系。

我和剑鸣以及秦汉史领域的其他许多老、少朋友也都是如此,老先生中应该特别提到的是已故的陈连庆先生、韩连琪先生和健在的何兹全先生,还有小于他们而比我年长的田余庆、张传玺、马植杰等许多先生,都视我为忘年之交。

我和剑鸣的联系和其他人一样,平常是互通信息、互赠书籍,除了自己的著作之外,陈直先生的几本著作都是剑鸣寄赠给我的。而两年一次的秦汉史学会,许多年长的先生都是经常参加的,去年第八次年会时,朱绍侯先生说他一次也没缺席,我和他也一样。因此这些年会,是互相交流的好机会,在一起大家都是很愉快的。

说到秦汉史学会,我这里从我个人了解的角度要说上几句(不一定全面和准确):开始筹备组组长是陈直先生,后来正式成立学会,会长是林甘泉同志,但这前前后后许多具体工作无疑大多是剑鸣同志联络、组织的,成立大会在西安召开,在当时是颇不容易的。顺便也稍做一点解释,开会时还有陈直先生原来带的几个学生要毕业答辩,剑鸣分去了一些时间(甘泉等同志为要参加答辩会,也分去了些时间),原筹备组中张荣芳同志和我较年轻,就帮忙做了些会议组织工作,我还遭到个别同志误解,似乎"表现"了自己,但大多数同志是了解的,而且,对我所做的协调工作,有不少的老先生和中、青年同志都很满意。1984年成都会议,剑鸣当副会长;1986年芜湖会议在甘泉同志再三推辞下,剑鸣又当了会长,秘书处设北京,他没少奔走联络,田人隆等同志都知道,这是有目共睹的。《秦汉史论丛》第一辑是我和剑鸣编辑的,当时我们非常投入,审阅、修改、联络,花了不少时间。以后几辑我没参加了,剑鸣是始终如一的,大约直至1994年南昌会议以后。

整个大陆地区的历史学界,20世纪80年代显得特别活跃,一些学术讨论会,特别是一些学会组织的学术讨论会,是起了很大作用的。在当时,我不止一次地说,秦汉史学会可以说是最好的学会之一,把秦汉史的研究者,紧密地团结在一起,互相交流、讨论,使秦汉史的研究得到了非常深入的发展。同时,也引起了海内外的广泛关注。日本的秦汉史学者,1986年芜湖会议开始组团来参加学会的年会,以后大多数年会也都是如此。两国秦汉史学者还有多种形式的联络。1990年在山东泰安举行第五届秦汉史年会,台湾学者也组团来参加了,从此两岸秦汉史研究者,便开展了日益增多的学术交流活动。

毋庸讳言,人多口杂,学会活动中也难免有些分歧,但大多数人都能求同存异、相互谅解。后期的磕磕碰碰稍大一点,也已成为过去。学会活动的形式,也许可能"过时",或者会有改变,但学会及其活动的这一段历史是很有意义的,是值得纪念的。我们这些研究秦汉史的老人,永远也不会忘记它!因为我们从中得益不少,从中拜结了许多良师益友,从中得到了许多支持与鼓舞,从中得到了多方面的启示。学术研究要有主见,要独立思考,要自己艰苦劳动,但也不能离开师友的指点和帮助,交流和启发,以及支持和鼓励。最近两次参加十院校修订教材会议,见到许多青年学者也有这种交流、合作的愿望和行动,而且更为朝气蓬勃,令人欣慰。年轻朋友们,在这方面也继往开来吧!

最后,再回来谈我和剑鸣的交流,我们除了能在秦汉史学术会议中交流之外,还能在其他活动中见面交流,如十院校会、《中国历史大辞典》的编审会,等等。20世纪80年代后期,剑鸣从西安调到北京,我们照样是通信和互赠书籍。他在海外讲学的一些报刊资料也寄给我,使我获益不少。因为他知道我出差要求安静、"自由"住处的习惯,每当我出差到北京,他便一再劝我说,政法大学他有一间房,而且设备齐全,随时可以去住,虽然人未去过,但心意领了,由此也可见我们相知较深。他到北京后,我去过北京两三次,记得有一次是他陪同我看了张大可同志。另一次是 1993 年初,我参加"中华文化通志"会议后在北京学生家住了两天,他抽空偕夫人、女儿和我聚会一次,同时有瞿林东、肖黎两位同志参加,并告诉我可以使用他的车子。虽然我没用车子,心意也是领了的。据说,他在北京,以不同方式接待过不少外地来的同行和他的同事、学生。1996 年 8 月,我在北京五洲大酒店开道家文化研讨会,知道他已是大病一次之后,要去看他,他执意不肯,要去,他也要来接,头天约好了第二天见面,不料他临时又被召去北戴河开会,派人(酒店服务员说是他女儿)送来了《吕不韦传》(适逢我又外出了)。后来听说,酒店离他的住处很近,饭后散步也走得过去的(不知是否如此)。一则会议比较紧凑,二则会后即要赶赴广州参加秦汉史第七次年会,就这样失去了最后见一次面的机会。他去世的消息我也知道得比较晚(在外地未能及时看到讣告),而且是出乎意料的。他比我小两岁,虽知道他动过大手术(当时我写的慰问信,因地址变动,被退回,至今我仍保存着它),但以为"大难"之后必有后福,没想到病魔仍夺去了他的生命,走得还是早了一些,甚为可惜!

  我和剑鸣是在秦汉史研究中相识相知的,我们都较长时间地从事秦汉史研究,但他比我更专更深。他的著述丰富,代表作应该是两册《秦汉史》。这部书也应该是 20 世纪后半期中国大陆的断代史——秦汉段的代表作,和老一辈学者的《秦汉史》相比,和港台以及海外的同类著作相比,是有其独特性和创造性的,大体上也能反映 20 世纪五六十年代以来大陆地区的秦汉史研究成果(包括对海外研究成果的吸收),因而也有较大的参考价值。我个人研究秦汉史的任何问题,都是要翻翻他这部著作的。在此,我也庆幸自己当初的选择,没有跟在他后面再写秦汉史,没有简单的重复劳动,因为如果写作,即使会有些零散的一孔之见,也不可能有一个崭新的面貌,时代和个人水平都有局限。而我和其他同志一样,从事断代的一些专题研究,或者还可以和他的《秦汉史》著作相映生辉,留下我们这个时代秦汉史研究的历史。

2000 年 2 月于深圳

附记:为纪念剑鸣同志逝世五周年,我这里写下了一些我个人的所见(含见解,不一定正确)、所经历的"历史"。有较重的历史痕迹,例如称同志和先生,20世纪70年代末有一种说法,"同志四、五、六,先生七、八、九",六十岁以下的称同志,七十岁以上的称先生,也许是"拨乱反正"刚刚开始,许多东西需要调适,称同志虽然更亲切,称先生也不再另眼相看,而且略带尊敬之意了。也有些是个人用法的习惯,过去我称安作璋先生"老安",现在改口称"安先生"了,大约觉得他比我年长,而年龄大了,应该改口了。但"甘泉同志"也比我年长,可至今我未称过"林先生"。对我自己来说,我觉得我的学生应称我"老师",叫"先生"有些别扭。但我从20世纪50年代开始,就一直称我的导师吴泽先生为"吴先生"。这种种不同的情况,也是历史,"称谓"变化史。

2017年2月再附记:前不久有一次纪念剑鸣的活动我未参加。春节期间偶然翻到了这篇旧稿,不修改也许更有意义。值得写的东西有很多,如当时人们的通信,去年安作璋先生把我的一百多封信复印了,我保留的也不少,应该是有意义的。

(作者单位:华中师范大学历史文化学院)

深切怀念林剑鸣先生

黄留珠

光阴似箭,转瞬间林剑鸣先生离开我们已经20年了。然而,林先生的音容笑貌,似乎时时总在眼前。尤其是他潜心学问的精神,实际上已经成为鼓舞我们前进、探索学术的强大动力。

我闻知林先生的大名比较早,但直接与先生的交往却是1978年考入西北大学读研以后的事。当时,林先生作为陈直教授的助手,负责我们几位"摹庐弟子"的日常管理,担任副导师。先生身材魁梧,举止儒雅,风度翩翩,给我们留下了绝佳的印象。而更令我辈深感钦佩的是,他超乎寻常的眼光和非同一般的毅力。在众人都疯狂"大闹革命"的时候,他却不为世俗所囿,静下心来完成了一部30余万言的《秦史稿》和另一部10多万言的《秦国发展史》。当粉碎"四人帮"之初,全国学界几近一片空白的时候,林先生的两部书同时在上海人民和陕西人民两家出版社付梓面世,其所掀起的冲击波之巨大,不言而喻。先生如此绝伦的作为,犹如一部生动的教材,激励我们,鼓舞我们,而我们也为能有这样一位出色的老师引以为自豪。

1995年初夏,《光明日报》在北京国际会议中心召开"优秀传统文化与企业文化精神研讨会",我和林先生均受邀参加。这时林先生调离西北大学已有6年之久,其间我们虽曾晤面一次,但匆匆而过留下太多遗憾。此次有机会再次相见,自然使我感到格外高兴。记得见面那天林先生身着淡粉色的短袖T恤衫,精神、气色几乎与当年没有变化。礼敬问候之后,我呈上近年出版的《历史与企业家对话》一书请求指教。先生边翻书边对我说:"难得你一直甘坐冷板凳,并做出如此突破性的成绩。"接着又着实勉励了我一番。令我万万没有想到的是,这次会面竟成为与先生的永别。此后两年,当先生逝世的噩耗传来时，我简直不敢相信这消息是真的。感慨唏嘘之余，至今我仍不解，为何像林先生这样处处闪烁着智慧光芒的杰出学者60岁刚出头便驾鹤西去了呢？这的确堪称一个历史之谜啊！

林先生的学问以其成名作《秦史稿》为代表。这是第一部运用马克思主义观点研究秦史的著作，意义重大。后来先生又推出的两卷本《秦汉史》，则是《秦史稿》的延伸和扩展，体现了其治学的特点与风格。对于这些，大家都很熟悉，用不着我再啰唆。这里值得注意的是，林先生还有一些著述同样闪烁着他的重要学术思想光辉，而这些迄今似乎还没有受到应有的关注。例如人民出版社1995年出版的《吕不韦传》（以下简称《吕》）便是相当典型的实例。

据《吕》书的"自序""后记"可知，该著的撰写有两方面的动因：一是针对20世纪90年代"经商大潮"在中国"铺天盖地滚滚而来"的形势，作者试图通过吕不韦这一历史人物来说明中国古代并非像某些人所说的那样，"缺乏功利观念""少商人"；相反，倒是如陈寅恪所言，中国出现了不少"世界之富商"；进而"面对商海大潮带来的迷茫"，"不妨打开我们自己的记忆大门，翻翻祖先的经历，从历史上吸取一点有益的经验"。二是针对史学研究——尤其是历史传记的撰写存在的"缺少文采"和"失真"的"缺陷"，以及史学著作赔本出版且"读者寥寥"的现象，作者发下宏愿，"写一本令人读得下去、不致使出版社赔钱的历史书"，以此为样板来推动史著写作的改革。于是选取了经历曲折、神秘并对今人多有启迪的吕不韦为对象，用了整整一年的时间，完成了这部20万字的著作。

细绎上述动因，其第一点，应该说仍属"以史为鉴"的范围，只不过林先生所选取的借鉴对象更具典型性和更生动更感人。倒是第二点，意义不寻常。这里，林先生尖锐地提出了一个当时史学发展面临的重大问题，即史学研究如何适应社会主义商品经济的新形势？对此，可以说那个时期的史学工作者都深感压力巨大，而大家上下求索却又难得其解。这时候，林先生振臂一呼，明确表示要"写一本令人读得下去、不致使出版社赔钱的历史书"，可谓振聋发聩，为人们指出了一个方向。不仅如此，林先生更是身体力行，很快便写出了雅俗共赏的《吕》书。大家知道，这样的"历史书"，被人们定位为通俗史学读物，亦被越来越多的史家所看好，以致形成滚滚洪流，对于改革开放新时期的学术下移民间做出了不可磨灭的重大贡献。在此过程中，林先生既是通俗史学的早期积极倡导者，也是通俗史学的早期积极践行者；他再一次担当了先知先觉的角色。应该说，林先生的这一先知先觉与其当年写《秦史稿》的先知先觉是一脉相承的，显示了他的智慧和过人之处。

  林先生是北京人，而他逝世也在北京，所以林先生属于正宗的北京学者。不过在我的眼里，林先生似乎更应是一位道地的长安学者，或者曰陕派学者——确切地说则是西大学者。这不仅是因为先生毕生一半以上的时间学习、工作于古城西安，而且更由于先生的主要学术成就亦完成于兹的缘故。近年来已故的西大学者颇受学界青睐，不仅著名报刊常有评介文章发表，而且不少研究生也都以他们为研究对象写出学位论文，有的甚至还出版了专著。这种现象启示我们，陕西学人特别是西大学人应该更加重视对西大学者的研究。像林先生这样西大学者的佼佼者，理应进入当代学术史研究者的视野，需要给予深入研究。用对林先生学术成就的研究来纪念他的逝世，无疑是对先生最好的一种纪念。我热切期盼有更多的西大青年学子，参加到这一研究队伍中来，有所作为，有所贡献。

（作者单位：西北大学历史学院。2017年1月会议发言，7月整理）

林剑鸣老师治史风格的当下意义

彭 卫

1982年至1984年我师从林剑鸣老师攻读硕士学位。其实在这之前的本科生阶段,我就听过林老师的课程,印象最深的是他的中国古代法律史讲座。通过讲座我第一次知道了中华法系、西方的大陆法系和英美法系的各自特征。在当时法律史研究刚刚起步的背景下,这些知识令我这样的青年人有茅塞顿开之感。

谈到林老师的学术成就,我们通常会列举他的第一部学术专著《秦史稿》和系统研究秦汉历史的《秦汉史》。这两部著作在秦汉史乃至整个中国古代史上的学术地位毋庸赘论。在这里我想以他的另一部著作《秦汉社会文明》为例,简略说明林老师治史风格及其对今天历史研究的意义。

《秦汉社会文明》(西北大学出版社1985年初版),作者为林剑鸣、余华青、周天游和黄留珠(按出版时顺序),其中,林老师撰写了第一章《绪论》(以下简称《绪论》,征引页码以初版为准)。这篇约两万字的长篇导论从三个方面阐明了作者对秦汉社会文明的整体把握,即秦汉时期在中国历史上的地位、"文明"的界说和秦汉时代文明发展的特点。如果说《秦史稿》和《秦汉史》主要代表的是林老师具体的研究实践,《绪论》则主要展示了林老师的治史理念。当年初读和今天重读这篇文字,都能让人感受到作者勇于领风气之先的学术创新精神和关注重大历史问题的宏大气概。其中,有两个方面对目前的历史研究有着重要的启迪意义。

其一,概念的提出和把握。《秦汉社会文明》有两个"关键词",即"秦汉"和"文明"。前者很好理解,后者至今仍然歧义纷纭。林老师从多个方面讨论了"文明"概念。他指出,在西方哲学和社会科学中,"文明"和"文化"

采用的是同一语词,而在中国,"文明"和"文化"则是来源已久的两个词。分析"文明"一词的使用过程,可以发现它具有与"文化"同样的内涵,即指精神或上层建筑方面的意义;同时也有着与"文化"相异的物质方面的内容。他在分析了唐兰等学者关于对"文明"的不同理解后,对"文明"做了这样的定义:"文明的产生应早于阶级社会出现,'文明'不应与'文化'这一概念相混淆,而应当包括人类所创造的物质和精神两个方面的成果。"(第23页)《秦汉社会文明》这部著作对"文明"的把握保持了这种理解的一贯性,论述所及,覆盖了精神(如信仰、祭祀、婚丧礼俗、精神风貌等)和物质(各种产业、手工业、服饰、饮食、居所等)两方面的基本内容。

我们知道,概念是反映事物的特有属性的思维形态。任何一本形式逻辑学读本都会明确告诉我们,人们的概念有真实和虚假之别。我在这里想补充的是,在历史研究中,情形也许要复杂得多。由于研究者的观察角度、对资料的掌握程度、所依据的研究参照背景乃至个人的旨趣有异,因而对事物的定义很容易出现差别。在有些情况下,可能会出现真、假概念的对立(如曾经有人给"史料"的定义是"历史史实"。这显然是一个虚假概念),但是在多数情况下很难用真或假来定位(如"文明")。因此,对历史研究者来说,不仅要剔除那些虚假的概念,更重要的是要在概念使用中保持其同一性,使得你所使用的概念在研究过程中是前后一贯的、没有歧义的,从而让研究成果不会出现自相矛盾的情况。形式逻辑的基本内容是从事研究工作的人应该具备的知识。但我看到的一个比较普遍的现象却是,一些硕士、博士学位论文,或博士后出站报告在使用概念时却存在不能前后一贯、发生歧义甚至自相矛盾的状况。有的青年朋友的文章难以深入或写不下去,或多或少都有这方面的原因。《绪论》把"文明"概念的古今中外历史演化的轨迹做了扼要勾勒,对今人在使用上的异同进行了分析,在此基础上对"文明"概念进行了自己的界定——这是严谨的治学态度,并在《秦汉社会文明》一书中对这个重要概念的使用保持着前后一致。我想,林老师的这种治史风格对当下的学人尤其是青年朋友有着重要的学术示范作用。

其二,联系与整体的学术意境。"文明"的历史既是一部微观的历史,也是一部宏观的历史。就前者而言,如同其他领域一样,文明史也必须从点滴的历史表现开始,也必须循着历史的线索展开分析的逻辑;就后者而言,所有的历史表现都是以不同程度的方式联系在一起的,历史表象之下也总是蕴伏着本质性的内容。《绪论》在探讨秦汉时代的历史地位和秦汉文明的时代特征时鲜明地呈现出林老师善于抓住事物特征与捕捉事物本质的学术风格。

在考察秦汉时代在中国历史发展道路上的历史地位时,林老师敏锐而准确地提到了这个政体的重要特征是权力高度集中在皇帝手中:国家的一切权力均操控在皇帝手中,皇帝的诏令是法权的渊源,皇帝本人是国家最高司法裁决者,而权力高度集中的"第一结果",就"必然是个人专断"。由此制度相应产生的"第二结果"则是"家天下"(第9—10页)。在《绪论》中,林老师还提出了中华民族历史上"思想文化的真正统一,也始于秦汉时期"(第11页)。这些都是准确的概括。我们可以更加明确地指出,思想的统一,对自由思考和表达的钳制应当被视为这种体制的"第三结果",其后果正如贾谊在《过秦论》中所说的那样:"秦俗多忌讳之禁也,忠言未卒于口而身糜没矣。故使天下之士倾耳而听,重足而立,阖口而不言。"贾谊对秦亡历史经验的总结,没有察觉到造成这种现象的根源,这是历史的局限,我们更应当赞扬的是他的敏锐的眼光和将历史与现实紧密结合在一起的见识与胆识。他的意见没有被后世统治者所借鉴,原因也正在于皇权和个人独裁专制的体制本身——尽管在某些时代这种专制主义因素可能有所缓解,但就实质而言并无变化。在中国历史发展道路上,决定了古代中国人生存状态的不只是经济活动,更为重要的因素是政治结构和权力结构,这是中国历史告诉我们的极具价值的经验。总之,个人专断、家天下和思想统一的三位一体,是中国古代皇权社会的本质表征,它对中国历史的发展产生了极为恶劣的影响。

林老师对秦汉时代文明做了如下总结:多样化的统一、大规模地吸收和远距离地传播、在对抗中的进步。在论证这三个方面时,可以发现作者对于历史特征及其辩证关系的高度重视。在"多样化的统一"部分,林老师指出:以往的研究者"往往强调秦汉的统一而忽视其中的差异,似乎各地文明的不同差异与全国的统一是不相容的。其实这是不符合历史事实的。秦汉时代的文明,正是在各地区、各族人民不同的文明基础上统一起来的,而在统一的前提下,又保持着各地、各族间不同程度的差异。这种差异并不妨碍统一,相反它们构成了中华民族统一文明的丰富的内容"(第27页)。在"大规模地吸收和远距离地传播"部分,林老师强调了这个表现构成了秦汉社会与秦以前文明发展的不同,指出:秦汉时代大规模地吸收外来文明,是中国古代文明发展史上的一次飞跃时期。这种飞跃在后来还出现多次,但秦汉时代则是首开其端(第29页)。用世界的眼光看中国,用中国的眼光看世界,会帮助我们对中国的历史和人类的历史有更为全面和深刻的理解。林老师列举了秦汉时代的文明输出和对外来文明的接受,这里实际上涉及了文明互动的种类和相应影响的比重,可称之为文明往来的"交换律",对这一问题的进一步探讨,有助于细化和深化对文明交往的研究。在"在对抗中的进步"部分,林老师不仅指出了阶级和民族对抗这两个在当时学界流行的因素,还特别强调了经济基础与上层建筑,生产力和生产关系,经济和文化、政治等方面的适应与不适应的矛盾。把文明的变化和发展,放置在大背景下进行阐说,同样显示了宏大的历史眼光。

　　林剑鸣老师离开我们20年了。这20年来中国古代史研究所取得的进步有目共睹。随着新出资料的不断刊布,今天的秦汉史研究者拥有了我们的前辈没有看到的大量的历史知识,从这个意义上说,生活在今天的秦汉史研究者是幸运也是幸福的。但我们在关注各种由新出资料而引发的新的具体问题的同时,是否要具备宏大的历史思维,是否要关注在历史表象下所潜伏的内在趋势,是否要用长时段的、整体的、联系的和变化的眼光去观察历史活动,是否要将散落在我们面前的历史知识上升到理论的智慧的高度,我想林老师的学术风格为我们提供了很好的范例。他留下的历史研究的遗产,值得我们细心体味。

(作者单位:中国社会科学院历史研究所)

我与秦兵马俑及军队史的研究

——纪念林剑鸣先生逝世20周年

白建钢

1977年,我考入西北大学历史系考古专业,入学后又选修林剑鸣先生的秦汉史课,这样,把学习秦汉史和研究秦始皇兵马俑考古相结合成为自然而然的事情。那时,我不喜欢石器时代考古,感觉枯燥,形而下"器"太多,材料少、推理多,距真相大白,路途漫长。

由于西安拥有得天独厚的秦汉历史文化资源,中华人民共和国成立后直到我们读书时代,西北大学历史系秦汉史研究始终居于中国学术前沿,出了很多知名教授,中华书局出版的标点本《汉书》即由西北大学历史系师生分段标点。林剑鸣先生曾任中国秦汉史研究会会长(王子今、彭卫和我是林先生带的第一批硕士研究生。子今兄不负老师培养,成为中国人民大学一级教授,也曾任中国秦汉史研究会会长,成果辉煌。彭卫弟也在中国社科院历史所负责一方,在秦汉史研究方面贡献匪浅),硕果累累。

《文心雕龙·夸饰》有言:"夫形而上者谓之道,形而下者谓之器。"将考古与历史相结合,既可防空对空的"形而上"的学术戾气的出现,又可防只见"器"而不见"道"的低水平学术状态的产生。受林先生影响,我开始研究秦汉史。1980年,我大学第四年,写了8000字的《秦俑军阵初探》一文,请林先生批评。出乎预料的是,林先生帮我改题目、内容,并将拙文推荐到《西北大学学报(哲学社会科学版)》。拙文最终在《西北大学学报(哲学社会科学版)》1981年第3期发表,是班里第一篇发表的论文,使我深受鼓舞。之后我考取林先生硕士研究生,林先生支持我侧重军事史,攻读典籍,并要求我每周交读书笔记。从基础文献阅读到逻辑思维训练、语言文字表达,先生手把手教,栽培之恩,至今不忘。

我从古代军事实证考据和世界古代军事理论、战略战术角度,去解释秦始皇兵马俑考古材料,突破单纯用田野考古类型学对秦始皇兵马俑进行分类研究的局限。

我曾决心此生专门研究兵马俑,陆续写了轻装步兵、重装步兵、轻骑兵、车兵、射击手、长矛手、射击技术、军服等系列论文,写了一部 20 万字的书稿(因为工作变动,未定稿,至今没有出版,是否会出已不重要)。

我读研究生时神经衰弱,常常在周末从西北大学骑自行车到临潼区秦始皇兵马俑博物馆(距离非常远,单程超过 3 小时),蹲在馆里看一天。当时张占民师兄在秦俑考古队工作,亲自做饭给我吃,永远难忘。

解读秦始皇兵马俑,就像解读甲骨文文字一样重要,如今读懂一个甲骨文字奖励 10 万元,谁奖励过部分读懂兵马俑军队兵种、编制、战术的人?

读不懂甲骨文文字,甲骨文就是骨头,充其量能冒充龙骨化石。读不懂兵马俑军队内涵,秦始皇兵马俑就是"陶器",分一型、二型、三型等等,充其量是陶人、陶马,不是金子,未必拼得过希腊罗马艺术雕塑,只能永远沉睡在茫茫黑暗中。我们不能用将军俑、铠甲俑、战袍俑"羞辱"秦始皇时代的中国军事文明,晚于《孙子兵法》《孙膑兵法》时代的秦始皇,绝对不会这样称呼类似军人,如果这样没有文化,他的军队统一不了中国,中国古代军事史也没有辉煌可言。

秦始皇兵马俑是世界第八奇迹,是打开人们未知迷茫的"大门"。我找到这扇门,发现那门缝和光,这要终生感谢林剑鸣先生。我第一次知道秦军队原来和希腊、罗马军队有类似的军事文明,也有轻装步兵、重装步兵、轻骑兵、重骑兵(秦始皇兵马俑里没有发现,秦军中一定存在)。秦军与西方方阵有相似的排列战术,例如轻装兵打头阵、重装兵为军阵攻击主体、射击手和长矛手互相掩护、"鱼丽之阵"等,与希腊、罗马方阵在军事文明方面异曲同工。这对于中国历史研究是多么重要。"复活的军团",再现一支已经失传的古代军队,岂是希腊、罗马单纯的雕塑作品可比?这才是文明时代代表中国水平的考古。

"山不在高,有仙则灵",考古不是挖金矿,兵马俑的价值不在个子的高矮,在乎透露古代军队未知信息量的多少。我第一次发现了西汉杨家湾大墓兵马俑的秘密,发现这是汉代轻骑兵与重骑兵在兵种、编制、兵器配备、战术等方面的最珍贵实物证据,首次揭示这是汉代轻装步兵着虎纹战袍的考古实物,巴人祖先等化装成老虎纹"虎贲"轻装兵,在协助周武王克商后,作为轻装步兵军装,传承至秦汉时代。这对研究秦汉步骑兵军队构成,比秦始皇兵马俑更高一层,为研究秦始皇兵马俑补充了更重要材料。要研究清楚秦代军队,必须研究汉代军队。我对杨家湾大墓兵马俑的研究,具有独家和开创意义。

经林剑鸣先生同意,我的毕业论文写了《西汉的步骑兵兵种、编制和战术》,文章第一次提出,在中国汉代已经出现与同时代希腊、罗马类似的轻装步兵、重装步兵、轻骑兵、重骑兵,这在秦汉史研究、秦汉军事史和世界上古军事史研究、世界东西方军事文化交流史研究诸领域,具有划时代意义。历史上的秦汉军事史,文献记载,语焉不详,我的论文将考古与文献结合,发前人所未发。而这一切都是为了突破秦军事史打基础、为了解开秦始皇兵马俑真相做功课。论文答辩一次通过,最终被评为优秀论文,我成功获得硕士学位。

毕业时,经解放军原总政治部批准,我被分配到军事科学院战略部工作。那是国家拨乱反正、百废待兴的岁月,到处需要战士和年轻学者,最终我去光明日报当了记者。

就像上天给了我研究秦始皇兵马俑军队史和能做林先生学生的机会一样,上天也给了我去为人民、为改革开放颂歌的机会,让我赶上了媒体开放的时代。其间,我写了秦公一号大墓、三星堆等独家新闻,对提高考古在中国社会的地位和扩大中国考古在世界的影响产生了积极作用,受到国家文物局、新华社、人民日报关注,1989年第5期《中国记者》杂志还进行了专题报道。我的文章被编入人民日报新闻研究专著,作为范文。

命运之神,快速变化。20世纪90年代,林先生先后在中国政法大学任教授和归司法部所属的法律出版社任总编辑,我到海南省任国有企业老总。一次出差到北京,我要去看望林先生,林先生不让我跑,带车与司机来我住地。在万寿路中组部招待所,我说:"林老师,对不起您,我不是好学生,但您教给我们的为人为学的道理,我永远不会忘。"林先生说:"中国落后太久了,也需要你们上经济主战场,我支持你。"此言,竟成永别。

这次纪念林先生逝世20周年学术讨论会上,秦始皇帝陵博物院院长侯宁彬对我说:"白老师,对于秦兵马俑,你的离开,大家私下认为,是因为没有对手。"因为什么,我也不清楚。"轻轻地我走了,正如我轻轻地来",或研究历史,或创造历史;或鼓舞人民战斗,或扔掉鼓槌,自己做战士;或始于研究考古文化,或终于调查自然遗产。不经意间,花甲将至。

侯院长的话,让我深深感动,热泪盈眶,使我想起了与林先生最后诀别告白的情景。

林剑鸣教授与《中国历史大辞典·秦汉卷》的编撰

吕宗力

20世纪80年代,作为晚辈的我与秦汉史名宿林剑鸣先生在工作上有两次较密切的交集机会。一是1986年参加在芜湖举办的第三届秦汉史年会暨国际研讨会之后,获新任会长林剑鸣先生聘任为副秘书长(秘书长由余华青兄担任),协助处理学会的运作事务。至1988年在徐州举办的第四届秦汉史年会暨国际研讨会上,又获续任会长的林先生聘任为秘书长。只是不久因故负笈海外,未再承担学会的工作,与林先生在这方面的交集未能延续。

其实我与林先生在工作上的交集,更多发生于参与《中国历史大辞典·秦汉卷》的编撰。《中国历史大辞典》是第一部由国家组织编写的特大型历史专科辞典。当时"文化大革命"结束不久,文化事业百废待举,改革开放方兴未艾,亲身经历十年浩劫的学者们对于学术重建满腔热忱。正如李世愉先生《〈中国历史大辞典〉编纂简介》(《中国史研究动态》2000年第2期)一文所指出,《大辞典》的编纂调动了一大批国内一流的学者,堪称"豪华阵容"。总编委及各分卷主编的人选,包括郑天挺、谭其骧、吴泽、杨志玖、翁独健、蔡美彪、李学勤、王玉哲、王毓铨、邓广铭、刘荣、杨翼骧、严敦杰、张岂之、林甘泉、荣孟源、胡守为、薄树人、戴逸等,都是各断代史、各专史中公认的权威专家。而秦汉史分卷的编委会,主编为林甘泉,副主编为田余庆、林剑鸣;编委除三位主编,还包括于豪亮、田人隆、宁可、安作璋、吴荣曾、吴树平、熊铁基,皆一时之选。小字辈的我,作为主编助手,荣幸地忝列其中。编委中资历较林剑鸣先生深的颇有其人,林先生获选为副主编,如实反映出他在秦汉史领域的学术造诣得到当时学界的高度认可。

　　《中国历史大辞典》的编纂工作计划周全、程序严密、态度严谨。各分卷确定词目就花了近四年时间。编委会要求所有作者撰写每一条释文都要从原始资料出发，认真研究，慎重下笔，并且逐条注明出处。林先生及其特约的作者承担了《秦汉卷》的大量词条，工作之艰巨可以想见。编委会又要求各分卷的稿子必须采取三审制，即编委初审，编委交叉复审，主编决审。在三位正副主编中，林甘泉先生高瞻远瞩，把握方向，严格决审。林剑鸣先生则在初审、复审中做的工作最多。1987年夏在北戴河进行编委交叉复审，林剑鸣、田人隆、安作璋、吴荣曾、吴树平、熊铁基和我都参与其事，而林剑鸣先生负主持之责。书稿经林甘泉先生决审后提交上海辞书出版社，又组织了三审。1988年，出版社邀请林先生、田人隆和我到上海，住在出版社内，作定稿前的审核。可以说，林剑鸣先生在《中国历史大辞典·秦汉卷》的撰写、编审全过程中，出力最多，贡献甚大。他的学术修养、工作效率、勤奋精神和敏捷思维给我留下了不可磨灭的印象。

　　　　　　　　［作者单位：哈尔滨工业大学（深圳）、香港科技大学］

追忆林剑鸣先生

——我们认识简牍的启蒙者

田旭东

我国的简牍研究在晚清已经出现,但多是根据文献记载,结合实物的研究讨论,应该是从20世纪初期肇始。1912年,王国维先生在日本写出《简牍检署考》,对中国纸发明之前的文字书写方式进行了比较完备的考证,然而限于当时仅有旧敦煌汉简一类的发现,王国维的讨论仅限于文书简,对于出土古书,他在那个时代尚无法做深入的研究。20世纪70年代以后,简牍材料大量出土,简牍研究蔚然成风,以至于成为占据先秦秦汉史研究领域前沿的显学。

西北大学研究简牍的传统始于陈直先生,陈直先生将大量文物研究引入古史研究,不仅有大量研究传世青铜器、金文、陶文、瓦当、封泥、玺印等论著,仅就早年出土的居延、敦煌、罗布淖尔、武威磨咀子等汉简的研究就有《居延汉简综述》《居延汉简解要》《居延汉简纪年》《居延汉简甲编释文订误》《敦煌汉简释文评议》等问世。陈直先生的研究既有简牍的释义之作,又有利用简牍及相关文献证史之作,他的研究直接师承清代朴学的传统,同时也深受王国维近代考据学二重证据法的影响,即重文献资料,亦重考古资料,可以说是我国早期注意到简牍史料价值,并从事研究的学者之一,也是引领西北大学简牍学研究的第一人。

就我们这一代学生或者说我个人来说,如果说开始认识和接触简牍材料,以后又运用简牍材料写过一点东西,可以说是受林剑鸣先生的影响最大,林先生是我们的启蒙者。因为我们没有直接听过陈直先生的课,由于陈先生身体不好,他在我们读大学时没有对我们本科生开过课,仅仅指导研究生,而且我们1979年秋季入学,次年(1980年)6月陈直先生就去世了,记得当时我们历史系的所有同学都去建国路省委的一个礼堂参加了陈直先生的追悼会。林剑鸣先生作为陈直先生的助手,跟从陈直先生,受其治学影响,以当时公布不久的睡虎地秦简材料研究秦史,著有《从云梦秦简看秦代的法律制度》(《西北大学学报(哲学社会科学版)》1979年第3期)、《秦国封建社会各阶级分析——读〈睡虎地秦墓竹简〉札记》(《西北大学学报(哲学社会科学版)》1980年第2期)、《"隶臣妾"辨》(《中国史研究》1980年第2期)、《青川秦墓木牍内容探讨》(《考古与文物》1982年第6期)、《秦汉时代的丞相和御史(居延汉简解读笔记)》(《兰州大学学报(哲学社会科学版)》1983年第3期)、《〈睡〉简与〈放〉简〈日书〉比较研究》(《文博》1993年第5期)、《从放马滩〈日书〉(甲种)再论秦文化的特点》(《简帛研究》第1辑,法律出版社1993年版)等学术论文。在他所著的《秦史稿》《秦汉史》两部断代史中也不乏运用简牍材料的例子。

林先生在自身运用和研究简牍材料的同时还直接给我们本科生开过一门"简牍学概论"课程,这门课介绍了简牍的出土历史和简牍形制及简牍中出现的各种文体,并对一些重要的、有代表性的简文进行了深入的、系统的、逐字逐句的分析解释。记得这门课期末考察时,林先生要我们自选一种简牍材料进行分析解读作为作业,我选了湖北荆州凤凰山168号汉墓出土竹牍上的"告地策",作了逐字逐句的解读,还对墓主人的身份做了一点简单的考证,作业写得十分浅显,林先生却给了我一个不错的成绩,其实就是对学生的鼓励。之后又有林先生编译日本学者大庭脩的《简牍概述》一书(陕西人民出版社1984年)出版,回想当时这本书在我们这些学生中可以说是人手一册,听林先生的课,又有一本书在手,这就使我们这些初学者对简牍材料有了一个大致的了解,并且认识到第一手史料在历史研究中的重要作用。

林剑鸣先生受日本学者大庭脩之邀赴日本访学之后,发表《日本学者对中国简牍的研究》(《中国史研究动态》1985年第12期)一文,向国内学界介绍日本学者的研究状况,在我们学校举办了"《日书》研讨班",仿照日本学者逐字逐句读简的方式,对睡虎地秦简《日书》作仔细研读,这个研读班成员在之后发表了一系列论文,像《日书:秦国社会的一面镜子》(《文博》1986年第5期)、《从日书看秦国的谷物种植》(《文博》1988年第3期)、《从云梦秦简日书看秦国的六畜饲养业》(《文博》1989年第6期)等,后来还有研读班成员吴小强的《秦简日书集释》(岳麓书社2000年)出版,在当时的学术界形成了一定的影响。

在我后来读研究生时,林先生组织我们考古专业学日语的一帮同学翻译了大庭脩的著作《秦汉法制史研究》(日本创文社1982年版,汉译本为上海人民出版社1991年版)。大庭脩先生是日本著名学者,他在20世纪50年代初期即进入被誉为"日本汉简研究专家的摇篮"的京都大学人文科学研究所居延汉简研究班,跟随日本简牍学研究创始人、京都大学教授森鹿三先生一起研读居延汉简,从那时起他就开始有研究论著发表,而《秦汉法制史研究》则是他集30多年来治秦汉法制史、简牍学系列成果为一帙,其中的汉令研究、汉简册书复原皆为名篇,广为学界所知。1994年,我去日本橿原考古学研究所做访问学者,由研究所副所长胜部先生引见,去大阪拜会了时任日本关西大学文学部教授、东西学术研究所所长的大庭脩先生,大庭脩先生邀请我参加每周五下午在关西大学由他主持的《居延新简》(中华书局1994年版)研讨会,这个研讨会是他在20世纪70年代就创办的关西大学汉简研究会的例行研讨会,为日本简牍学培养了大批人才。记得当时参加研讨的多为大庭脩先生的学生,有门田明、吉村昌之、鹈饲昌男等,都是日本研究秦汉史的学者,后来我们都结为好朋友,我回国之后多年仍有交往。当时跟从大庭脩先生的中国留学生陈波、大阪大学中国留学生陈力,还有一些到日本访学的中国学者,像中国政法大学的徐世虹、中科院自然科学史研究所的韩建平、四川大学的高大伦、中国人民大学的孙家洲等,都先后参加过这个研讨会的研讨,我们当时对日本人能逐字逐句用日语读汉简的能力十分吃惊,也算是见识了日本人研读中国简牍的实际情况。大庭脩先生从关西大学退休后担任了大阪府立近飞鸟博物馆馆长,我国20世纪70年代甘肃省文物考古研究所发掘出土的居延破城子汉简(即后来正式出版公布的《居延新简》),就是在这个博物馆首次面世的,我们也是在那里第一次见到了汉代简牍的实物。

林先生担任秦汉史研究会会长期间,我们西大很多年轻教师受其影响大多加入秦汉史研究会,参加研究会组织的各类会议和活动,在他调离西大之后也常常鼓励我们尽可能使用新材料研究秦汉史。可以说我虽然不是林先生直接指导的研究生,但受他的教诲和影响还是比较大的。

谨以这篇小文追忆林剑鸣先生。

(作者单位:西北大学历史学院)

怀念林剑鸣先生

赵瑞民

林剑鸣先生离开我们20年了,但是我还是不习惯这么称呼,觉得有点儿生分。我们以前当面或者背后都称林老师,现在熟人之间仍然是这样。其实我不是林老师的研究生,也没有想混进门生行列的意思,就是觉得这样亲切。因为林老师对学生格外亲切、平易,称先生倒是对林老师尊重的分量加重了,但总觉得增加了一些距离感。毕竟在那个时候,人们还不推崇民国范儿,就是在高校,称先生的也不太多。怀念林老师,首先想到一次送别,还是永别。

记得大概是1988年的秋天,我到北京查资料。林老师那时已经调到中国政法大学,当时在中央党校工作的王子今兄约我一起去拜访。子今兄是林老师的入室弟子,跟着他一起去,只带着耳朵就好了,没有负担。因为我一向没有多少自信,害怕单独面见学界前辈,所以欣欣然与子今兄同去。都谈了些什么,早已忘却。就记得林老师那么大学者,住一间筒子楼宿舍,一张单人床。林老师坐在写字台前的椅子上,子今老兄和我就坐床上,交谈有一两个小时,其余再无印象。其实我要说的是其后连锁反应而来的送别。

那天和子今老兄一起离开林老师的宿舍,回到住处以后发现,我随身带的一个包遗落在林老师那里了。其实那个包搁现在也就算了,就是那种黑色人造革的手提包,里面也没什么重要东西,只是因为那还在物质匮乏的80年代,任何一件物品都值得珍惜,遂于第二天自己又去了一趟林老师宿舍。去了和林老师没多聊就告辞了,林老师坚持要把我送出来,送出楼门,送出校门,还要送到公交车站。我觉得不妥,请林老师留步,可是林老师执意要送,一直送到公交车站。那天是沙尘暴的日子,大风,弥天黄沙,刮得人睁不开眼。就是在这个不宜出门的时候,林老师坚持把我送到了公交车站。

自那以后,再没见过林老师,直到得知林老师去世的噩耗。从此,这个场景经常出现在我的脑海,在漫天黄沙中,一位著名学者把一个接触不多的学生从宿舍里一路送到公交车站。每次脑海里浮现这个场景,我都会反省自己对学生的态度,感觉简直无法望到林老师的项背,默念"虽不能至,心向往之",唯求尽量做得好一点儿。

其实我很早就熟悉林老师的大名,缘于林老师的成名作《秦史稿》的出版。这部大作的出版年份是1981年,那时我在山西大学读本科,一次课余时间大家都在宿舍的时候,突然有个同学跑进来说:"上海出了一本历史书,是林剑鸣的《秦史稿》!"这位同学是历史专业的,而我当时读的是考古专业,因此我推测在历史专业那边已经传播过了,我们这边是尾声。这就让我想到一个成语——"奔走相告",除此,不能有更形象的词汇了。

出版一部学术专著,而引起奔走相告的效果,像是有了特大喜讯,这也就是在那个特殊年代才会出现的情景。那时有个说法叫"百废待兴",荒芜多年的学界出现了新气象,一颗新星冉冉升起,书名和作者姓名都容易记住,毕竟出的书很少很少。不过得到激动人心的消息后,手头拮据,也没有购买,当学生时候买书是要下大决心的。好在第二年就到了西北大学读研究生,见到了作者本尊,没有通过阅读领略林老师的学术魅力,而是见到了作者,先满足了追星的心理。后来终于拥有了一部自己的《秦史稿》,却是同学厉声兄赠送的。据说是西北大学外事处买了很多部《秦史稿》,准备赠送国际友人的,当然这样也宣传了本校的科研成果,展示了学校的科研实力,可是不知怎么的一个学期末的时候,突然低价处理了,许多同学都买了,我知道的晚了没赶上,厉声兄就把他买下的送给了我。此书至今仍在寒舍,时间愈久,愈觉珍贵。

说到这部《秦史稿》,想起我曾经写过的一篇小文章,那是从林老师的书里受到启发才写成的。

有一年在有名的晋国都城新田——如今的侯马市召开一个讨论晋国史的会议,我要去参加会议,必须得准备一篇会议论文。当时写了一篇《晋国与陆浑戎》,一共写了三个部分,第一个部分是讨论陆浑戎与晋国有无联姻关系,第二部分讨论陆浑戎东迁的原因,第三部分讨论陆浑戎与晋国的霸业。论文的第二部分完全是因为读了林老师的《秦史稿》,按照林老师的思路推论出来的。当然也有史料的支持,可是思路是很关键的。

以前有学者专门研究过陆浑戎东迁的问题,认为陆浑戎与晋国有联姻关系,晋惠公把陆浑戎招来,安置在周王室附近,西阻秦国东进之路,南遮楚国北上之道,思虑深远,谋划得当。如此,完全可以认为晋惠公是一位雄才大略之主,而不是那个因为背信弃义而当了秦穆公俘虏的窝囊废。其实,陆浑戎东迁就发生在晋惠公当俘虏以后,莫非他受了一段时间屈辱后,脑子就忽然灵光,胸中就有了韬略?我看林老师的分析,说秦穆公放还晋惠公,"秦虽与晋暂时和解,但实际并未放弃控制和操纵晋国的企图。秦放回晋惠公是有条件的:(1)以晋惠公的太子圉为人质,留在秦国;(2)割河西八城给秦。秦国得到了晋国的河西八城,其领地就扩展至黄河西岸,在地势上更易深入晋国内地。太子圉在秦为质,秦穆公为了牢固地控制他,还给他在秦娶妻。这样,在晋惠公归国当政的数年中,秦对晋的威胁更大了。"由此而言,东迁陆浑戎也完全可能是秦穆公释放晋惠公的条件。恰好相关史料也可以支持这样的推论。《左传》襄公十四年有记载,晋国和陆浑戎两家之言都说是秦国迫逐在先,晋国接纳在后,陆浑戎一方还特别提到秦人"贪于土地",可见东迁陆浑戎是秦穆公霸西戎的一个步骤,因而作为释放晋惠公的条件提出,后来得以实现,都是秦穆公老谋深算的结果。当然,陆浑戎因此而成为晋国的同盟军,对秦种种不利,却是秦穆公始料未及的,那也是后话了。

另外还有一个印象深刻的片段,那是林老师站在西北大学大礼堂的舞台中央,正在讲说太史公的"肠一日而九回,居则忽忽若有所亡,出则不知其所往",身形魁伟,口讲手划,使得整个礼堂似乎弥漫着一种史家的精神,这种精神本流荡于数千年之间,经林老师阐发出来,于20世纪之末重新激昂在古都长安的精神世界里。那是林老师面对全校的公开讲座,我是半路进去站在最后听了一段,一直铭记到现在。

(作者单位:重庆师范大学)

林剑鸣先生与《日书》研读班

吴小强

先师林剑鸣先生离开我们已经20年了,每当提起先师名讳时,他的音容身影自然就清晰地闪现出来。曾有缘受业于先师门下,实在是我辈学术之途上莫大的幸事。先师对我们影响最大的创举,当数其在西北大学所举办的"《日书》研读班"。本文试就笔者的亲身经历及个人日记等资料,罗列一些"《日书》研读班"的事实,作为对先师的怀念与追思。

一 缘起

1985年9月,笔者和张铭洽、贺润坤、卢飞鹰等同学一起考入西北大学历史系"中国古代史专业硕士研究生课程班"学习,研究方向是秦汉史。其中笔者和卢飞鹰是西北大学历史系历史专业1978级本科同学,1982年7月毕业离校。能时隔3年重返母校深造,我们都倍感亲切,分外珍惜这次学习机会。据时任西大研究生处处长薛瑞华讲,当时西大举办研究生课程班的试点单位还有应用数学专业,只要专业课程合格、通过外语考试,均可授予硕士学位。但比起经由全国研究生统考而进来的全日制研究生来说,我们这些课程班的在职脱产"研究生"毕竟属于"杂牌军",多少有些自卑心理。为了弥补与全日制"正规军"研究生的差距,我们的学习更加自觉、更加用功,可谓"不用扬鞭自奋蹄"。

"中国古代史专业硕士研究生课程班"学制两年,由西北大学历史系秦汉史研究室承办,研究室主任为林剑鸣教授,具体负责课程班事务的是研究室副主任黄留珠老师。课程班开设的课程及授课教师分别是:《马列原著选读》(彭树智教授、系主任)、《秦史》(林剑鸣教授)、《简牍学》(林剑鸣教授)、《中国古代史》(黄留珠副教授)、《汉史》(黄留珠副教授)、《史记》(黄留珠副教授)、《后汉书》(周天游副教授)、《史料学》(周天游副教授)、《汉书》(余华青讲师)、《论文写作》(余华青讲师)、《秦汉文明史》(西大秦汉史研究室,即林、黄、周、余等4位老师)、《版本目录学》(杨绳信讲师)、《外语》(西大外语教研室)、《秦汉考古》(徐文生讲师)、《考古学通论》(历史系考古学教研室)。此外,我个人凭兴趣又选修了《中国思想史》(任大援讲师)、《西方哲学史》(师钟雄副教授)两门公选课程。我们研究生课程班与全日制研究生合在一起上课,并无两样。1986年6月我的中共预备党员资格转正以后,历史系党总支安排我担任系研究生支部副书记,协助系上做研究生党员发展和思想工作。历史系研究生支部书记兼研究生班主任由世界现代史教师张红路担任,1987年2月由系教学秘书刘文瑞接任。我的日记记载:"(1987年)7月13日晚八点,在秦汉史研究室举行历史系研究生支部上学期最后一次会议,也是包括我在内的好几个党员所参加的系研究生支部最后一次会。到会者有刘文瑞、拓晓堂、常宗虎、辛放、晏新智、宋新潮、张铭洽、卢飞鹰、李晓东、钱耀鹏、李利安和我。会上发展了张铭洽、晏新智、宋新潮入党。……会议开到夜11点许。"参加这次支部会议的许多人后来成长为文博界、教育界的名流,其中宋新潮同学为现任国家文物局副局长。常宗虎同学则不幸英年病逝。

1986年2月底开学后,林剑鸣先生开始为我们讲授《简牍学》课程,所使用的教材即先生所著《简牍概述》(陕西人民出版社1984年9月版)。笔者在上本科时曾修读过林老师主讲的专业选修课《秦汉史》,对先生仰慕已久。此次重新聆听先生的授课,内心颇喜。笔者在1986年4月9日的日记中写道:"林剑鸣老师的'简牍学'课,我上大学时曾听过,这次,林老师不再泛讲,而是用具体简的照片、释文,进行识别、解读,使我们很快对似乎极其枯燥无味的居延汉简发生了兴趣。"

关于"简牍学",林先生曾谦虚地表示自己是"小学生"。他在《简牍概述》"前言"中写到:"笔者于简牍学尚是一个小学生。但在跟随陈直等诸先辈学习简牍学的过程中,根据个人的体会,觉得将研读简牍所必须具备的一些基本知识,循序渐进,由浅入深地介绍给初学者,或许能起到入门的向导作用。因此,从一九七九年以来,笔者开始在大学开设的'秦汉史'选修课中,增加简牍学的基本知识的内容,以后又编成《简牍学概论》讲义,发给同学们阅读。"我则有幸在大学时代就做了林老师《秦汉史》选修课的学生。先生在编写"简牍学"教材时参考了日本著名学者大庭脩《木简》的方法。"所谓《概述》,无非是本门科学的概括介绍,谈不到研究和创见,目的在于将前人研究成果通俗地、浅显地介绍给读者。"先生感到要做到这一点也"绝非易事"。他说"幸好笔者较系统地学习过夏鼐、劳干、陈槃、王国维,尤其是陈直先生的研究成果,在编写过程中又收到日本著名简牍学者大庭脩教授寄来的《木简》一书,使得编写本书有较丰富的参考资料。大庭脩教授的《木简》,出版于一九七九年,是专供初学者一般的了解简牍的入门书。其内容虽不无可商榷之处,其编排方法和体系结构则是较可取的。因此,笔者在原来讲义的基础上,采取《木简》一书的编排方法,重新写成《简牍概述》。"①

1985年下半年,林先生应邀到日本关西大学等地访学,从日本归来不久,即给我们上《简牍学》课。上课的地点就是历史系秦汉史研究室。房间大约有50平方米面积,四周墙壁摆满书架,中间一张长方形条桌,桌的一头摆上一个小黑板,就是我们的教室。有一次上课时,先生谈起他在日本关西大学参加大庭脩教授主持的"木简研读班"情况,认为这种集学习与研究为一体的教学形式有诸多优点,提议以我们研究生课程班和两位1985级全日制秦汉史方向研究生(胡正明、屈建军)为班底,仿效大庭脩教授的做法,搞一个研读班,集中攻读云梦秦简《日书》,听到先生的提议,我们感到十分兴奋,一致赞同。《日书》研读班遂告诞生。

二 《日书》研读班的举办

笔者在1986年4月23日星期三的日记中记载:"星期一下午(4月21日),林老师带领我们开始研读云梦秦简《日书》,王治(智)给大家每人复印了一套《日书》,黄晓芬介绍了《日书》研究概况,李晓东讲了《周易》及筮法,这对夫妇的讲解,引起了我们很大兴趣。张岂之校长的博士研究生李晓东

---

① 林剑鸣:《简牍概述·前言》,西安:陕西人民出版社,1984年,第4页。

对《易经》颇有研究。"《日书》研读班应始于 1986 年 4 月 21 日。其成员有林剑鸣先生及王智、李晓东、张铭洽、张懋镕、吴小强、杨巨中、屈建军、贺润坤、胡正明、黄晓芬等。先生为导师,成员中王智来自华清池博物馆,李晓东为中国思想史博士研究生,张懋镕为历史系古籍整理研究室青年教师,杨巨中来自西安市电大,黄晓芬来自西安市文管会,张铭洽、贺润坤和我属于课程班学生,屈建军、胡正明是全日制秦汉史硕士研究生。课程班卢飞鹰同学因病休学半年,未参加研读班。研读班学习用的秦简《日书》底本,系文物出版社 1981 年 9 月出版的考古发掘报告《云梦睡虎地秦墓》(精装本)所附竹简《日书》甲乙种图片及释文,由研读班王智同学提供复印件。大家推举同学中年龄最长的张铭洽担任《日书》研读班班长。张铭洽出自书香门第,其父为西北大学中文系知名教授张西堂先生,与林剑鸣先生同住西大新村,两家相距不远,铭洽同学有"近水楼台先得月"之利,因此与先生来往频繁,过从密切,对先生的学术思想与研究思路理解透彻,并及时透露给我们。

林先生为何要选择秦简《日书》作为研读的对象?这要从先生的学术眼光和研究视野说起。先生曾师从著名历史学家、考古学家陈直先生,深受其"使文献与考古合为一家"观点的影响,致力于探索将出土考古资料与传世历史文献相结合的学术研究之路,在其最具影响力的代表作《秦史稿》(上海人民出版社 1981 年初版、1983 年再版)中,大量引用出土文物资料,以佐证其学术主张。先生尤其重视出土简牍文献,如 1975 年发现的湖北云梦睡虎地秦墓所出秦代竹简。利用睡虎地秦简法律资料,发表了《秦国封建社会各阶级分析——读〈睡虎地秦墓竹简〉札记》(《西北大学学报(哲学社会科学版)》1980 年第 2 期)等一批高水平论文,"成为当时利用考古资料考察秦史卓有成就的先行者之一"。[1]

林先生认为,"文献资料相对较少""是研究秦汉史中特有的困难",而"对这个问题的解决办法,除加强史学理论和方法的研究,以对原有的文献资料从新的角度进行分析、利用外,更重要的是开辟新的史料来源。所谓开辟新的史料来源,无非是两条途径:一是对以前未被利用的资料认真加以鉴

---

[1] 王子今、白建钢、彭卫主编:《纪念林剑鸣教授史学论文集》,北京:中国社会科学出版社,2002 年,第 348 页。

别、研究,发掘其中可供秦汉史研究的史料。如有一批古籍长期被视为'伪书',而被史学家弃之不用,事实上有些书并不'伪',或非全'伪',只不过在长期流传过程中添进后人的作品,即使后人伪造的古籍,其中也多少保存了一些可信的史料","《西京杂记》即属于这种情况"。他还强调"这不是主要途径","更重要的新资料来源应当是考古新发现,尤其是近十余年出土的秦简、汉简、帛书及有铭文的礼器、兵器及其他文物"。先生敏锐地看到这些新史料的价值:"这些史料的可贵之处,不仅在于它们数量多,如秦汉简牍就数以万计,内容丰富;而且这些文物上的文字不像现存古籍上的文字那样,经过千百年无数次的辗转传抄,讹误在所难免。考古出土的文字资料,多系第一手材料,保存着书写时的原始状态,其史料价值尤为可贵。"因此,他认为"应当更加重视对考古、文物资料的利用。在秦汉史领域中,某些方面的文献资料极少,而考古发掘出的文物资料则可填补这方面的空白"。他举例说睡虎地秦墓竹简的出土,使研究秦代法律的成果纷纷出现,如栗劲《秦律通论》(山东人民出版社1985年版)。他指出:"这说明新出土的文物、考古资料为秦汉史研究提供的史料是极其重要的。如果秦汉史的研究不断吸取考古发掘的新成果,就可以弥补文献不足的缺憾,在某些方面甚至有极丰富的资料供研究、利用,这是今后研究秦汉史的重要途径。"①

林先生特别重视出土的秦汉简牍资料,指出:"由于各种原因流传下来的古代简牍,是研究当时历史的珍贵资料。简牍上保存的资料,是任何一种已有的文献所不能代替的,因为它没有经过后人的辗转抄写,保持着书写时较为原始的状态。如是古籍则为最古的版本;如是其他方面的文书,则多为现有的古书所未载,尤其是有关具体的制度、一般底层人民的日常生活,以及社会经济状况,简牍上所提供的远比文献资料都丰富得多。所以,研究古代史,特别是研究战国秦汉史,绝不能忽视对简牍的研究。"②林先生把目光投向了尚未被学术界关注的云梦睡虎地秦简《日书》。当时,关于睡虎地秦简的法律文书研究是"热点",而《日书》因被视为"唯心主义的天命论的产物",处于"冷藏"状态,乏人问津,仅有香港饶宗颐先生及大陆李学勤、曾宪

---

① 林剑鸣:《秦汉史》,上海:上海人民出版社,2003年,第40—41页。
② 林剑鸣:《简牍概述·前言》,第2—3页。

通、于豪亮等曾经参与整理睡虎地秦简的极少数专家进行过探索。林先生敏锐地发现了《日书》这一学术宝藏的价值,先生与我们讨论时提及敦煌的例子,学术界一度流传着"敦煌在中国,敦煌学在日本"的说法。强烈的历史使命感和学术责任心激发了先生,也激励了我们学生。为了使秦简《日书》免遭敦煌遗书的命运,先生慨然决定,举研读班全体成员之力,以集体攻关方式,攻克《日书》难关。

秦简《日书》之所以未受当时大多数学人重视,也有其客观原因,即《日书》本身属于卜筮时日吉凶之书,可归入《汉书·艺文志》所列数术类图书,文字古奥,一词多义,颇为难解,令人视为畏途。饶宗颐先生说:"《日书》因为带上日者神秘的色彩,向来被目为天书。"(饶宗颐、曾宪通:《云梦秦简日书研究》卷前语)林剑鸣先生也说:"《日书》之难,如读天书。"(林先生主持《日书》研读班时语)先生决心迎难而上,带领我们读通《日书》,解开这一学术之谜。

《日书》研读班仿效日本关西大学大庭脩教授主办的《木简》研读班形式,每周利用两个半天,每次研读活动均由林先生主持,由研读班成员轮流领读领释《日书》简文,其他成员则围绕领读者的意见进行讨论,自由发言,不设任何条条框框约束,最后则由林老师进行简要小结,甄别正误,梳理源流。笔者曾在《秦简日书集释》"后记"中写道:"林老师每次研读都参加,既以导师身份主持讨论,又以成员角色参与研读。我深感林老师身上所具有的大学者风范魅力,谦虚平易,毫不以专家自居,真正是我们治学做人的楷模。沐浴在林老师所营造的自由轻松的学术氛围之中,我们研读的兴趣日益浓厚,起初那种畏难情绪消融了。"①这是我们的真实感受。

三 林剑鸣先生的指导方法与仁者风范

林先生热爱学生,注重从创造性思维和方法论上启发学生,在对研究生的指导方面倾注了极大的心血。他常常以陈直先生为例,引导我们如何培养个人的学术兴趣,立志高远,打下扎实的学术功底,鼓励我们及早进行学

---

① 吴小强:《秦简日书集释》,长沙:岳麓书社,2000年,第366页。

术探究与写作。笔者在1986年4月9日的日记中有如下记载:"林老师教学有方,既仪态大方,颇具知名学者风度,又平易随便,不摆专家学者架子,与林老师在一起,使人如坐春风。上星期三(4月2日)下午,林老师给全系研究生讲了研究史学的必要性和自己的辛甘体会。他认为,历史学任何时候都会有,不存在前途危机问题。他说史学界的换代感很迫切。本周一(4月7日)下午,他给我们秦汉史研究生讲了自己治秦汉史的方法和经验。一、区别论文与论著的特点,论文应观点鲜明,论据充分,着重于论;书则应体系完整,观点一致,论述得当,着重于叙,应面面俱到。二、各人根据每个人的具体情况,讲究方法,从现在起注重积累,论文题目来自材料,最忌边写论文边搜集材料。积累靠平时。他说,我的积累办法是备许多牛皮纸袋,分门别类,装有关专题资料,不单打一地积累,而是同时并举。比如,看两汉经济史料,偶遇婚姻资料,就不放过,摘出装入纸袋,备以后用。他写《秦汉史》百万字著作,同时出了《简牍概论》(注:应为《简牍概述》)十数万字小书。林老师写作特点是善于综合,吸收他人成果,思路宽,文思敏捷,文笔流畅,出手很快。林老师还介绍了即将付梓的《秦汉史》书稿内容一部分,秦汉时期阶级结构的变化——身份性地主与非身份性地主的消长。听林老师的课,受益匪浅。"

林先生心胸宽广,虚怀若谷,礼贤下士,颇有孔子遗风。例如,先生给我们上《简牍学》课一般采取的是讨论式教学方法,有一次讲到《居延汉简甲乙编》编号为一〇·一六的简文"宣伏地再拜请"性质(见林剑鸣《简牍概述》第147—148页),教材上说明这支简为私人信札,大家经过讨论,认为是一封"曹宣"给上级或平级官吏朋友同事的信件,内容多涉及公事。先生认真听取了同学们的不同观点,感到有可取之处,遂大度地表示再考虑一下自己原先的看法。《论语·子罕》:"子绝四:毋意,毋必,毋固,毋我。"笔者以为林先生身上体现了孔子所推崇的仁者之风。

在1986年5月20日星期二的日记中,笔者记录如次:"八点到西大,《日书》课改在星期二早上。今天,我做总结发言,《日书》(甲种)先是按人依次句读,大家研究解释,轮到我时,甲种已读完,林老师要求对甲种《日书》的研读作个总结,看看里边说明了什么问题。我受命备稿,今天做进学习班以来的第二次中心发言。我的题目是《日书(甲种)的特点及其反映的社会内容》,分三部分,一、日书的体例,二、日书的特点,三、日书所反映的社会内容。讲了一个小时,因为感冒,我喉咙还发疼、干涩。讲完后,没想到大家一致肯定我总结的好,发言很成功,善于概括综合。才子胡正明认为,我最大的贡献,是指出《日书》主要供中下层人民生活使用,而不是给皇室、贵族大官僚使用。这是我准备讲稿时首先想到的问题。小胡补充了两点。张铭洽认为,我在如此短时间内能拿出这样的东西,实在不容易。他也补充二点。贺润坤说,通过我这样一概括,《日书》概貌便出来了。王治(智)很赞同我提出的秦人生育观念中无儒家影响的说法。大家颇有一种一鸣惊人、豁然开朗的感觉。林剑鸣老师高兴地肯定了我的发言,认为我提出许多可做文章的题目。没有大家一个多月来的共同研读,我不可能做出今天这样的总结。林老师认为,在我发言的基础上,稍加扩充,即是一篇文章,抢在日本人前面。林老师说,我发言的水平已超过日本人研究《日书》的现在水平。能得到老师和同学的如此赞扬肯定,我有些诚惶诚恐。这是我学习《日书》所尝的第一次甜头。林老师给每人发了一份秦汉史学会会员登记表,我们随即成为正式会员。我感到孜孜不倦、锲而不舍地追求,终究会得到相应的报酬。"少年不知愁,青年难免狂。青年时代的日记,显然掺杂许多个人的主观臆想、自我膨胀念头。如果说当年在集体研读秦简《日书》的过程中曾获得过点滴进步与收获,这只能证明林先生对我们指导有方,栽培有果,应当归功于林老师的高瞻远瞩与悉心培养。需要一提的是,在先生的举荐下,在1986年5月20日这一天,我们正式加入了中国秦汉史研究会。

  林先生主持的《日书》研读班于1986年6月结束。笔者在当年6月18日星期三日记中写道:"《日书》研读班于6月初结束。我感到颇有收获,最后由胡正明执笔写成一篇总的概论性文章,全面介绍《日书》。之前,由张铭洽总结了《日书》乙种及《日书》计时方法,铭洽为天文历法问题同市电大杨居(巨)中争得不可开交。每人分配了《日书》文章题目,我选择的题目是《日书反映的秦人婚姻、家庭、生育观念》……"1986年9月15日星期一日记写道:"《日书》研读班的集体作《日书:秦国社会的一面镜子》已付梓,清样已出,将刊在《文博》杂志上。听说林老师准备出一部几十万字的研究《日书》论文汇编。我得立刻把自己的文章写出,交给林老师。"《日书》论文集后来因故未出,但林先生指导的《日书》研读班集体成果《日书:秦国社会的一面镜子》论文,于《文博》1986年第5期公开发表,该文经研究生胡正明写出初稿,由笔者修改完成。

半年多之后,为了向学校公开展示研读班的成果,在林先生策划主持下,西北大学历史系专门召开了秦简《日书》学术研讨会。笔者在1987年2月28日星期六日记中追记:"2月21日,即上周六下午,我们在系会议室举行'云梦秦简《日书》研讨会'。彭树智、林剑鸣、黄留珠、周天游、高扬诸先生参加,研究生处长薛瑞华也应邀与会,《日书》研读班成员除杨居(巨)中、王智外,都参加。此外,刘文瑞、游钦赐及田旭东、叶荣、马林安也列席。张铭洽主持,林先生作开场讲话,之后,李晓东、我、张铭洽、贺润坤四人依次宣读论文提纲。彭、高二先生给我们的学术报告很高评价,建议尽早修改发表。周老师事后评价我的文章《秦人婚姻、家庭、生育观念初探》结构不严谨,内容有点散,应再集中一点。会一直开到下午6点过后。我们利用稿费买了点瓜子、烟、糖招待与会者,到会有20余人。会开得很成功,它鼓舞了我们的学术研究进取心。"

林先生很注意培育我们的研究兴趣与科学素养,开阔我们的学术视野,积极促成我们参与学术活动。1986年11月10日至12日,笔者和卢飞鹰同学参加了在临潼区陕西省人民银行分行招待所举办的"秦俑研究第二届学术研讨会",在会上宣读了自己参加《日书》研读班的学习成果《秦人婚姻、家庭、生育观念初探——秦简日书管窥》一文。在这次会上,新华社记者王兆麟先生提出了"秦俑学"的概念。笔者能出席这个研讨会,是得益于林先生的推荐。在研讨会召开之前的11月8日早上,笔者去西大新村林先生家拜访,请先生为我写了一封信。林老师半开玩笑地对我说:"秦俑馆他们老'攻击'我,我这次又没有文章,你就代表我去!"于是他把秦始皇兵马俑博物馆送给他的会议请柬转交给我(见本人1986年11月18日星期二日记追记)。经林先生之荐,笔者始与秦俑博物馆结下厚缘。笔者在1986年12月8日星期一日记里追记:"12月5日晚,余与飞鹰君拜访林剑鸣师。在一年多学习中,吾等受林先生言传身教,感受颇受(深),得益匪浅,有茅塞顿开之感。林先生说:你们能培养起作(做)学问的兴趣,很不错。做学问艰苦,不如当官有名有利,但学问乃立身之本,其乐自无穷。吾国当官者众,真正做学问者寡。"先生的教导,不断激发我们在学术道路上奋力前行。

在研究生课程班学习即将结束之际,应林先生邀请,日本学者大庭脩教授来西北大学访问,我们有幸参加了与大庭脩先生的学术座谈会。我的日记记载:"(1987年)7月2日下午,我们同日本著名史学家大庭脩教授座谈,彭树智老师及秦汉史研究室全体老师等参加座谈。大庭脩(19)86年3月获得日本76届学士院奖,由天皇授予,为最高学术奖。他研究领域颇广,秦汉史、木简学、中国法制史、江户时代中日关系史、日本古代思想史等,研究方法是实证史学方法,首先充分占有所有材料,再考证辩伪,将确实可靠的材料公之于世,供别人和自己写作时引用,写成专著后,再以通俗形式向一般读者介绍。他特别尊崇陈直先生,同时,对中国不公开材料、保守材料的做法很不满意。大庭脩谈起来很大方,完全是大家气派;又很注意礼节,客气。他回答我提出的问题,解释日本历史上的'超国家主义'内容。……"谈到当时国内史学危机话题时,"他说,日本没有中国所谓'史学危机感',如果认为学习历史没有意思的人,大学是不会报考历史系的。但他的历史学生95%毕业后从事与史学不相干的工作。他认为,学历史可以了解个人在现在和未来所处的位置,从而把握自己的命运,予(预)测自己的未来发展方向。从大庭先生这位世界著名学者身上,可以汲取很多东西。……"

四 《日书》研读班的成果与影响

林先生对我们印象深刻的教诲,是鼓励我们立大志,存高远,多出成果,成名成家。我于1987年7月11日星期六日记追记:"7月9日下午,我和张铭洽到高扬、林剑鸣二先生家拜访。高扬身患癌症,已至晚期,癌细胞向全身开始扩散。""(林先生)完全是一种蓬勃向上、充满活力和生机的人,林老师在事业上也如日当午,正在走向顶峰。林老师教导我们立志要立大立高,成年人,不能再按部就班去学,要向成名成家奋斗,现在就要为写书做准备,将来出一本关于某一方面的专著,成为专家。杂家不易出名,只有专家容易出名。例如我可以在青年史、婚姻恋爱史方面成家,张铭洽可写部《中国迷信史》。林老师说,今后中国授学位,一定会走日本的路,看成果,重能力,有书,有著作,就授学位,无东西,就靠边站。林老师说:'你们不要只盯着学位,在学位上下功夫,应把眼光放远一点,即使拿不到学位,以后照样出东西。到时候成果多了,学位会送上门来。'说到我们的外语学习,林老师认为外语教学应改革,不能死扣(抠)语法,而应在实际应用上下力气。笔译比口语更重要(对我们而言)。……林老师认为,我们的专业水平,不比应届毕业的研究生差。林老师的话,使我们茅塞顿开,深受鼓舞,衷心感谢导师的鼓励。"时隔近30年,翻检故纸堆私人日记,重温先生当年的教诲,令人感慨万端。

《日书》研读班结束时,林先生给我们进行了学术分工。我在拙作《秦简日书集释》"后记"中记载:"《日书》研读班结束之际,林老师指导我们在今后《日书》研究的方向上进行大致分工,根据自愿,年龄较长的大师兄张铭洽主要研究《日书》的天文历法和占卜术;张岂之先生的博士生李晓东与其妻黄晓芬专攻《日书》思想文化及鬼神观;长于钻研的贺润坤侧重于精研《日书》的经济政治;我选择了《日书》的社会学研究,特别是婚姻、家庭、生育诸问题。我之所以选此方向,是因为当时正处于新婚宴尔阶段,妻子怀孕后我们又放弃了这个生命,我为这个被剥夺了生命机会的胎儿起名叫'痛春'。在这种情景下,我对《日书》'生子''人字''生'几章内容产生了极大的钻研冲动。"①

林先生对我们曾寄予厚望,他在《日书》研读班集体研究成果《日书:秦国社会的一面镜子》一文的"附记"中留下这样一段文字:

> 余一九八五年访日,应邀参与关西大学之木简研读班,受益匪浅。后至东京早稻田大学,为关东地区学者作简牍研究之演讲。与古贺登教授晤谈之际,有共同研究《日书》之动议。继闻古贺先生欲师事卜者为研读《日书》之准备,且有位居讲师,衔为博士之青年学者十余人与其事焉。悉此,余心慨然。敬谢不敏之余敢不勉力!遂于归国后,有《日书》研读班之举。志于学者青年五七人,每周两次聚于敝研究室,风雨莫阻,持续数月,终克其事,乃由胡君正明捉刀,吴君小强杀青,集共同研究之心得,成此论文一篇,系初步极肤浅之认识,意在引起国人对《日书》研究之重视。余于天文、历

---

① 吴小强:《秦简日书集释》,第367页。

法、卜巫、祭祀之学,茫然无知,谬误之处,在所难免。祈方家教正之余,翘首以待精研《日书》之论者源源不绝,免'江东无人'之诮,则敝研读班及拙文之短长复何虞哉!

林剑鸣

一九八六年七月七日于西北大学①

林先生不仅策划和主导了《日书》研读班的创办,而且率先垂范,在《日书》研究领域进行了开拓性探索,取得了卓越的成就。先生向国内外学术界介绍了《日书》研究的学术史,即《曲径通幽处,高楼望路时——评介当前简牍〈日书〉研究状况》(《文博》1988 年第 3 期)、《中国学者日书研究的现状》(《史滴》第 11 号,日本早稻田大学 1990 年 1 月),先后发表多篇探究《日书》的重要论文,如《从秦人价值观看秦文化的特点》(《历史研究》1987 年第 3 期)、《秦汉政治生活中的神秘主义》(《历史研究》1991 年第 4 期)等。甘肃天水放马滩秦简《日书》甲种公布后,林先生又撰写了睡虎地秦简《日书》与放马滩秦简《日书》的比较研究论文:《〈睡〉简与〈放〉简〈日书〉比较研究》(《文博》1993 年第 5 期)、《从放马滩〈日书〉(甲种)再论秦文化的特点》(《简帛研究》第 1 辑,法律出版社 1993 年版)。举办《日书》研读班是林先生生命后期的一项学术创举,此事在其心中占据着重要位置,他在《秦简〈日书〉校补》(《文博》1992 年第 1 期)一文中曾经再次提及《日书》研读班,感慨其成员"风流云散","不知所往"。②

在林先生的指导与感染下,《日书》研读班的成员也不负先生的嘱托与厚爱,在各自的岗位上开展了《日书》再研究。例如,李晓东、黄晓芬《从〈日书〉看秦人鬼神观及秦文化特征》(《历史研究》1987 年第 4 期)、张铭洽《秦简〈日书·玄戈〉篇解析》(《秦汉史论丛》第四辑,西北大学出版社 1989 年)、杨巨中《〈日书·星〉释议》(《文博》1988 年第 4 期)、贺润坤《从〈日书〉

---

① 《日书》研读班:《日书:秦国社会的一面镜子》,《文博》1986 年第 5 期。
② 林先生写道:"一九八六年在国内也曾召集过有志于研究《日书》的青年学者举办研读班,对释文进行校补。现在,参加研读班的诸位青年早已风流云散,有的在海外求学(硕士,黄晓芬),有的不知所往。"参见林剑鸣《秦简〈日书〉校补》,《文博》1992 年第 1 期。

看秦国的谷物种植》(《文博》1988 年第 3 期)、《云梦秦简所反映的秦国渔猎活动》(《文博》1989 年第 3 期)等。笔者也发表了《试论秦人婚姻、家庭、生育观念》(《中国史研究》1989 年第 3 期)、《从云梦秦简看战国秦代人口再生产类型》(《西北大学学报》1991 年第 2 期)、《论秦人宗教思维特征——云梦秦简〈日书〉的宗教学研究》(《江汉考古》1992 年第 1 期,《秦汉史论丛》第五辑,法律出版社 1992 年)、《从〈日书〉看秦人的生与死》(台湾《简牍学报》第十五期,1993 年 12 月)等小文。其中拙文《试论秦人婚姻、家庭、生育观念》被杨善群校补的《秦会要》所引注。[①]《日书》研读班的成果起到了抛砖引玉的作用,自此之后,简牍学界关于《日书》研究的论文如雨后春笋般涌现,尤其是随着放马滩秦简《日书》甲、乙种的全文公布和孔家坡汉简《日书》的发现,《日书》研究的成果层出不穷,蔚为可观。

在林先生举办《日书》研读班之前,关于《日书》的研究论文,只有李学勤先生《睡虎地秦简〈日书〉与楚、秦社会》(《江汉考古》1985 年第 4 期)等寥寥数篇;研究专著,则仅有饶宗颐、曾宪通二位先生合著的《云梦秦简日书研究》(香港中文大学出版社 1982 年)一书问世。《日书》研读班创办之后,有刘乐贤《睡虎地秦简日书研究》(台湾文津出版社 1994 年)、吴小强《秦简日书集释》(岳麓书社 2000 年)、王子今《睡虎地秦简〈日书〉甲种疏证》(湖北教育出版社 2003 年)等先后出版。

值得一提的是,20 世纪 90 年代以来,伴随战国秦汉简牍的大量出土,林先生创办《日书》研读班的形式被学术界逐渐认可和推崇,清华大学李学勤先生、西北大学黄留珠先生、中国社会科学院历史研究所马怡先生等,均曾举办过简牍研读班。

余 绪

1987 年 7 月 14 日,我们结束了在西北大学的硕士研究生课程班学习生活,返回各自工作单位。临别前夕,我请导师们题词留念。其中林先生为我

---

① [清]孙楷著,杨善群校补:《秦会要》卷一二《历数上》"生子"条注,上海:上海古籍出版社,2004 年,第 210 页。

题写了颇为伤感的古词:"乐莫乐兮新相知,悲莫悲兮生别离。"此两句出自屈原《九歌·少司命》,原文是"悲莫悲兮生别离,乐莫乐兮新相知"。第一句,《楚辞章句》解释为:"屈原思神略毕,忧愁复出,乃长叹曰:'人居世间,悲哀莫痛与妻子生别离。'伤己当之也。"第二句,《楚辞章句》注为:"言天下之乐,莫大于男女始相知之时也。屈原言己无新相知之乐,而有生别离之忧也。"①屈原以"生别离之悲"和"新相知之乐"互相反衬,抒发自己的忧国忧民情怀。林老师有意将屈原这两句词颠倒顺序,书以赠我,其良苦用心,似乎更在于"生别离之悲"。两年的师生相处,特别是在《日书》研读班上先生与弟子们密切互动,深切求索,无形中彼此之间产生了深厚的情谊,这种师生情谊在相别之际自然涌现出来。先生用屈原的词句相赠,可略窥其伤感孤寂的内心世界。一年以后,先生也移居北京,离开了西北大学。

在中国秦汉史研究会 1988 年、1991 年两次年会上,笔者两度与林先生相遇。1994 年 6 月上旬,笔者赴北京出差,先生热情挽留我在其家中留宿一夜,并赠我《简帛研究》第一辑,令我倍感亲切。未曾料想,这竟是与先生的最后相聚。张铭洽、贺润坤、卢飞鹰等《日书》研读班和研究生课程班的同学们,在林剑鸣先生、黄留珠先生、周天游先生、余华青先生等导师的精心栽培下,在数十年的教学与科研耕耘过程中,不忘恩师教导,自励以学术立身,逐渐积累,慢慢成长为能够以学术安身立命的读书人,不能不真诚地感谢包括林先生在内的诸位导师的培养。林先生在九泉之下,当稍感几许欣慰。最后,笔者谨以屈原《九歌·少司命》之词,深切怀念林先生:

> 秋兰兮麋芜,罗生兮堂下。绿叶兮素枝,芳菲菲兮袭予。夫人自有兮美子,荪何以兮愁苦?秋兰兮青青,绿叶兮紫茎。满堂兮美人,忽独与余兮目成。入不言兮出不辞,乘回风兮载云旗。悲莫悲兮生别离,乐莫乐兮新相知。荷衣兮蕙带,倏而来兮忽而逝。夕宿兮帝郊,君谁须兮云之际?与女游兮九河,冲风至兮水扬波。与女沐兮咸池,晞女发兮阳之阿。望美人兮未来,临风恍兮浩歌。孔盖

---

① 黄灵庚疏证:《楚辞章句疏证》,北京:中华书局,2007 年,第 898—899 页。

兮翠旍,登九天兮抚彗星。竦长剑兮拥幼艾,荪独宜兮为民正。①

初稿于二○一七年元旦
修订于二○一七年三月一日

附笔者《秦简日书集释》"后记"

  很久以来,我一直想写一部关于《日书》的书。囿于主观积累与客观条件所限,迟迟未能动笔。1997年夏,在原西北大学出版社社长刘文瑞先生的热情鼓励下,我开始着手本书的写作。相伴南国盛夏的雷雨与骄阳,我独自躲在广州师院北区青工楼402室那间斗室里,挥汗熬过了数十个充满激情与冲动的日日夜夜,为《秦简日书集释》初稿画上了句号。此时,我不由得忆起导师林剑鸣教授:是先生将我引入神秘莫测而又不乏凡人情感的"日书世界"。

  1986年,访日归来的林剑鸣先生有感于日本学者精心钻研我国睡虎地秦简《日书》的行动,为避免再出现所谓"XX在中国,XX学在日本"的讥议,下决心以集体"攻关"的形式将当时国内学术界鲜有人问津的秦简《日书》全部解读释校,加以利用。为此,组织了《日书》研读班,我们有幸成为其中一员。在林老师的指导下,我们对《云梦睡虎地秦简》所附的《日书》释文逐字研读,逐章通释,每周两个半天,足足持续了一个学期。林老师每次研读都参加,既以导师身份主持讨论,又以成员角色参与研读。我深感林老师身上所具有的大学者风范魅力,谦虚平易,毫不以专家自居,真正是我们治学做人的楷模。沐浴在林老师所营造的自由轻松的学术氛围之中,我们研读的兴趣日益浓厚,起初那种畏难情绪消融了。

  当释读完《日书》甲种时,大家推举我做一个小结发言。我提出"秦简《日书》主要流行于当时中下层社会,反映了中下层社会秦人的社会活动及思想观念"的看法,得到了林老师和同窗们的认同与鼓励。《日书》乙种读完时,由研读班班长张铭洽加以总结。我们的主要观点体现在后来发表的集体论文《日书:秦国社会的一面镜子》之中。《日书》研读班结束之际,林老师

---

① 黄灵庚疏证:《楚辞章句疏证》,第892—910页。

指导我们在今后《日书》研究方向上进行大致分工,根据自愿,年龄较长的大师兄张铭洽主要研究《日书》的天文历法和占卜术;张岂之先生的博士生李晓东与其妻黄晓芬专攻《日书》思想文化及鬼神观;长于钻研的贺润坤侧重于精研《日书》的经济政治;我选择了《日书》的社会学研究,特别是婚姻家庭生育诸问题。我之所以选此方向,是因为当时正处于新婚宴尔阶段,妻子怀孕后我们又放弃了这个生命,我为这个被剥夺了生命机会的胎儿起名叫"痛春"。在这种情景下,我对《日书》"生子""人字""生"几章内容产生了极大的钻研冲动。这种以抛弃"痛春"为代价的研究结果,是我的第一篇《日书》研究论文——《试论秦人婚姻家庭生育观念》,后刊载于《中国史研究》1989年第3期。《日书》研读班的其他各位师兄都在各自预定的方向上获得了骄人的成果(参见本书附录三)。

　　1987年夏季,当我们结束在西北大学的研究生学习生活,将要返回各自工作岗位时,林剑鸣老师为我留下了颇有伤感的临别赠言:"乐莫乐兮新相知,悲莫悲兮生离别。"此后大家劳燕分飞,各奔东西,为无数琐事所缠绕,为衣食住行而忙碌。光阴如流水,一晃到了1994年6月上旬,我因故赴北京,顺便拜访阔别已久的林老师。此时已身居高位的林老师亲自坐车来到我住的国家气象局招待所,将我接到家里,林老师和钟师母热情款待,并坚持留我在家中住了一夜,林老师笑称他家是"骡马店"。那一晚,我和林老师同住一个房间,我们聊了很久,林老师仍然保持着临睡前看书的习惯。次日早晨,钟师母早已准备好美味的早餐,林老师送我一本定价13美元的《简帛研究》第一辑,又亲自用小轿车送我返回住所。这是我和林老师所见的最后一面。1996年春节,我打电话向林老师拜年,告诉他我即将调到广州师院工作的消息。刚出院的林老师在电话中谈了许多,他似乎很感慨,这是我与他通的最后一次电话。1997年正月初一,我又照例打长途向林老师拜年,接电话的是他的小女儿,她说:"他不在了……"我简直不敢相信自己的耳朵,这个噩耗太突然了! 因为林老师刚满61周岁,这么快就离我们而去! 林老师同我们共读《日书》的情景,恍如昨天才经过的一样。我不禁悲从心来,泪噙眼中。

　　林剑鸣教授生前念念不忘秦简《日书》,早在指导研读班时,曾设想将《日书》注释翻译,出一个集释本。因为睡虎地秦墓竹简整理小组将十种秦简中的大部分都译为现代汉语,唯独没有翻译《编年纪》《为吏之道》和《日书》甲乙种。时光如白驹过隙,在将要步入不惑之年时,拙稿《秦简日书集释》聊以告慰林先生在天英灵。此外,我要特别感谢博士生导师黄留珠先生。我曾参与黄老师主编的学术工程《中国地域文化·秦文化卷》《史学大辞典·秦汉史卷》和《周秦汉唐文明》等编纂工作,得到许多教益。黄老师欣然为本书撰写序言,对我给予莫大支持。

真诚感谢热情协助本书出版、并为本书命笔写序的古文字与训诂学家孙雍长教授！感谢独具慧眼,对本书出版鼎力相助的岳麓书社社长夏剑钦先生！感谢支持本书出版的广州师院教务处长李训贵教授！

记得1992年9月我第一次踏上羊城的绿荫道时,拜访睡虎地秦墓竹简整理小组成员、博士生导师、著名古文字学家曾宪通先生,曾先生将他与饶宗颐先生合著的《云梦秦简日书研究》香港中文大学版著作赐我全文复印,此情至今难忘。我谨向曾经关心、支持本书出版的各位先生、师长、朋友致意！向本书写作过程中引征资料的著作者致谢！

最后,不能不感谢贤妻陈南。1997年那个暑假,为了给我完成书稿初稿提供空间和时间,她特意带幼女离开广州,回长江第一城"躲避"。正是在妻南爱心支持下,我始得以克服渐增的惰性与浮气,鼓起勇气和自信,最终完成书稿,了却夙愿。

作　者
二〇〇〇年五月一日记于
广州桂花岗广州师范学院知困斋

（作者单位:广州大学档案馆、人文学院）

《秦史稿》新评

——为纪念林剑鸣先生逝世二十年而作*

史党社

2017年是著名学者、秦汉史专家林剑鸣教授逝世20周年,《秦史稿》是他的代表作。本文欲重新审视、评价《秦史稿》,对其当代价值加以阐发,也是对林剑鸣先生的纪念。而对于秦史,特别是秦统一问题的学术认识,可以在《秦史稿》的学术基础上有所进步。

一 时代作品:特色鲜明的大著

《秦史稿》出版于1981年2月,①至今已经36年了,还是我们研究秦史不可或缺的参考书。2009年,此书又经中国人民大学王子今先生担纲,由赵宠亮、韩帅等青年学者重新核正而列入中国人民大学的"当代中国人文大系"再版。②

《秦史稿》是林先生在1980年以前"那些动荡的日子里"写的,可以推测,其写作时代,就应该是"文革"后期至改革开放初期这个大的时段内。本段历史是大家都熟悉的,其间中国发生了一系列的大事:国家领导人去世、"四人帮"覆灭、改革开放,等等。对于身处高校的林先生那样的知识分子群体来说,应该还加上恢复高考制度这样的事情。任何对历史产生重要影响

---

* 基金项目:国家社会科学基金重大项目"秦统一及其历史意义再研究"(项目编号:14ZDB028)
① 林剑鸣:《秦史稿》,上海:上海人民出版社,1981年。
② 林剑鸣:《秦史稿》,北京:中国人民大学出版社,2009年。

的大事,就其时间和重要性来说,都可称为历史的节点。这段时间恰有如此多的大事,使其在中国历史上超越了一般的节点,其实不亚于一场场革命。如此大而多的社会变动,对人的冲击是不言而喻的。可是,林先生却能在"动荡"中求得安宁,"孤灯寒月,盛暑挥汗,严冬呵冻,而未尝辍笔",①在社会发生重大转折并走向"昂扬"阶段的开始,在许多人还在懵懂、逡巡之时,林先生就以坚韧的毅力、敏锐的学术嗅觉,拿出这本沉甸甸的著作,实在是超乎常人而足以让人吃惊和佩服的。

与《秦史稿》同时出版的,还有作为《秦汉史研究丛书》一种的《秦国发展史》,后者应是林先生在《秦史稿》的基础上提炼出来的,所述为建国前秦人传说时代到公元前221年秦灭齐的一段历史,主要叙述的是春秋战国间的秦史,即秦国阶段的历史,而对于统一后即秦帝国阶段的历史则未涉及,可以看作《秦史稿》的简化版。② 在林先生之前,进行秦通史撰写的学者,根据田静《秦史研究论著目录》的辑录,主要有章嵚、王蘧常、马非百和黄灼耀几位。③ 章嵚所著《秦史通澈》笔者未见,不能置评。王蘧常先生的《秦史》,始作于1926年,历经半个多世纪,"长编"、初稿都因社会纷乱而遭到焚毁,在1987年终成现本初稿,又经友人、后学和子女校理,于1992年完毕,2000年正式出版。④ 王书《秦史》,虽然比林先生《秦史稿》出版为晚,但动手则要早得多。王书在秦史"长编"、考证方面都有成就,但仍属仿《汉书》纪传体而作的断代史著作,体例上并无大的突破,材料也基本局限于文献。王书的第一至六章,即所谓"世纪"的部分,其实就是辑录的秦通史,对读者来说最为有用。马非百先生的《秦集史》,也经过了长时期的孕育和努力,此书从20世纪30年代即开始收集资料,至于1979年方成初稿。⑤ 在本书之前,马先生

---

① 林剑鸣:《秦史稿》第468页"后记"。按本"后记"写于1980年12月。
② 林剑鸣:《秦国发展史》,西安:陕西人民出版社,1981年。
③ 田静:《秦史研究论著目录》,西安:陕西人民教育出版社,1999年,第1—8页。
④ 据王蘧常《秦史》"凡例"、第308—310页王蘧常子王平孙执笔"后记"所述。王蘧常:《秦史》,上海:上海古籍出版社,2000年。
⑤ 马非百:《秦集史》(上、下册),北京:中华书局,1982年。

曾著有《秦始皇帝传》、①《秦史纲要》(上册)②印行,前者有《秦集史》的部分资料,后者是基于作者在山西大学讲授秦史时学生所做笔记,这两种书由于内容与发行有限的原因,都不如《秦集史》影响为大。《秦集史》的体例,按照马非百先生自己的说法:"一本《史记》《汉书》成例,并参照《文献通考》及《绎史》两书,以期于新旧都能衔接。内容分纪、传、志、表、录、图六个部门,部又分属。"③他的基本做法,就是按照事类或人物,收录从传说时代到秦亡阶段一切秦或与秦相关的资料,再以按语的形式加上自己的看法。《秦集史》是当时收录秦资料最全的总集,至今无可替代。黄灼耀所著的《秦史概论》,是其在广州文理学院历史系的讲义,于1947年印行。④ 此书虽然简略,但于秦史的基本线索,以及文化、学术、政治思想、宗教和文学艺术,都有概述,并部分吸收了当时的研究成果,不乏真知灼见。黄灼耀后来还有《秦人早期史迹初探》一文⑤行世。他的《秦史概论》在早期的秦史著作中,理应受到重视。

王、马之书,主要在于传世文献的辑录,加上一些考证,可以省去研究者翻检之劳,这是二书最大的贡献。相较而言,马书比王书所用资料更多,比如部分的古文字资料。从体例和路径来说,二书的特色大致可归为:祖述史汉、效法乾嘉,走的还是传统史学的道路。黄书则兼有叙述、归纳和考证,比前二者偏重文献的辑录,在论证方面有其所长。除了王、马、黄之书,在《秦史稿》出版之前以及后来,专门的秦史著作凤毛麟角,非常少见,这也决定了《秦史稿》的价值。《秦史稿》的属性和定位,如评论者邹贤俊所指出的那样:"《秦史稿》并不是秦皇朝的断代史,也不是一般的民族史、地域史和国别史,而是一部系统叙述早秦—秦国—秦朝的史书,乃是一部秦通史。"⑥本书是林先生以马列史学理论为指导,在秦史领域突破旧的纪传体史书体例和模式

---

① 马元材(非百):《秦始皇帝传》,上海:商务印书馆,1936年。根据马非百《秦集史》"自序"。
② 马元材(非百):《秦史纲要》,重庆:大道出版社,1945年。
③ 见《秦集史》"自序"。
④ 黄灼耀:《秦史概论》,广州:广东省立文理学院历史系,1947年。笔者所见为书林书局2015年影印本。
⑤ 黄灼耀:《秦人早期史迹初探》,《学术研究》1980年第6期。
⑥ 邹贤俊:《评〈秦史稿〉》,《史学史研究》1983年第4期。

的开创性著作。从本质上来说,《秦史稿》并没有超出马列史学的范畴,还是以政治史为主要脉络,叙述政治、经济、军事等主要方面,讲的是历史中的大事件,对于社会、文化等方面则较少着墨。此书写成于1980年以前的数年之中,但对相关问题的思考和构思,在林先生的大脑中,应该在更早的时期就开始了。对于本书的评价,我们不能超越时代、舍弃当时的具体情境去评价,不能用时下所谓的"现代""国际视野"等时髦的名词去分析,而只能以史观书。在"文革"后期以来史学—政治密切关联的体制内,《秦史稿》已经做得足够客观和新颖了。在基本的方面,《秦史稿》自然要高于王、马、黄之书。就是相较于此前的多种秦汉史、古代通史著作中秦的部分,本书也是有所超越的。故本书所代表的,大约是马克思主义史学在秦史领域的最高水平,具有鲜明的时代特征。正因为此书所具有的时代性,才有了长久的学术生命。

对于林先生来说,本书是他秦史研究的奠基之作。现在看来,也是他一生中最重要的代表作。

二　所在多处的创见

现在来看《秦史稿》,我们还可以感受到浓烈的二十世纪七八十年代的史学气息。例如在分期方面,本书把秦史分为传说时代、奴隶制时代、封建时代、统一的秦王朝来叙述,大的框架上明显受郭沫若"战国封建说"的影响,他的秦史分期的"四期六段"也在这个基础上展开。如同那时的其他通史著作把改朝换代作为历史的主线一样,本书也把政治史作为叙述的重点,关心的是政治、军事等方面的大事。阶级分析法、经济基础与上层建筑的关系、农民起义等具有时代特征的方法或提法,也常见于书中。但是,三十多年过去了,《秦史稿》中的许多内容并没有完全过时,林先生所关心的许多问题还在延续,他的观点还在启发着我们。对于现在的研究者来说,《秦史稿》有以下方面仍是值得肯定的。

《秦史稿》首先是一部完整宏大的秦通史。构建一个完整、宏大和具有一定分析深度的秦史,体现了林先生的眼光和对学术史的了解,也最能反映作者的学术气度、格局和历史使命感,这正是现在的许多断代史研究者所缺乏的。对于秦史的一些基本问题例如年代学,林先生也有新见提出,这可让治史者有所循依，明其就里。整个《秦史稿》的论述，整合了多种资料而立足于社会的变化过程，对历史节点的把握和分析，准确而入理，整本书的叙述显得全面、轻重得体，文字也素朴直白而好读。每章后的注释极为详审，占了全书很大篇幅，有的注释简直可看作一篇小的专题论文。如此处理既可使正文流畅，又可使读者延伸阅读，至今注释中的许多问题，仍然具有很大启发性，从而构成《秦史稿》的一个特色。

在本书中，在当时具有新意、创见的地方很多，闪耀着林先生的智慧和才气。例如，对于秦人的来源，林先生虽然受时代的局限，相信了传世文献的可靠，在未对"秦人"加以限定的情况下，推测了夏等传说时代的秦人祖先的情况。但有一些资料被林先生利用来论证秦人的东方渊源，还是有一定的合理性。林先生通过秦与东方殷人的联系，列举了三方面的资料来论证秦人的渊源：第一是共同的"图腾崇拜"——玄鸟。现在看来直接叫"图腾"并不恰当，但在当时"图腾"仍是具有新意的术语，两类人群中流行的具有神性的"玄鸟"传说，仍是共存的事实，这可把秦与环太平洋西侧的古老族群连接起来，并进而说明秦人的东方来源。第二，秦人祖先与殷人一样，都具有畜牧狩猎的经济生活，所以有类似的传说和习性。林先生所认为的殷人的经济生活，直到现在还不能确知，但他对秦文化所具有的畜牧特征的把握，还是十分敏锐的。现在看来，秦文化在西周中期兴起时，已经是一种农业和定居文化，但至少还是具有一定的畜牧特征的，这可能与秦人源于西北有关，以此或可说明秦人的西方起源；或是受西北"戎狄"影响的结果，而与秦人本体的族源无关。第三即墓葬材料的证明。林先生注意到了凤翔秦公陵园、临潼上焦村秦墓与殷墟殷王陵形制、人殉等方面的相似，认为二者之间存在联系。根据现在的考古发现，秦宗室贵族墓葬，除了与殷王陵形制、人殉的联系外，在更多的细节例如腰坑、墓主直肢等方面，都存在有秦与东方联系的证据。这些看法虽受王国维、徐中舒、蒙文通等前辈影响，并吸收了考古学者的成果，但在那时，全面论证秦人来源、关注考古资料的学者，林先生是史学界为数不多的人之一。其中第一、三方面的证据，至今仍被秦人"东来说"者当作论证的依据。林先生主张秦人东来，虽然有政治的因素，即驳斥一些外国学者黄河流域民族西来之说,但其核心论据,都是可以成立的。①

又如对于古文字资料的重视和阐释。林先生在本书注释中,详解了1978年宝鸡出土的秦公及王姬钟、镈铭文。他根据铭文,更正了文献记载的秦宁公为宪公的错误,并认为文中"秦公"即春秋早期的出子,这个观点现在还是一说。② 另外对于与秦或许有关的师酉簋、③石鼓文④等都一一引用。现在,秦文字资料已经蔚为大观,成为"秦系文字"和一门独立的学问,是秦史研究的重要支撑。

这样的创见还有多处,无须赘述。

三 "扬弃"以求新:我们需要怎样一部新秦史?

回顾秦通史的写作史,在《秦史稿》之后,还有一些著作值得重视。在《秦史稿》出版后不久的1986年,王云度先生著有《秦史编年》一书,继承的则是编年体史书的传统,除了史料辑录,还利用了清代以来的一些研究成果,在文献的利用方面,也对研究者带来了很大方便。⑤ 在此基础上,王先生后来又作成《秦汉史编年》一书,⑥并与张文立先生合著《秦帝国史》。⑦ 在历史学者之外,考古学者的努力,也是不容忽视的,虽然他们的著作并不多。秦文化考古自二十世纪三十年代斗鸡台的发掘开始,到1949年以后资料不断增多,研究不断深入,这给秦史研究提供了新的契机。在中国,考古学是被归入到大的史学范畴的,因此考古学者涉足历史领域是非常正常的。2002年,吉林大学滕铭予先生的《秦文化:从封国到帝国的考古学观察》一书

---

① 林剑鸣:《秦史稿》,第14—20页。
② 林剑鸣:《秦史稿》,第52—53页。
③ 林剑鸣:《秦史稿》,第27页。
④ 林剑鸣:《秦史稿》,第103—107页。
⑤ 王云度:《秦史编年》,西安:陕西人民出版社,1986年。
⑥ 王云度:《秦汉史编年》,南京:凤凰出版社,2011年。
⑦ 王云度、张文立:《秦帝国史》,西安:陕西人民教育出版社,1997年。另外还有何汉《秦史述评》(合肥,黄山书社,1986年)、杨东晨、杨建国《秦人秘史》(西安:陕西人民出版社,1991年)等数种。

出版,这是一本从考古学文化的角度论述、复原秦史的著作,作者以考古与文献资料相印证,来论述西周至秦代的社会变化,其受王国维"二重证据法"以及苏秉琦国家起源理论的影响明显。从本书中,读者可以看到秦文化的总体特征与阶段性,作者至少从物质的层面,给我们提供了不同历史阶段秦文化的变化情况,这种努力是值得肯定的,她给我们提供的,是另一种秦通史。①

由于秦的短祚和秦汉之间的联系,许多著作把秦、汉打通来写,例如吕思勉、②钱穆、③田余庆、④翦伯赞、⑤林剑鸣、⑥田昌五、安作璋⑦等先生都著有《秦汉史》,海外译著有《剑桥中国秦汉史》⑧《早期中华帝国:秦与汉》⑨,还有《秦汉史略》⑩《秦汉史话》⑪这样的著作,其中都有秦的部分。研究秦史,这些著作也是不容忽视的,其中《剑桥中国秦汉史》《早期中华帝国:秦与汉》是值得重视而需特别提及的。作为海外看中国的著作,其视角显得不同,与上述中国学者的论著相比具有不同的书写方式;作为"局外人",作者的一些具体观点也值得借鉴。

《剑桥中国秦汉史》根据剑桥大学出版社 1986 年版翻译,秦的部分即第一章《秦国与秦帝国》由美国宾夕法尼亚大学卜德教授撰写。作者重视从技术、人口、地理、文化思想等角度分析帝国的发展,也擅长对史料、史实的分析,例如对于秦胜利和崩溃原因的分析,就显得独到。但秦的部分显得分量较轻,并如李学勤先生在译序中所指出那样,本书分析较多而叙述史实原委

---

① 滕铭予:《秦文化:从封国到帝国的考古学观察》,北京:学苑出版社,2002 年。
② 吕思勉:《秦汉史》(上、下册),上海:开明书店,1947 年初版。
③ 钱穆:《秦汉史》,香港:新华印刷股份有限公司,1957 年。
④ 田余庆:《秦汉史》,北京:中共中央高级党校,1962 年。
⑤ 翦伯赞:《秦汉史》,北京:北京大学出版社,1983 年。
⑥ 林剑鸣:《秦汉史》(上、下册),上海:上海人民出版社,1989 年。
⑦ 田昌五、安作璋:《秦汉史》,北京:人民出版社,1993 年。
⑧ [英]崔瑞德、鲁惟一编,杨品泉等译:《剑桥中国秦汉史:公元前 221—公元 220 年》,北京:中国社会科学出版社,1992。按本书鲁惟一撰写的《导言》、卜德编著的第一章《秦国和秦帝国》与秦相关。
⑨ [美]陆威仪著,王兴亮译:《早期中华帝国:秦与汉》,北京:中信出版社,2016 年。
⑩ 何兹全:《秦汉史略》,上海:上海人民出版社,1955 年。
⑪ 罗世烈:《秦汉史话》,北京:中国青年出版社,1985 年。

不足,对人物的描写所用笔墨不多,很少对一个人物作多方面的生动论述,比起传统《史记》《汉书》的写法,稍显逊色。①

《早期中华帝国:秦与汉》根据哈佛大学出版社 2007 年版翻译,本被多所大学作为教材,这是笔者知见国内秦汉史著作最新的一种。除了对基本历史线索的叙述,最为值得重视的是它的视角和相关分析方面的新意。在本书中,区域地理及风俗、独裁的产生、都城、性别、外族等,都是作者的视角。在一些具体问题上,作者也有比较新颖的看法。例如作者认为,商鞅变法的历史作用下的范雎改革,造就了国君个人权力的集中,这在诸侯国中是没有的。② 另如山东诸侯、汉对秦看法的变化。在战国中期以前,秦的文化上承西周,秦并不认为自身是"蛮夷",但在公元前 300 年后,山东以及汉都认为秦为一种更加落后的文化。这个评价与历史事实有些不符,但对秦族群身份评价的阶段性变化的注意,还是给人以启发。③ 与其他秦汉打通来写的著作一样,本书还有一个好处,就是秦汉连接,可以在一个更长的时段来观察秦史,以后视前,可以得到更加明晰的认知。例如,作者认为,秦在政治上对于地方势力并没有根除,这是秦亡的一个原因,而只有到了西汉建立半个世纪之后,政治上才归于统一,汉才从"秦的模式"中解放出来。作者指出:

> 秦的第一代皇帝没能有效地根除地方势力派别,没能确保人们普遍接受一个绝对专制的权力。秦始皇的统治实际上是一个区域对其他区域的统治,而且由于秦坚持它独一无二的地位,事实上阻碍了建立一个完整统一的帝国。旧的战国时代的统治家族和豪强大族在推翻秦朝的起义过程中扮演了执行人和外交官的角色,汉代后来的分封制度也承认了古老的战国时代的这种经久不衰的现实。一个真正的帝国统治的出现,需要有相当大的变化。

---

① [英]崔瑞德、鲁惟一编,杨品泉等译:《剑桥中国秦汉史:公元前 221—公元 220 年》,第 1—4 页李学勤"译序"。
② [美]陆威仪著,王兴亮译:《早期中华帝国:秦与汉》,第 36—39 页。
③ [美]陆威仪著,王兴亮译:《早期中华帝国:秦与汉》,第 39—46 页。

......
只有到公元前154年朝廷击败了诸侯之乱后,汉朝才真正成为一个统一的帝国。在此后的两个半世纪里,政治的统一使得汉朝在几个根本方面逐渐从秦的模式中解脱出来。①

所谓"秦的模式",其基本事实就是秦对山东旧的政治势力并未从根本上整合,山东六国旧地并没有完全接受秦皇帝的权力,从新出的张家山汉简、岳麓简来看,统一后的秦,其本土关中与山东地区在政治、行政,甚至文化方面都存在着差别。又如上引文中多次提到的分封制,研究秦史的学者,多关心的是帝国形成的线索,即关注中央集权的形成,在地方上关心的只是郡县制,而对地方上分封等史实,则关注不够,像古代马端临、②现代杨宽先生那样的类似研究③并不多见。最近有崔建华博士的相关论文指出,战国时代秦之封君大约是集权政治在地方的另一面,其对于后来秦始皇时代郡县制与分封制之间的争论、秦始皇最后选郡县而不封建,也是起了作用的。④而按陆说去推测,汉代初年的分封,应与他所指出的汉代把经典儒家信条作为国家学术正统一样,与秦相较,是一种更为狭隘的做法。⑤ 笔者希望有更多这样的研究,有对这个问题的持续关注。

通观秦史研究,无论是《秦史稿》那样的秦史专著,还是秦汉史专著中秦的部分,数量都十分有限,说明秦断代史专著的稀少。除此之外,已有的著作多是单薄而不系统。另一方面,当下的秦史研究,也存在着对象分散并严重依赖资料的弊病。这些弊病,首先是"碎片"与"断片"化研究的并存。笔者不否认微观与局部研究的基础价值,但不能多数学者并长期做这样的研究,在资料与研究积累到一定程度时,是需要做大的宏观的研究的,这样的

---

① [美]陆威仪著,王兴亮译:《早期中华帝国:秦与汉》,第61、67页。
② [宋]马端临:《文献通考》卷二六五《封建考六》,北京:中华书局,1986年。
③ 杨宽:《论秦汉的分封制》,《中华文史论丛》1980年第1期,收入杨宽《杨宽古史论文选集》,上海,上海人民出版社,2003年,第130—145页。
④ 崔建华:《秦统一进程中的分封制》,《陕西师范大学学报(哲学社会科学版)》2017年第1期。
⑤ [美]陆威仪著,王兴亮译:《早期中华帝国:秦与汉》,第54页。

研究其实也是微观、局部研究所需要的,二者是互相帮衬的。可是,在《秦史稿》问世36年后,还没有一部可以替代的秦通史出现,这个间隔的时间未免有点长了。其次是对新资料的过分热情,其中不排除功利心态下的"跑马占地"。① 以笔者之见,历史研究的"新资料"无非两类:一是新出土或发现、认定的资料;二是由于视角的转化而对旧资料的新解释。其实对中国历史发生更大影响的,还应是传世的资料,这个情况要求研究者应更加重视传世基本资料,去不断发掘其价值,在发掘中求新。在此,学术思想、理论视角的转换是最主要的。对一个学者来说,关键也不是看他占有了多少资料,而是通过已知资料归纳、演绎和推理,即从已知推未知的能力。现在的情况却经常被颠倒过来,新出的考古、简牍资料成了秦史研究的热点,人们经常对新资料加以热捧并夸大其价值,对中国历史中事实上已经发生了更大影响的传世资料却相对冷落,很多人更不会去重视作为一个历史学者比掌握资料更重要的理论、科学思维的培养,表现得十分急功近利。在学问上,最终表现为无格局、无视野、无学术良心,对一些狭窄冷僻的领域十分热衷,纠缠于细枝末节,有专无博,忽视了历史的基本面,没有"大历史"的概念,在研究历史时多了一些"混饭"意识,仅满足于文章的发表和学术"名号"的获得,却少了些学者的责任和使命感。

鉴于上述通史性著作的缺乏以及秦史研究的现状,秦汉史学界确实需要一部《秦史稿》那样宏观的、整体性强并能夺人心魄的著作。

秦史中最应该重视的是哪些方面呢?或者说,要写一部秦通史,最应该关心哪些问题呢?笔者认为,应该从秦对中国甚至世界历史最重要的贡献来考察,这可从两个侧面来体现。

一是族群。作为一个"边缘"族群而入主中原,秦人无疑是历史上最为耀眼的此类族群之一,或者说是最为耀眼的。提起这样的人群,我们自然会想起此前的商、周,此后的拓跋鲜卑、蒙古以及满洲等人群。相对于起源于东北以及蒙古草原的上述诸族,与秦人最为相似的是周人,二者同起于西北高原,向东发展而建立功业。周以人文立名,秦则以政治显赫。作为一个族群,秦人无疑是最成功的。所以,把"秦人"当作一个族群现象来分析,应是

---

① 彭卫:《21世纪初的中国古代史研究》,《浙江大学学报(人文社会科学版)》2014年第1期。

治秦史最重要的视角之一。①

二是政治与行政制度。秦统天下、建立集权制国家,废封建而行郡县、以官僚制代替世袭制,政治与行政影响延续两千年,在秦实现的这样的历史转换,曾被许多史家称道。至于秦的所谓"苛政""暴政",里面有汉代以来的主观导向,并不足以抹杀秦人的历史功绩。

族群与政治,属于秦史的一体两面,不可分割。若能以此为纲,旁通根延,整合文献、考古和古文字等所有材料,采取实证、理论相结合的方法,必能写出一部宏大完整的新秦史。笔者殷切希望有一本秦史,既有有趣优美的叙事,又有鞭辟入里的分析;②有理论深度却能少点枯燥,少一点图表公式以及数据罗列,让人感受不到那么多的学院气和艰涩难懂;它的受众,不是赠送加销售都不过数百册的学术圈子,而应是更为广大的读者群,最好是成为畅销书。③

时下,虽然所谓的马列史学,例如"历史规律"、斯大林的"五阶段论"等等,④受到了许多诟病和冷落,但笔者认为,我们不能完全否定马列史学的成就,特别是在一些具体问题上的成果;我们也不能舍弃历史背景去谈学术史。况且,经济关系、技术等层面,还是一个社会的基本面,由此去分析更高层面——上层建筑,这个视角仍然具有一定的合理性和有效性;"文革"以前的中国大陆史学,也不是一片空白。前人的一切探索,即使是错误的,都是我们前进的阶梯,史学发展的过程,只能是历史哲学所说的"扬弃",即在继承中发展,而不是别的什么路径。所以,对于秦史研究来说,对林先生那样的前辈的学术成就的继承与总结,就是十分必要的。随着学术的进步,新的秦史著作无疑会出现,但有一点可以肯定,《秦史稿》不会随着新的同类著作的产生而被遗忘,过去、现在、还有将来,它将会一直是秦史研究者的案头必

---

① 前几年,笔者曾以此为视角,把秦人作为一个族群现象,作了初步的探索。见拙著《日出西山——秦人历史新探》第十一章《谁是"秦人"——族群关系背景下的秦人历史》,西安:陕西人民出版社,2013年,第260—366页。

② 近年,李开元的几本著作如《秦崩:从秦始皇到刘邦》(北京:三联书店,2015年),在这两方面结合较好,语言也通俗易懂。

③ 例如王明珂的《华夏边缘——历史记忆与族群认同》,北京:社会科学文献出版社,2006年。

④ 余英时:《论天人之际:中国古代思想起源试探》,北京:中华书局,2014年,第1—8页。

备之书。对于九泉之下的林先生来说,这既是最高的荣誉,也是他生命的延伸。

(作者单位:西北大学历史学院。本文原以"《秦史稿》对秦史研究的学术推进"为题刊于《咸阳师范学院学报》2017年第5期,收入本书时有所改动)

"秦的崛起与秦的统一"学术论坛述要

董家宁

2017年1月7日至8日,由中国秦汉史研究会、秦始皇帝陵博物院、秦文化研究会、西北大学历史学院、西北大学文化遗产学院、《中国史研究》杂志社、国家社科基金重大项目"秦统一及其历史意义再研究"课题组共同主办的"秦的崛起与秦的统一"学术论坛在西北大学举行。来自中国大陆、香港、台湾以及韩国的50余位专家学者与会,就秦的崛起与秦的统一,秦史研究的新主题、新视角、新方法及林剑鸣教授的秦史研究等主题进行了广泛而深入的交流与讨论。

一 秦的崛起与秦的统一及秦史研究的新主题、新视角、新方法

秦统一的意义愈发受到关注。周天游认为秦统一促进了汉族的产生,为作为国家的"中国"的确立提供了条件,使"中国"与正统相联系,使统一成为主流,起到了开创性作用。

秦的行政模式仍然备受关注。王子今指出直道在秦两代执政者权力交替时作为重要背景的意义,并考察了秦二世的直道行迹,肯定了秦二世东巡的较高交通效率,提出望夷宫"祠泾"故事也与直道相关,指出这对于秦帝国行政史与交通史研究的重要意义。陈文豪讨论了秦汉时期建立的"信托政治"及"分层负责"的政治决策和政治运作基本原则,认为后世的政治制度皆基本循着这一轨迹演变。雷依群指出秦政治文化发展存在一个动态的过

程,每阶段各有不同特点。

对秦崛起进程的讨论受到瞩目。孙家洲指出"重金收买"与"离间计"等特殊手段为秦统一消除了许多障碍,起到了实际作用,应给以更高的评价。徐卫民从秦人尚武习俗、秦国变法原创性、人才任用开放性、秦文化包容性、行政管理的严格和科学性等五个方面分析了秦文化的特殊性,并以此提出秦统一的必然性。叶秋菊认为秦惠文王时期的战争为秦兼并六国奠定了坚实基础,并对此做了详细梳理。熊长云对商鞅方升孝公十八年铭文进行了重新考订,认为其性质并非以往所认为的工官题铭,而实际应属律令,在度量衡标准器上刻制律令与"刑鼎"模式有内在相似性,法家思想影响了秦汉度量衡器的颁行模式,成为秦汉度量衡得以统一的观念基础。

考古资料是秦史研究的重要资料来源。张卫星汇报了近年来秦陵考古工作的新成果。刘瑞介绍了秦栎阳城考古的新动态。田亚岐就雍城祭祀遗址考古新发现做了介绍。杨东晨通过梳理秦人以雍都为背景的重大历史活动,指出雍都在秦国发展史上的重要地位。王辉进一步指出雍城考古的意义。焦南峰考察了各时期秦王墓的规模,认为这间接体现了秦国力之强,为秦统一提供了保障。段清波从考古学角度对秦史研究中的若干问题进行了说明。

出土文献为秦史研究提供了重要的新材料,以里耶秦简为代表的文书简仍是研究热点。晋文着眼于里耶秦简中的"积户"与"见户",提出秦代基层官吏的量化考核始终在管理过程中起着重要作用。孙兆华关注里耶秦简户籍文书,推测其中户人之妻不书姓的现象极有可能是由于妻从夫姓,并使用汉简、吴简、传世文献等材料加以反推佐证。李兰芳将里耶秦简所见秦迁陵一带的农作物资源进行分类整理,以此研究秦代迁陵百姓对自然资源的开发利用。新近公布的北大汉简《赵正书》受到学者的重视。曾磊着眼《赵正书》所塑造的李斯的忠臣形象,将其与《史记》记载的抵牾做了讨论,认为应通过考察作者对历史素材的选取和编排及作者的观念与态度来研究他们的历史观念。董家宁认为《赵正书》中对胡亥形象及秦亡原因的记载皆与汉初形成的传世文献不同,与秦二世官文书亦有区别,这体现了历史认识的差异,历史记忆的不同发展道路决定了其存亡各异的结局。

二 林剑鸣教授与秦史研究

　　黄留珠忆往追昔，怀念与林剑鸣先生的深厚情谊，深情回忆了两人相处的点滴。余华青追忆与林剑鸣先生在西北大学的珍贵过往，表达了对林先生的深切怀念。彭卫对历史研究的道路与现状及林剑鸣先生的历史研究做了深刻阐述，提出林先生治史具有突出的当下意义。吕宗力回忆林剑鸣先生编撰《中国历史大辞典·秦汉卷》的历程，高度评价了林先生的学术贡献。吴小强追忆林剑鸣先生主持创办《日书》研读班的历程，认为这在国内开创了集体研读的新模式，培养了一批优秀学人，推进了《日书》研究的进程。白建钢回忆自己在林剑鸣先生的指导下对秦兵马俑及军队史的研究历程，表达了尤为深切的师生情谊。史党社指出《秦史稿》创见颇多，具有鲜明的时代性，代表了马克思主义史学在秦史领域的最高水平，并提出我们需要一部以族群与政治为纲书写的新秦史。田旭东以亲身经历说明林剑鸣先生的影响力，认为林先生是一代学人进行简牍学学习与研究的启蒙者。田静高度肯定了林剑鸣先生对于秦俑学的学术贡献，对林先生在秦陵秦俑的学术研究和事业发展上给予的关心和支持表达了感谢。赵瑞民、贺润坤、卢飞鹰均深情回忆了与林剑鸣先生交往的琐事，感念林先生对待学生的热情和真挚。

　　此次会议安排紧凑，内容充实，涉及秦史的各个方面，对秦史研究起到了很好的推进作用。

（作者单位：中国人民大学国学院，出土文献与中国古代文明研究协同创新中心。原载《中国史研究动态》2017年第4期）